고객 관계
관리 편

인공지능, 빅데이터, 고객 가치를 위한

마케팅 애널리틱스

| 송태호 · 서해진 공저 |

MARKETING ANALYTICS
Customer Relationship Management Edition

학지사비즈

마케팅 애널리틱스 ─────────
저자 서문

성큼 다가온 디지털 세상에서 시장 흐름에 민감한 마케팅은 과거에 비해 큰 변화를 겪고 있다. 빅데이터로 일컬어지는 데이터 시대의 도래와 함께 새로운 고객 집단이 탄생했으며 시장 반응과 고객 행동은 더 복잡해지고 다양해지고 있다. 과거에는 없었던 엄청난 양(Volume) 의 고객 데이터들도 빠른 속도(Velocity)로 다양(Variety)하게 축적되고 있다. 요즘과 같이 복잡도가 증가하여 예측이 어려운 환경에서 수동적으로 대응하는 기업은 생존하기 어려워졌다. 이제 기업은 시장과 고객에 대한 넘쳐나는 정보들을 확보하여 정밀하게 분석함으로써 새로운 시장 기회를 포착하고 창출해야 한다.

현대 마케팅의 핵심 키워드는 고객, 가치 그리고 장기적 관점으로 요약할 수 있다. 고객의 선택이 기업의 흥망성쇠를 결정하는 시대를 맞이함에 따라 기업이나 브랜드가 추구하는 전략적 방향을 지지하는 고객과 좀 더 적극적으로 신뢰를 쌓는 것이 필요하다. 경제적 가치 (Economic Value: EV)뿐만 아니라 신뢰 등으로 대변되는 비경제적 가치

(Non-Economic Value, 예: Social Value)를 함께 제공하여 고객의 신뢰를 얻기 위해서는 개별 고객의 가치를 세밀하게 측정, 분석하는 노력이 절실히 필요하다.

고객 가치 지수는 추상적 수준의 고객 가치를 일차적으로 계량화(Quantification)하고 이를 재무적으로 비교 가능한 금전적 가치(Monetary Value)로 변환한 수치를 의미한다. 마케팅 성과를 금전적 가치로의 변환, 즉 계정(Account)의 관리는 기업의 마케팅 활동을 통해 창출되는 다양한 비계량적 성과들을 비교 가능한 상태의 고객 계정(Customer Account)으로 전환하여, 그 성과를 효율적이면서 시장 보편적으로 평가함으로써 기업의 마케팅 전략을 최적화하여 미래 지향적이고 지속적인 경영 활동을 가능하게 만들 수 있다. 이에 이 책은 현대 마케팅의 핵심 키워드를 반영한 빅데이터 기반 고객 관계 관리와 고객 가치 지수에 대해 다룬다.

최근에는 전통적인 고객 관계 관리 개념들을 뛰어넘는 새로운 고객 관리 기법이 주목받고 있다. 과거의 경험과 통찰을 기반으로 한 고객 관계 관리 전문성이 빅데이터, 인공지능, 그리고 플랫폼과 같은 도구들의 발전과 함께 데이터 중심의 분석과 예측 기반의 고객 관계 관리 전문성으로 옮아가고 있다. 앞으로는 더욱더 축적된 빅데이터와 전문적인 애널리틱스 기법들을 적용한 새로운 형태의 고객 가치 측정 지수들이 개발될 것으로 예상된다. 그래서 이 책은 빅데이터 개념을 적용한 새로운 고객 측정 기법을 정리하여 제안할 것이다.

이 책은 총 9장으로 구성되며, 제1장(마케팅, 고객 그리고 애널리틱스)에서는 마케팅 철학을 기반으로 고객을 이해하고 전통적 조사 방법과의 비교를 통해 고객 분석을 위한 측정 및 마케팅 애널리틱스의 개념을 살펴본다. 제2장(마케팅 측정 지표의 종류와 한계)에서는 마케팅 상황에서 활용되는 다양한 성과 측정 지표에 대해 알아보고 고객 획득, 관계, 구매에 관한 고객 측정 지표와 측정 기법에 대해 정리한다. 제3장(고객 관계 관리와 고객 가치)을 통해 고객 가치의 기본 개념과 관련 이슈를 살펴보고 최근 고객 가치 측정 기법으로 주목받고 있는 고객 애널리틱스에 대해 알아본다. 제4장(고객 생애 가치의 측정)부터는 본격적으로 고객 생애 가치의 개념을 이해하고, 제5장(고객 행동의 확률적 예측)에서 고객의 미래 행동을 확률적 모형을 바탕으로 예측하는 과정과 방법에 대해 살펴본다. 이어서 제6장(고객 자산의 측정 개념)에서는 고객 생애 가치의 개념을 확장한 고객 자산에 대해 알아보고 기업 공개 자료를 활용하는 고객 자산 측정법과 설문 조사를 활용한 측정법을 살펴본다. 이어서 제7장(고객 자산의 측정 실습)을 통해 각 측정법을 활용한 고객 자산 측정의 실습을 해 보는 기회를 가진다. 제8장(고객 관계 관리를 위한 마케팅 애널리틱스 활용 사례)에서 몇 가지 연구 사례를 통해 고객 생애 가치 및 고객 자산이 기업의 성과를 예측, 판단하는 지표로서 활용될 수 있는지에 관해 소개한다. 제9장(고객 애널리틱스 활용 도구: 구글 애널리틱스)에서는 최근 웹 애널리틱스를 이용하여 진화하는 고객 애널리틱스에 대해 살펴보고, 가장 많이 사용되는 웹 애널리틱스 도구인 구글 애널리틱스를 간단히 소개한다. 마지막으로, 마케팅 애널리틱스를 위한 통계적 검정의 개념과 통계 분석 유형에 관해 부록으로 제시함으로써 마케팅 애널리틱스의 통계적 접근에 대한 이해를 돕고자 하였다.

아무쪼록 이 책을 통해 고객 가치와 그 측정에 대한 이해도를 높이고, 직접적으로 구현해 본 경험을 토대로 마케팅 및 고객 관리에 실제적으로 응용할 수 있는 능력을 기를 수 있기를 바란다.

2025년 저자 일동

마케팅 애널리틱스
차례

제1장

마케팅, 고객
그리고 애널리틱스

⟨⟨⟨ 1. 마케팅 철학과 고객

마케팅(Marketing)에 대한 다양한 정의가 존재하지만 2005년 미국마
케팅학회(American Marketing Association: AMA)의 정의가 가장 권위 있
다고 할 수 있다.

"An organizational function and a set of processes for creating,
communicating, and delivering value to customers and for managing
customer relationships in ways that benefit the organization and its
stakeholders"

이 정의는 마케팅을 "고객(Customer)을 위한 가치(Value)를 창조하고
생산(Creating)하며, 고객과의 상호작용(Communicating)을 하고, 고객
에게 가치를 전달(Delivering)하는 조직적 기능(Organizational function)
과 과정(Process)"으로 설명한다. 여기서 조직적 기능과 과정은 고객
관계(Customer Relationship)를 잘 관리하는(Managing) 것을 목표로 하
고, 최종적으로는 조직(Organization)과 이해 당사자(Stakeholder)가 혜
택(Benefit)을 받도록 하는 것을 의미한다.

미국마케팅학회의 마케팅 정의에서 현대 마케팅 철학을 주도하는

핵심적인 키워드는 고객 관계의 관리(Managing Customer Relationship), 즉 고객과의 관계 유지, 이해 당사자(Stakeholders), 다시 말해 조직의 이해 당사자로서 조직의 지배 구조(주주/Shareholder), 조직 구성원(임원/Director, 종업원/Employee), 사회 구성원(주민, Citizen)까지 포함하며, 혜택(Benefit)은 이해 당사자에게 이익, 특히 장기적 수익을 제공하는 것이다.

STP[고객 세분화(Segmentation), 세분 시장 선정(Targeting), 포지셔닝(Positioning)]으로 대표되는 마케팅 전략과 4P[제품(Product), 가격(Price), 프로모션(Promotion), 유통(Placement)]로 대표되는 공급 중심(Supply side), 생산 중심(Product orientation) 그리고 기능 중심(Function focused)의 전통적인 마케팅의 개념이 시장 중심(Market Orientation), 고객 중심(Customer Orientation)의 현대적 마케팅 개념으로 점점 변화되어 왔다.

현대적 마케팅 철학과 개념으로의 변화의 핵심에는 고객 가치와 고객 관계 관리의 개념이 자리 잡고 발전되었다. 먼저, 고객 관계 관리(Customer Relationship Management: CRM)의 개념은 크게 다음의 세 가지 형태의 발전 단계로 분류될 수 있다. 초기 단계의 고객 관계 관리의 개념으로 기술적 CRM은 고객 관계 관리의 기술적 시스템 구현에 초점을 두고, 다음 단계의 고객 관계 관리 개념인 관리적 CRM은 통합적·전사적 관리 시스템 구현에 초점을 둔다. 마지막은 전략적 CRM으로서 고객 관계 관리의 최종 목표인 '고객으로부터의 장기적 수익 극대화'를 위한 고객 관계 관리로, 기업의 전략적 접근으로 확장한 전략적 개념이 있다. 이 개념들은 앞서 언급한 바와 같이 고객 관계 관리 개념의 발전 단계로부터 파생되었고, 따라서 고객 관계 관리를 도입하거나 구축하는 기업은 기술적 CRM에서 관리적 CRM 그리고 전략적 CRM 순으로 발전하는 것이 일반적이다. 하지만 각 도입 기업의 형태, 조직 문화 등의 기업 문화, 그리고 최고 경영자 또는 관리자의 철학과 의지에 따라 이 발전의 형태와 속도는 다양할 수 있다.

하지만 상당히 많은 기업이 단순 기술적 시스템 구현 수준인 기술적 CRM에 머물고 있는 것이 현실이고 일부 마케팅 능력이 뛰어난 기업에서 관리적 CRM을 활용하고는 있지만, CRM 시스템과 기업의 마케팅 전략을 통합하여 전략적으로 운영하는 사례는 많지 않다.

최근 애널리틱스를 활용한 고객 가치의 측정은 주목할 만하다. 고객 가치의 개념은 1990년대 후반부터 고객 관계 관리의 중요성과 함께 발전되었으며, 고객 관계 관리의 성과 지표로 활용되기도 하였다. 고객 가치는 일반적으로 개별 고객으로부터 발생할 수 있는 현재와 미래의 모든 경제적 가치의 총합으로 정의되기 시작하였다. 이 고객 가치 개념은 전략적 수준의 고객 관계 관리를 위한 의사결정의 중요한 기준이 되며, 성과 지표로서 마케팅 전략, 마케팅 활동의 장기적 효과 평가를 위해 활용될 수 있다. 기업은 의사결정 과정의 핵심에 고객 가치의 개념을 적용하여 기업의 마케팅 전략을 효과성과 효율성 측면에서 최적화할 수 있다.

앞서 미국마케팅학회의 현대 마케팅의 정의에서 살펴봤듯이 고객 가치의 개념은 현대 마케팅의 개념 변화에서 시작되었다. [그림 1-1]은 현대 마케팅에서 핵심 철학으로 알려진 시장 지향성(Market Orientation; Narvar and Slater, 1993)의 주요 핵심 요소들과 고객, 그리고 가치 개념의 연관 관계를 개념적으로 보여 주고 있다. 기존의 연구에 의하면 시장 지향성은 고객 지향성(Customer Orientation), 경쟁자 지향성(Competitor Orientation), 기능(부서) 간 통합(Inter-functional Integration), 장기적 관

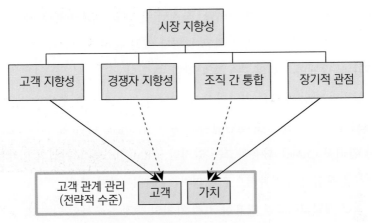

[그림 1-1] 마케팅의 시장 지향성과 고객 관계 관리 요소의 관계

점(Long-term Focus) 등의 요소로 구성되어 있다. 이들 시장 지향성 구성 요소 중 고객 지향성과 경쟁자 지향성은 전략적 수준에서 고객 관계 관리의 고객 개념의 중요성과 깊이 연관되어 있으며, 기능(부서) 간 통합과 장기적 관점은 가치 개념의 전략적 활용과 깊이 연관되어 있다고 볼 수 있다. 따라서 이 두 가지 핵심 개념, 고객 그리고 가치는 전략적 수준에서 고객 관계 관리의 핵심적 요소로 평가할 수 있다. 전략적 고객 관리의 목표는 고객 가치 개념을 계량화 또는 수치화하기 위해 고객 정보를 이용하여 분석함으로써, 성과 지표로서 개별 고객의 고객 가치를 극대화할 수 있도록 의사결정과 전략 제시에 활용하는 것이다.

　고객 가치는 경영 전략 의사결정 단계에서 점점 중요하게 활용되고 있는 회계 재무적 지표의 특성을 반영하고 있어 마케팅 성과가 회계 재무적 책임성과 평가에 활용될 수 있도록 고객 계정(Customer Account)의 개념으로 확장되고 있다. 따라서 궁극적으로는 현재뿐만 아니라 미래의 고객 가치까지 포함한 장기적 관점을 지향하고 있어 현대 마케팅의 철학을 실현할 수 있는 핵심 개념으로 발전하고 있다.

고객 가치의 관점에서 고객 관계 관리의 중요성을 보여 주는 사례들

❖ TacoBell

타코벨은 다양한 종류의 패스트푸드 브랜드를 소유한 글로벌 기업인 얌 (Yum! Brands.)에 속하는 브랜드로, 주요 타깃인 미국인들의 입맛에 맞춘 멕시코 음식을 제공하는 브랜드이다. 가격이 1달러 미만인 제품이 있을 정도로 저렴한 제품 가격대를 형성하고 있지만, 타코벨의 CMO(Chief Marketing Officer)는 개별 고객당 가치가 대략 11,000달러라는 점을 강조한다. 타코, 탄산음료, 시나몬 칩 판매를 통한 5달러의 수익보다 지속적인 고객 관계를 구축함으로써 얻을 수 있는 장기적 관점의 이득을 강조한다. 많은 기업이 고객을 단기적인 거래의 대상으로 간주하는 함정에 빠진다. 하지만 고객 가치를 고려한다면, 고객과 장기적인 관계를 발전시키기 위해 시간과 노력을 투자하는 것이 더 큰 이익의 창출로 이어질 수 있다는 것을 알 수 있다.

❖ DominoPizza

도미노피자 매장 중에서 가장 성과가 좋다고 평가받은 한 매장의 관리자는 직원들에게 "모든 고객의 얼굴에 10,000달러짜리 지폐가 붙어 있는 것을 상상해 보라. 그 금액은 고객들이 평생 동안 주문할 피자의 양을 보여 준다. 그러니 고객이 피자가 너무 차갑다고 할 경우 우리가 할 수 있는 일은 없다고 말하지 말고, 몇 달러의 손해를 보더라도 따뜻한 새 피자를 제공하라."라고 말했다. 이러한 철학은 성과에 긍정적인 영향을 미쳤다. 그들은 고객과 평생을 함께할 것처럼 대하는 것만으로도 고객의 만족을 높일 수 있다는 사실을 발견했다.

2. 마케팅과 고객 측정

　마케팅 상황에서 특정 대상에 대한 측정은 보통 하나 이상의 방법으로 측정할 수 있다. 예를 들어, 기업의 영업 사원의 성과는 객관적 측정 지표인 영업 사원의 월간 판매량 또는 매출로 측정할 수도 있지만, 주관적 측정 지표인 영업 사원에 대한 고객의 인지도와 만족도, 영업 사원의 자기성취감 등으로도 측정할 수 있다.

　전통적으로 마케팅의 주요 측정 대상은 주로 고객의 주관적 특성들과 객관적 시장 상황과 결과를 포함한다. 고객의 주관적 특성이라 하면 넓게는 고객의 생각, 마인드로부터 유래되는 추상적 관념들을 의미하고, 좁게는 그로부터 유래되는 구체적 행동 패턴을 의미한다.

　마케팅에서는 고객의 생각, 마인드를 '태도'로 가정하고 고객 태도의 형성 요인을 인지, 정서, 행동 등으로 구분하며 이들 요인 간의 관계로 고객의 태도 형성 과정을 설명한다. 따라서 고객의 인지적 특성, 정서적 특성, 행동적 특성을 측정하는 것은 마케팅에서 중요한 관심 사항이다.

　측정의 대상이 되는 대표적인 인지적 특성은 브랜드 인지도, 광고 인지도와 같은 지표들이 있으며, 감정적 특성 지표로는 광고 선호도, 고객 만족도, 고객 충성도 등이 있다. 행동적 특성 지표로는 신제품/신기술의 수용 의도, 구매 의도와 같은 주관적 의도가 있고, 구전 행동, 구매 행동과 같은 좀 더 객관적 지표도 있다. 이들 태도에 대한 지표들의 주관적 특성을 고려한 정교한 측정 도구들이 다양하게 개발되어 있어 각각의 상황에 맞게 적합한 측정 도구를 실무에 적용할 수 있다.

　마케팅에서 측정의 역할은 아주 중요하지만 마케팅의 특성상 그 대상에 대한 측정은 상당히 어려운 것이 현실이다. 마케팅에서 대부분의 핵심 측정 대상은 고객의 생각과 같은 추상적인 인간 지각의 영역에 속하여 구체적이고 물리적인 측정 방식의 적용은 쉽지 않고 측정 결과에 대한 오차도 상당히 존재한다. 측정 대상의 결과물이 지속적으로 변화하고 그 방향성 역시 명확하지 않아 측정 결과의 휘발성이 상당히 높은 것도 사실이며, 측정 대상에 대한 명확한 정의가 어렵고 하나의 측정 개념에 대해 다양한 측정 대상이 존재할 수 있어 객관적 측정의 개념을 적용하는 것이 쉽지 않다. 심지어 측정 대상 간의 복잡한 관계로 인해 특정 측정 대상을 독립적으로 측정하는 것이 불가능한 경우도 존재한다.

주관적 측정에 따른 한계는 그대로 마케팅 현장에서 측정의 한계로 적용된다. 추상적 개념을 측정하기 위해서는 "조작적 정의(Operationalization)"라는 과정을 거쳐야 하는데, 조작적 정의란 개념적 정의(Conceptual Definition)라고 하는 추상적 개념을 측정 가능한 구체적 형태로 정의하는 과정을 의미한다. 하나의 개념적 정의에 대해 다양한 형태의 조작적 정의가 존재할 수 있는데, 예를 들어 고객 충성도(Customer Loyalty)라는 개념적 정의는 브랜드를 좋아하는 정도를 7점 척도로 측정할 수도 있고, 다음 구매 기회에 경쟁 브랜드를 구매할 의도를 5점 척도로 측정할 수 있으며, 현재 브랜드를 반복 구매하는 정도를 과거의 구매 이력을 통해 구매 횟수로도 측정할 수 있다.

주관적 측정은 태생적으로 조작적 정의, 타당성, 신뢰성, 민감성에 상당한 오차가 존재한다. 따라서 측정의 정확성과 측정 오차의 정도를 파악하기 위해 측정의 타당성, 신뢰성 그리고 민감성을 분석하여 측정의 품질을 평가한다. 민감성은 다른 외부 요인에 의해 측정의 결과가 예민하게 변동하는 정도를 평가한다. 이 외에도, 특히 대표적 주관적 측정 방법으로 많이 활용되는 자기보고(Self Report) 방식에는 응답자의 의식 통제와 응답자의 자의성에 따른 측정의 한계가 반드시 뒤따르게 된다.

고객의 태도와 같이 대상의 특성을 수치화하는 측정이 있다면, 마케팅 효과 측정과 같이 특정 대상이 아닌 특정 관계, 즉 인과 관계 또는 효과를 측정의 대상으로 하는 경우도 존재한다. 예를 들어, 판촉 효과, 광고 효과, 고객 획득/유인 효과 등이 있다. 인과 관계에 대한 측정은 두 가지 이상 대상들 간의 특성을 수치화하여 이들 간의 관계를 측정하는 방법으로, 인과 관계를 확정하기 위해서는 통계적 모형의 활용이 반드시 필요하다. 예를 들어, "이번 달에 진행한 판촉 활동이 판매량을 증가시켰는가?"와 같은 이슈는 인과 관계를 측정하는 것을 목적으로 하는 이슈로서 각 대상의 측정을 거쳐 표출된 관계를 통계적 검증을 활용하여 확정하게 된다.

마케팅에서 활용되는 지표들은 마케팅 활동 과정 또는 고객 의사결정 과정과 상당한 연관 관계가 있어 각 단계에 속하는 지표로 적절히 분류할 수 있다. [그림 1-2]는 마케팅에서 활용되는 대표적 지표들을 간략하게 보여 주고 있다. 고객의 태도와 관련된 고객 마인드셋 지표로는 브랜드 자산, 고객 만족도, 지각된 품질, 고객 충성도 등이 있다. 다음 단계인 고객 행동 지표로 고객 획득, 고객 유지, 고객 구전 등이 있으며, 그 결과물로서 제품의 성과 지표인 판매량, 매출 프리미엄, 시장 점유율의 전통적 시장 성과 지표와 함께 지갑 점유율, 고객 수익성, 고객 생애 가치와 같은 고객 성과 지표도 최근 많이 활용되고 있다. 기업에서 추구하는 성과 지표 중 대표적으로 회계적 성과 지표와 재무적 성과 지표가 있다. 이들 두 지표는 대부분 객관적 수치에 대한 관찰로 측정이 되기 때문에 앞에서 언급한 다른 측정 지표들에 비해 측정 기법이 비교적 간결하다. 좀 더 최근에는 마케팅 성과를 회계와 재무적 성과로 표현하고 고객 계정(Customer Account)을 효과적으로 관리하기 위해 고객 생애 가치와 고객 자산과 같은 고객 가치 지표에 대한 관심이 점점 높아지고 있다.

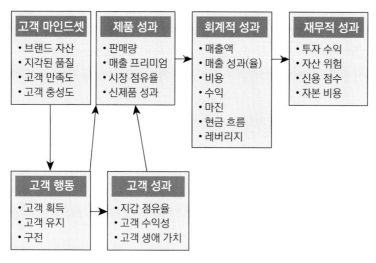

[그림 1-2] 다양한 마케팅과 고객 성과 지표들

3. 측정과 애널리틱스

마케팅 상황에서 측정은 왜 필요할까? 마케팅의 기본 원리는 '시장 또는 고객에 대한 반응'으로 요약할 수 있다. 앞서 설명한 미국마케팅학회의 마케팅의 정의에는 마케팅 활동을 가치(Value), 창조(Creation), 전달

(Delivering), 커뮤니케이션(상호작용), 고객 관계(Customer Relationship)
와 같이 고객에 대한 기업의 반응 행동들로 규정하고 있다. 시장에 대
한 반응으로 고객과의 커뮤니케이션, 현재 시장 환경에의 적응, 새로
운 시장 개발을 위한 주도 또는 선도, 현재의 문제를 해결하는 혁신, 기
업의 반응에 대한 평가 등 다양한 예가 있을 수 있다.

　마케팅에서 측정은 기업 활동에서 필수적인 시장 정보를 정확히 인
지하고 평가하고 계량화하는 데 필수적인 사전 또는 사후 활동으로 점
차 자리매김하고 있다. 효과적 시장 반응을 위한 조건으로, 기본적으
로 시장에 대한 지식 또는 정보 인지, 시장 움직임의 감지와 같은 마케
팅 정보가 반드시 필요하며, 사실 이러한 정보는 마케팅뿐만 아니라
일반적 기업 경영 활동의 효과적 수행을 위해 반드시 필요하다. 인지
와 감지를 통해 수집된 다수의 각종 정보를 요약하고 분석하는 능력은
복잡한 정보 구조를 간명하게 제시함으로써 현대의 수많은 의사결정
을 신속하고 정확하게 하는 데 중요한 역할을 한다.

　기업 경영 활동에서 측정은 복잡하고 주관적인 시장 정보를 간명화
된 수치로 표현하여 횡단적(Cross-sectional)으로 이종 대상 간의 비교
는 물론, 종단적(Longitudinal/Time-Series)으로 이종과 동종 대상 간의
비교를 가능하게 하여 시장 정보에 대한 정확한 파악과 평가를 가능하
게 한다.

　측정이란 사전에 정의된 규칙에 따라 특정 개념이나 특성의 정도를
숫자에 배정하거나 표시하는 것으로 정의한다. 측정을 위해 사용하는
측정 도구로 척도 또는 지표가 있으며, 수치화가 상대적으로 쉽지 않
은 추상적이고 주관적인 대상은 척도 또는 지표를 특별한 방식으로 개
발해야 할 경우도 있다.

일반적으로 측정은 무게를 재거나 길이를 재는 것과 같이 어떤 객체의 특성을 수치화하는 것을 의미한다. 무게나 길이와 같이 물리적이고 객관적인 것을 측정할 수도 있지만 지능, 충성, 인지, 심지어 아름다움 등의 추상적이고 주관적인 것을 측정할 수도 있다. 마케팅에서는 객관적인 것과 주관적인 것을 모두 측정의 대상으로 활용한다.

 객관적 측정 지표는 주로 양적 지표를 의미하고, 마케팅에서는 판매량, 광고량(GRPs), 고객 수와 같이 명확히 수치화되는 경우 관찰값 자체를 기록함으로써 측정이 이루어진다. 객관적 측정 지표의 경우 대부분 관찰 자체가 측정을 의미하기 때문에 측정 과정에서 오차가 발생되지 않지만, 측정에 대한 통계적인 오차는 발생할 수 있다. 통계적 오차는 측정 결과의 타당성과 신뢰성을 의미한다.

 주관적 측정 지표는 주로 추상적 개념에 대한 질적 지표를 의미하며, 마케팅에서는 광고 인지도, 브랜드 인지도, 고객 만족도, 고객 충성도와 같은 마케팅 활동에 대한 추상적이고 주관적인 대상으로 명확한 수치화가 쉽지 않은 지표들이 이에 해당된다. 따라서 추상적이고 주관적인 대상을 명확하고 객관적인 수치로 측정하기 위해 과학적인 측정 도구를 정교하게 개발하여야 한다. 일반적으로 주관적 측정 지표는 설문 조사의 질문과 같이 간접적 방식으로 측정된다. 설문 조사의 경우 측정 대상의 자기보고(Self Report) 방식의 태생적 한계로 측정 과정에서 오차가 발생하는 단점이 존재하지만, 측정의 신뢰성을 높일 수 있는 다양한 질문 방식과 기술들을 활용하여 이를 극복하고 있다.

 측정의 목적이 대상 간의 비교 가능한 객관적 기술 또는 수치화라는 점에서 측정 결과에 대한 객관성 확보는 측정이 포함된 전체 조사 결과에 대한 신뢰성을 뒷받침하는 데 중요한 역할을 한다. 따라서 정교하게 개발된 측정 방법에 따라 측정치의 적합성 여부를 정확히 평가하는 것은 측정 과정에서 중요하다.

일반적으로 측정 오류(Measurement Error)는 조사자에 의해 만들어지거나 수반되는 측정 과정에 의해 만들어지는 정보의 변동을 의미하며 측정의 전 과정에서 다양하게 발생할 수 있다. 오류의 종류를 구분하기 위해 다음과 같이 측정값을 분리할 수 있다.

[개념의 측정값] = [개념의 실제값] + [체계적 오차] + [비체계적/확률 오차]

[개념의 실제값(True Score)]은 측정 대상의 실제 값이며 [개념의 측정값(Observed Score)]은 조사 과정을 거쳐 해당 개념을 조사자가 측정한 값을 의미하고, 이 값의 차이를 오류 또는 오차라고 할 수 있다. 여기서 이 오차를 [체계적 오차(Systematic Error)]와 [비체계적/확률 오차(Random Error)]로 구분할 수 있다. 체계적 오차는 일관되게 측정에 영향을 줌으로써 일정한 방향성을 가지는 구조적 오류로서, 측정 시 측정값에 영향을 주는 안정적 요인에 의해 발생한다. 일반적으로 체계적 오차에 영향을 줄 수 있는 안정적 요인은 측정값에 영향을 주는 일관된 개인의 특성, 잘못된 측정 문항, 설문지 자체의 기계적 결함 등을 들 수 있다. 체계적 오차는 구조적 오류의 발생 요인을 제거함으로써 통제가 가능한 오차이다. 측정 대상에 적합한 측정 도구를 개발하는 작업을 통하여 체계적인 오차를 줄이고 비체계적 오차를 줄임으로써 측정된 결과의 타당성을 높일 수 있다.

비체계적 오차 또는 확률 오차는 응답자 또는 측정 환경의 우연한 변화와 차이에 의해 발생하는 측정 오차이다. 비체계적 오차에 영향을 줄 수 있는 우연한 변화로는 단기간에만 나타나는 개인의 일시적 특성, 상황적 요인, 척도의 불명확성, 질문 과정의 관리 등을 예로 들 수 있다. 비체계적 오차는 원인이 불분명하며 사실상 통제가 불가능한 오차 요인이지만, 표본의 크기를 크게 하여 비체계적 오차를 확률적으로 상쇄시킬 수 있다.

측정을 평가하는 두 가지 중요한 개념으로 신뢰성과 타당성이 있다. 신뢰성(Reliability)이란 반복적인 측정이 이루어졌을 때 측정이 일관되게 이루어지는 정도를 의미한다. 체계적 오차는 일관되게 측정에 영향을 주어 일관되지 않은 측정을 유도하는 것을 방지하므로 신뢰성에 직접적인 영향을 주지 않는다. 하지만 비체계적 오차는 우연한 변화로 비일관성을 만들어 내어 측정의 신뢰성에 직접적으로 부정적 영향을 준다. 따라서 신뢰성은 비체계적 오차의 정도로 정의할 수 있으며, 비체계적 오차가 작은 경우에 신뢰성은 높아진다고 할 수 있다.

신뢰성이 비체계적 오차를 최소화하여 정확하게 개념을 측정하는 정도를 의미한다면, 타당성은 체계적 오차를 최소화하여 올바르게 개념을 측정하는 정도를 의미한다. 일반적으로 타당성(Validity)은 측정 값의 체계적 오차의 정도가 작을수록 더 높다. 즉, 측정 도구와 상황에서 일관되고 지속적인 체계적 오류가 많이 발생한다면, 그 측정값은 타당성에 문제가 있다고 판단할 수 있다. 특히 타당성이 낮은 척도는 신뢰성 검정과 같이 반복 측정을 하더라도 체계적 오류의 특성상 동일한 오류가 발생하게 된다. 타당성의 종류로는 내용 타당성(Content Validity, 표면 타당성-Face Validity로도 불림), 개념 타당성(Construct Validity), 기준 타당성(Criterion Validity) 등이 있고, 개념 타당성은 수렴(집중) 타당성(Convergent Validity), 판별 타당성(Discriminant Validity),

법칙 타당성(Nomological Validity) 등으로 구분된다.

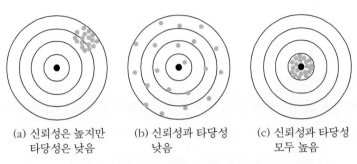

(a) 신뢰성은 높지만   (b) 신뢰성과 타당성   (c) 신뢰성과 타당성
　　타당성은 낮음　　　　　　낮음　　　　　　　　모두 높음

[그림 1-3] 측정의 신뢰성과 타당성 개념 비교

[그림 1-3]은 신뢰성 개념과 타당성 개념을 비교하여 보여 준다. 신뢰성은 보통 측정이 일관되게 나타나는 경우로, (a)와 (c)의 경우 모두 신뢰도가 높다. 하지만 (b)의 경우는 측정의 결과가 산재하여 신뢰도가 상대적으로 낮게 나타날 것이다. (c)의 경우 정중앙을 제대로 측정하였기 때문에 타당성이 높으며, (b)의 경우도 정중앙을 중심으로 측정 결과가 대칭적으로 존재하기 때문에 타당성이 상대적으로 높게 나타날 것이다. 하지만 (a)의 경우는 오른쪽 상단으로 치우친 편향된 측정 결과를 보여 타당성이 상대적으로 낮게 된다.

측정의 타당성 개념 이외에도 측정의 과정인 조사 자체의 타당성을 평가하는 개념도 있다. 조사의 타당성은 조사 결과를 통해 측정 변수들 사이의 관계를 확신할 수 있는 정도를 의미하며, 크게 내적 타당성(Internal Validity)과 외적 타당성(External Validity)으로 구분된다. 내적 타당성은 측정에서 원인이 결과에 미치는 영향을 명확히 규명하는 정도를 의미하고, 외적 타당성은 측정의 결과가 더 큰 모집단 또는 현실에서 일반화될 수 있는 정도를 의미한다. 즉, 내적 타당성은 측정된 결과의 변화가 실제로 원인의 변화에 의해 일어났는지 여부를 의미하고, 외적 타당성은 조사에 의해 나타난 인과 관계의 일반화(Generalization) 가능성을 의미한다.

지금까지 설명한 전통적인 마케팅에서 측정의 한계가 최근 새로운 측정의 가능성으로 인해 국면의 전환이 이루어지고 있다. IT 기술의 발달로 기존에 측정이 불가능하다고 생각되었던 수많은 시장 및 고객 측정 대상이 디지털로 데이터화되고 있으며, 이 데이터들이 그룹화되어 빅데이터의 형태로 진화하고 있어, 주관적 측정 영역의 일부가 객관적 측정 영역으로 점차 전환될 수 있는 기회가 발생하고 있다. 예를 들어, 고객의 생각을 직접적으로 측정할 수는 없지만 고객이 작성한 다량의 댓글들을 구조적으로 분석함으로써 고객의 생각은 물론 감정까지 간접적으로 측정할 수 있게 되었다.

최근 누적되고 있는 빅데이터를 데이터 관점에서 분석하는 애널리틱스 분야가 새롭게 발전되고 있으며, 애널리틱스의 기술적 발전은 고객과 시장의 측정 가능성을 지속적으로 넓히고 있다. 특히 애널리틱스의 과정은 측정과 분석을 거의 동시에 수행하는 경우가 많이 발생하여 빅데이터를 분석하여 측정을 수행하고 측정치를 활용한 분석을 또다시 수행하는 일련의 반복 과정을 통해 새로운 측정 지표가 제시되고 있다.

고객 가치의 개념은 마케팅의 핵심인 고객 측정의 종합적이고 최종적 지표로 주목받아 왔지만, 가용한 데이터의 부족은 그 발전과 활용을 제한해 왔다. 하지만 이 제한 또한 IT 기술의 발전과 시장과 고객 빅데이터의 출현을 통해 극복되고 있으며 고객 가치 측정의 새로운 형태를 만들고 있다. 현재 디지털화된 다양한 고객 행동의 흔적과 흐름을 바탕으로 정보 탐색 분석, 장바구니 분석, 구매 패턴 분석, 사용 후기 분석, 고객 추천 시스템 분석, 고객 관계 분석 등의 고객 행동 단계별 분석이 가능하고, 이를 바탕으로 고객 가치 측정의 범위와 가능성이 점점 커지고 있다. 앞으로 고객 행동 분석뿐만 아니라 블로그, 다양한 커뮤니티, 리뷰, 댓글, SNS 후기 등 디지털화된 다양한 고객 생각과 의식의 흔적을 활용한 새로운 측정 도구들이 대두될 것으로 보인다. 이는 최근까지 성공적이지 못했던 뉴로 사이언스나 뉴로 마케팅의 생물학적 고객 의식 측정의 시도를 뛰어넘는 새로운 마케팅 측정 툴로 발전하여 마케팅 전략과 현상에 새로운 전기를 만들 것으로 기대한다.

특히 디지털 트랜스포메이션(Digital Transformation: DT)에 맞춰 기업들의 디지털 데이터 활용 능력 강화, 고객 행동 자료의 양적 팽창과 질적 향상은 고객 가치 개념의 확장 가능성과 관심의 증가를 이끌고 있다. 현재까지는 고객 가치 개념의 핵심 지표인 고객 생애 가치나 고객 자산이 주로 고객의 구매 행동과 경제적 활동에 국한된 개념에 머물러 있지만, 고객 추천 요소와 같은 비경제적 활동 요소는 물론 향후 고객 감정과 같은 고객 의식 요소들로 확장될 수 있는 플랫폼 개념이 될 것으로 보인다. 그 한 예로, 고객 가치가 초기에는 경제적 가치에 초점을 맞춰 출발했다면 최근에는 비경제적 가치, 예를 들어 고객의 감정적 애착 또는 사회적 가치까지 포괄적으로 포함하는 가치로 그 개념이 확장 발전되고 있다.

4. 마케팅 애널리틱스의 개념 및 필요성

최근 애널리틱스 기법이 경제, 경영, 사회 등 다양한 분야에서 각광 받고 있으며, 마케팅 분야에서도 넘쳐 나는 마케팅 및 고객 데이터를 활용한 다양한 애널리틱스 기법들이 적용되고 동시에 새로운 기법의 개발을 기대하고 있다. 대표적인 애널리틱스 활용 예로, 감성 분석을 활용한 고객 서비스 만족도 및 불만 분석, 구매 패턴 분석을 통한 제품/서비스 추천(Best Next Offer), 고객 빅데이터를 활용한 고객 이탈 예측, 고객 지갑 분석을 통해 최적 가격(Willing To Pay) 제시 등이 있다. 하지만 실무적・이론적인 관심과는 별개로 애널리틱스(Analytics)가 빅데이터와 함께 널리 활용되고 있는 용어이지만 그 정확한 의미는 명확히 정립되어 있지 않다. 이번 장에서는 애널리틱스에 대한 다양한 관점을 바탕으로 일반적인 애널리틱스의 개념과 그 확장된 개념으로 마케팅 애널리틱스에 대해 알아보도록 한다.

애널리틱스는 당면한 문제의 해결, 새로운 현상의 파악, 최적의 조건이나 상태(Optimal Condition/Status)를 조사하기 위해 사전에 수집된 또는 실시간으로 누적되는 데이터 또는 정보를 적절히 가공하여 분석(Analysis)하거나 또는 측정(Measurement)하는 과정을 통칭하며, 기존의 일반적이고 전통적인 조사와는 다른 특별한 과정을 일컫는다. 애널리틱스는 일반적인 조사 과정과 비교하면 다음과 같은 특성을 가진다.

우선 애널리틱스는 설문 조사 등을 주로 하는 기존의 전통적인 조사와는 달리, 주로 IT 기술에 의해 자동으로 생산되거나 누적된 2차 자료들(예: 빅데이터)을 합성하고 가공한 자료를 주로 활용한다. 이 자료들은 다양한 정보 원천(다양성, Variety)으로부터 많은 양(크기, Volume)의 자료들이 실시간으로 누적(속도, Velocity)되는 특성을 가지고 있어 빅데이터로 분류되는 경우가 많다. 따라서 간접적이고 의식적인 응답에 대한 간헐적으로 기록한 자료에 의존하지 않고 실시간으로 관찰한 직접적인 반응이나 활동을 자동으로 기록한 디지털화한 자료들을 활용함으로써, 애널리틱스는 좀 더 직접적이고 객관적인 자료들을 바탕으로 비용 효율적이고 빠르게 실시간으로 의사결정을 할 수 있게 한다. 급속하게 증가하는 디지털 데이터를 분석의 대상으로 하기 때문에 이론이나 논리적 접근보다는 데이터 중심(Data-Driven)의 탐색적 접근, 대용량 데이터의 효과적 분석을 위한 기술 중심(Technology-Driven)의 인공지능 분석적 접근, 그리고 데이터 감각(Data-Sensing)에 따른 통찰을 분석 방법의 주요 핵심 프레임으로 활용한다.

애널리틱스는 주로 자동화된 데이터 처리 기술과 분석 기술들을 활용한다. 자동화된 데이터 처리 기술로는 신호 처리 기술(Signal Processing), 컴퓨터 시각/이미지 처리 기술(Computer Vision/Image Processing), 자연어 처리 기술(Natural Language Processing: NLP)과 텍스트마이닝, 이미지마이닝, 비디오마이닝 등 각종 데이터마이닝들이 활용되고 있다. 정제된 빅데이터를 바탕으로 기계학습과 같은 인공지능(Artificial Intelligence: AI) 기법들과 데이터마이닝이 접목된 자동화된 분석 기술들이 활용되고 있다.

시장의 변화와 함께 기술적 진보 역시 빠르게 진행되고 있다. 빅데이터 기반 전문 분석 기술과 능력은 점점 발달하고 있고, 데이터 과학자 및 조사 전문가에 대한 관심은 날로 증대하고 있으며, 마케팅을 포함한 최고 의사결정 단위에서 회계 재무적 지표와 같은 계량적 성과 지표 활용 요구는 점점 강해지고 있다. 마케팅 실무에서도 데이터 기반 의사결정에 대한 선호와 중요성이 동시에 커지고 있다.

"구슬이 서 말이라도 꿰어야 보배"라는 말이 있다. 아무리 양질의 데이터가 많더라도 이를 관리 분석할 적절한 도구가 없다면 한낱 디지털 숫자에 불과할 수 있다. 마케팅 데이터의 디지털화 가속과 빅데이터의 발전으로 시장 기회 탐지 및 고객 관찰 능력의 향상과 함께 이를 잘 활용할 수 있는 효과적인 관리와 분석 방법의 동반은 필수적인 능력이다.

마케팅 애널리틱스는 시장 정보와 고객의 표현 및 행동과 관련된 기업의 내/외부 (디지털) 정보를 수집, 관리, 분석하여 기업의 의사결정과 전략에 사후적 또는 실시간으로 활용하는 일련의 과정을 의미한다. 특히 발달된 애널리틱스 기법은 실시간으로 수집되는 마케팅 데이터에 대한 실시간 분석을 가능하게 하여 기업의 마케팅 전략 실행을 효과적이고 빠르게 대응할 수 있도록 한다.

마케팅 애널리틱스는 인간의 경험이나 생각이 아닌 기술 주도적 특성(Technology-Driven)을 가지고 있다. 기존의 마케팅 실무 또는 고객 관계 실무에서는 경험에 의한 전략이 상당히 유용하게 활용되어 왔다. 하지만 앞서 데이터 주도적 환경의 변화에 따라 이를 적절히 활용할 수 있는 다양한 기술들(IT, 전자, 기계 등)의 융합 활용 능력이 전통적인 실무 전문가의 경험을 점차적으로 대체해 갈 것으로 기대된다. 특히 분석 기술뿐만 아니라 데이터 수집과 관리에도 첨단 기술을 적극적으로 활용함으로써 마케팅 애널리틱스 전 과정의 자동화가 그 목표가 될 것이다.

기술적 진보 외에도 마케팅 애널리틱스가 중요해지는 이유는 시장에서 최근 주목되는 고객 특성의 변화이다. 똑똑해지는 고객(많은 정보를 가지는 고객: 인터넷), 증가하는 고객의 힘(고객 의식 증대, Strategic/

Forward-looking Customer Behavior/전략적 고객 행동) 등이 대표적인 고객 특성의 변화이다. IT 기술에 기반한 정보의 증가는 기업과 고객의 정보 비대칭을 약화시킬 수 있으며(물론 반대로 정보 비대칭을 강화시키는 경우나 산업도 존재한다), 이 경우 똑똑해진 고객이 기업과 게임을 하듯 경쟁하며 개별 고객의 이익을 극대화할 수 있는 기회가 발생하고 있다.

마케팅 애널리틱스의 기대 효과로는, 먼저 변화된 고객과 시장에 대한 정확한 이해를 바탕으로 시장의 요구와 고객에게 적절한 가치를 제공할 수 있고, 마케팅 캠페인에 대한 응답률, 고객 충성도와 고객 가치의 증가를 통한 마케팅 투자 수익률(Return on Marketing Investment: ROMI)을 증가시킬 수 있다. 마케팅 애널리틱스가 제공하는 효과적 정보는 기업의 정보 관리 비용, 마케팅 비용, 고객 관계 관리 비용 등을 감소시켜 결국 기업의 수익성을 제고할 것이다. 특히 마케팅 애널리틱스는 고객 관계의 예측력을 높여 이탈 고객 예측과 선제적 고객 유지 노력을 효과적으로 실행할 수 있게 하여 불필요한 마케팅 투자를 감소시킬 것이다.

5. 마케팅 애널리틱스의 유형

애널리틱스는 보통 기술형(Descriptive) 애널리틱스, 진단형(Diagnostic) 애널리틱스, 예측형(Predictive) 애널리틱스, 마지막으로 처방형(Prescriptive) 애널리틱스의 형태로 구분할 수 있고, 전자에서 후자로 갈수록 분석의 난이도와 가치는 점점 높아진다고 알려져 있다. 먼저, 기술형 애널리틱스는 현재 발생하는 현상을 확인하고 이해하기 위해 과거의 자료를 분석하고 해석하는 것을 의미한다. 기술형 애널리틱스에서는 빅데이터를 분석하여 누가, 무엇을, 언제, 어디서, 어떻게 등의 과거와 현재의 사실 관계를 정확하게 파악하는 것을 목적으로 하며, 이때 통계적 기법이나 시각화 기법을 사용하기도 한다. 대표적인 예로 연간 가격 변동, 매출 순위나 변동, 고객 변동, 고객 의견 또는 불만 조사 등이 있다. 진단형 애널리틱스는 기술형 애널리틱스에서 파악한 현상에 대한 원인을 파악하는 것을 목적으로 한다. 예를 들어, 특정 기능에 대한 고객 불만이 증가한 경우 해당 불만의 이유가 무엇인지를 관련 빅데이터를 추출하여 분석하여 확인할 수 있다. 다음으로, 예측형 애널리틱스는 빅데이터를 통한 현상의 파악 및 원인 분석을 통해 향후 미래를 예측하는 것을 목적으로 한다. 예를 들어, 고객 유지에 대한 과거와 현재의 빅데이터를 분석하여 그 원인 요소들을 파악한 후 각 고객의 유지 가능성과 구매 가능성을 분석할 수 있다. 마지막으로, 처방형 애널리틱스는 단순한 현재 상태의 유지가 아닌 특별한 처방(Prescription)을 함으로써 현재 상태를 좀 더 좋은 상태로 변화시키기 위한 전략적 행동 또는 지침의 개발을 목적으로 한다. 따라서 사실 파악과 원인 분석 그리고 단순 미래 예측을 넘어 최적의 미래 성과를 위한 전략을 개발하려는 최적화 기법으로 이해할 수 있다. 예를 들어, 기업의 광고에 있어서 최적의 성과를 내기 위한 미디어 채널별 광고 예산의 배분을 위한 처방형 애널리틱스의 적용을 시도할 수 있다. 비록 4개의 다른 형태로 애널리틱스가 분류될 수 있지만, 형식적인 분류를 넘어 각각의 애널리틱스 기법은 서로서로 유기적으로 얽혀 있어, 각 상황과 분석의 목적에 맞게 분석 기법을 적절히 설계하여야 한다.

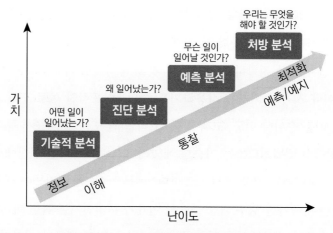

[그림 1-4] 애널리틱스 유형과 가치

출처: Gartner (2012).

⟪⟫ 6. 전통적 조사와 고객 애널리틱스의 비교

마케팅 조사와 같은 전통적 조사 방법과 고객 애널리틱스와 같은 애널리틱스 기법에는 어떤 차이가 있을까? 전통적 조사(Research) 방법은 통계적 접근을 위해 과정을 설계하여 과학적 추론을 바탕으로 현재를 이해하고 미래를 예측하는 것을 검증한다. 하지만 애널리틱스 기법은 관련 정보(시장 또는 고객 정보)의 수집과 분석을 주요 목적으로, 존재하는 데이터를 가공하여 사실/현실/현상을 기술/묘사/측정하고 예측하는 과정이다. 이론적이고 논리적인 추론과 통계적 접근을 통한 과학적 검증 자체를 목적으로 하지 않고, 경험적이고 관찰에 근거한 대용량의 데이터를 바탕으로 현재를 이해하고 미래를 예측한다.

전통적 마케팅 조사는 조사 형태에 따라 탐색적 조사, 기술적 조사, 인과적 조사로 구분된다. 탐색적 조사(Exploratory Research)는 문헌 조사, 인터뷰 등 이론적 근거와 방향성을 사전에 정하지 않고 현상을 파악, 통찰하고 아이디어 습득을 목적으로 비계량적 방법을 주로 활용한다. 기술형 애널리틱스와 유사하게 기술적 조사(Descriptive Research)는 통계적 기법을 활용하여 특정 현상을 정확하게 묘사 또는 기술하는 것을 목적으로 한다. 인과적 조사(Causal Research)는 사전에 예측된 이론적 근거와 방향성을 바탕으로 특정 현상의 인과 관계를 실증적이고 통계적으로 검증하는 것을 목적으로 한다.

전통적 마케팅 조사도 애널리틱스와 유사하게 조사 목적에 따라 다음과 같이 분류할 수 있다. 기술적 접근(Descriptive Approach)은 이론적 근거와 방향성을 사전에 정하지 않고 데이터가 보여 주는 그 자체로 현상을 파악, 통찰과 아이디어 습득을 목적으로 하며 다양한 시각적 효과를 활용한다. 예측적 접근(Predictive Approach)은 기술적 조사로 밝혀진 관계를 바탕으로 추정된 모수 등을 활용하여 미래 현상을 예측하도록 한다. 주로 전통적 마케팅 조사에서 활용한 계량적 모형 분석이 이에 해당한다. 처방적 접근(Prescriptive Approach)은 기술적 조사로 밝혀진 관계를 바탕으로 추정된 모수 등을 활용하여 현재의 결과를 최적화한다. 주로 시뮬레이션 방법을 활용하고 최적해를 찾는 것을 목적으로 한다.

전반적으로 애널리틱스 과정은 마케팅 조사 과정의 일부로 이해할 수 있다. 따라서 마케팅 조사의 과정을 설명하면서 애널리틱스의 차별화된 과정을 별도로 이해해 보도록 하자.

마케팅 조사 과정은 일반적으로, 먼저 문제의 정의, 조사 방법의 설계, 데이터 수집, 분석 및 통계적 검증, 의사결정 및 보고의 순으로 진행된다. 문제 정의 과정은 주로 시장 기회 탐색, 변화 감지, 문제 발생 원인 파악 등으로 마케팅 조사의 동기와 목적이 된다. 설계(Design)는 정의된 문제에 대한 여러 합리적 경험적 추론과 조사 방법을 선택하는 과정이다. 이 과정에서 애널리틱스는 기술형, 진단형, 예측형, 처방형 접근 방법을 목적에 따라 선택할 수 있다. 다음으로, 데이터 수집 단계에서는 측정 도구 개발, 표본의 추출, 정성/정량, 1차/ 2차 자료를 수집하게 되는데, 주로 애널리틱스는 정형 데이터 또는 비정형 데이터를 포괄하는 빅데이터를 활용할 수 있는 자료 수집을 진행한다. 분석 및 통계적 검증 과정에서는 측정과 조사의 신뢰성과 타당성이 검증되고 목적하는 통계적 결론을 도출하게 된다. 애널리틱스에서는 이러한 통

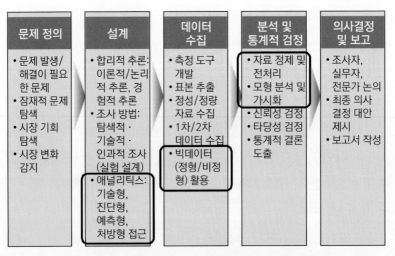

[그림 1-5] 전통적 조사와 애널리틱스의 관계

계적 검증 이전에 수집된 자료의 정제와 전처리 또는 가시화 등의 분석 전 사전 작업이 필수적이다. 이는 애널리틱스의 주요 대상인 빅데이터가 다양한 비정형 데이터를 포함하고 있어 분석을 위한 계량화 작업이 추가로 필요할 수 있기 때문이다. 마지막으로, 도출된 결과를 바탕으로 조사자 또는 의사결정권자에게 보고가 되고, 결론의 수용을 통한 의사결정 또는 피드백을 통한 수정 보완의 과정이 진행될 수 있다.

전통적 조사 방법과의 비교를 통한 애널리틱스의 과정을 이해했다면, 애널리틱스의 핵심 과정만을 요약해 보자. 먼저, 설계 단계에서 조사의 방법, 즉 기술형 애널리틱스, 진단형 애널리틱스, 예측형 애널리틱스, 처방형 애널리틱스를 목적에 맞게 선택한 뒤, 데이터 수집 단계에서 디지털화된 정성 및 정량 자료 모두를 대상으로 실시간으로 수집하는 시스템을 구축한다. 이를 바탕으로 내용 분석을 위한 텍스트 전처리, 텍스트/오피니언/감성 마이닝, 인공지능을 활용한 분석, 그 외 계량경제학적 모형을 활용한 분석 등을 수행할 수 있다.

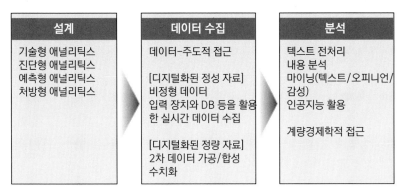

[그림 1-6] 애널리틱스의 핵심 과정

지금까지 고객 애널리틱스에 대해 알아보았다. 고객 애널리틱스는 고객의 표현 및 행동과 관련된 기업의 내/외부 (디지털) 정보를 수집, 관리, 분석하여 기업의 의사결정과 전략에 사후적 또는 실시간으로 활용하는 일련의 과정이다. 4차 산업혁명과 빅데이터 그리고 인공지능에 의한 데이터 주도적이고 기술 주도적인 최신의 분석 기법이 적용되어 고객 행동의 변화를 감지할 수 있으며, 정확한 고객 이해 및 객관적 성과 관리를 위해서 고객 애널리틱스는 기업에게 반드시 필요한 기법이라 할 수 있다. 하지만 데이터 주도에 의한 애널리틱스 결과의 타당성 담보와 방법적 단점을 극복하기 위해 기존 전통적 조사 기법의 활용 역시 필요하며, 특히 분석 결과 제시에 있어서 통계적 기법의 적용이 필요하다는 점도 상기할 필요가 있다.

마케팅 측정 지표의 종류와 한계

시장 점유율 등 전통적 마케팅 측정 지표부터 고객 획득, 관계 그리고 구매까지의 고객 측정 지표 등 다양한 측정 지표들이 마케팅에서 활용되고 있다.

전통적 고객 측정 지표들을 알아보기에 앞서 이런 마케팅 지표는 왜 필요한지, 그리고 어떤 고객 지표와 마케팅 지표들이 현재 소속 기업에서 활용되고 있는지 생각해 보자. 또한 활용되고 있는 지표의 장단점을 실무적 관점에서 평가해 보는 기회를 가져도 좋을 것이다.

20세기의 대표적인 경영학자인 피터 드러커는 기업 경영에서 측정의 역할을 다음과 같이 표현하였다.

"If you can't measure it, you can't manage it."

– Peter F. Drucker

기업 경영에서 측정의 중요성을 표현하는 유명한 격언으로 회자되고 있는 이 표현은 "측정할 수 없다면, 그것은 관리할 수도 없다.", 즉 관리의 기본은 측정으로 측정의 중요성을 강조하였다. 측정은 관리, 즉 경영의 시작이라는 현대 경영 철학을 잘 표현하고 있다. 경영의 한 분야인 마케팅에서도 측정은 마케팅의 시작이자 관리의 기본으로서 아주 중요한 행위로 인식할 필요가 있고, 다양한 측정 지표와 함께 과학적인 마케팅 및 고객 관리 기법을 활용하여야 한다.

마케팅 상황에서 활용되는 고객 측정 지표에는 다양한 종류가 있다. 시장 점유율과 매출 성장률과 같은 전통적 마케팅 측정 지표와 고객 획득 성과에 초점을 둔 고객 획득 측정 지표, 고객 관계를 관리하는 고객 관계 측정 지표, 고객 구매와 행동을 측정하는 고객 구매 측정 지표, 마지막으로 본서에서 집중적으로 다룰 고객 가치 지표 등이 있다. 여기서 고객 관계 측정 지표는 고객과의 관계, 즉 구매 간격 또는 거래 기간, 관계 유지 등을 포함하고, 고객 구매 측정 지표는 고객의 경제적 거래 정도와 추천 정도를 관리하는 지표로 볼 수 있다. 이 장에서는 이들 측정 지표 각각에 대해 자세히 알아보도록 할 것이다.

✦ 1. 시장 점유율과 성장률

먼저, 가장 간단하고 대표적인 성과 측정 지표인 시장 점유율과 매출 성장률을 알아보도록 하자. 기업의 시장 점유율(Market Share)은 다음의 식으로 산출할 수 있다.

$$기업\ j의\ 시장\ 점유율(\%) = 100 \times \left[\frac{s_i}{\sum_{j=1}^{J} S_j} \right]$$

i=대상 기업, S_j=기업 j의 매출, J=시장의 모든 기업

시장 점유율은 기업의 모든 판매와 관련된 기업의 매출 점유율로 정

의된다. 시장 점유율은 고객을 대상으로 한 측정값이며, 화폐 단위 또는 수량으로 산출할 수 있다. 분자는 기업의 매출로서 기업 내부 자료를 통해 얻을 수 있고, 분모는 전체 품목, 카테고리 판매 매출이며 시장 조사 보고서 혹은 경쟁자 자료에서 확인할 수 있다. 시장 점유율은 중요한 정보를 전달하며 계산이 쉬워 마케팅 성과를 측정하는 가장 기본적인 방법 중 하나이지만, 영업 성과가 고객에게 어떻게 분배되는지에 대한 정보는 전혀 제공하지 않고 판매에 대한 성과를 생산자적 관점에서만 제공한다.

성장률 또는 매출 성장률(Growth Rate)은 브랜드, 제품 또는 기업의 매출 성장률로, 특정 기간의 판매량 또는 판매액의 증가 혹은 감소를 이전 기간의 판매량 또는 판매액과 비교하는 간단한 방법이다. 비율로 측정되며 둘 혹은 더 많은 기간 동안의 판매 실적 개선 또는 하락 정도를 나타낸다. 매출 성장은 기업의 현재 상태를 나타내는 지표이며, 시장의 다른 기업과 매출 성장을 비교하면서 상대적인 측정도 제공할 수 있다.

$$t \text{ 기간의 기업 } i \text{의 매출 성장률(\%)} = 100 \times \left[\frac{\triangle S}{S_{i,t-1}} \right]$$

i =대상 기업, t =기간
$\triangle S$ =기간 t-1로부터 기간 t까지 매출의 변화
$S_{i,t-1}$ =기간 t-1의 기업 i의 매출

하지만 시장 점유율과 같이 고객 개개인에 대한 정보, 예컨대 어떤 고객이 성장하였는지, 어떤 고객이 성장하지 못했는지 등의 정보는 전혀 알 수 없다.

〰 2. 고객 획득 측정 지표

전통적 마케팅 측정 지표가 주로 총합, 즉 기업 수준의 지표라면 고객 측정 지표는 고객 개개인의 특성을 측정하여 축약하기 위해 노력하고 있다.

고객 측정 지표로 볼 수 있는 첫 번째 지표로 고객 획득 지표가 있다. 고객 획득 지표를 이해하기 위해 먼저 고객 획득을 이해할 필요가 있다. 고객 획득은 기업마다 획득(acquisition)에 대해 다른 정의를 가지고 있다.

예를 들어, 신규 신용카드 발급 상황을 생각해 보도록 하자.

신규 신용카드가 신규 고객에게 발급되면 획득이라 할 수 있다. 그러나 이 신규 고객이 가입 인센티브에만 관심이 있었다면 신용카드를 발급만 하고 사용하지 않을 수도 있다. 이와 같은 상황에서 획득의 개념은 그 가치를 잃게 된다. 이에 대한 해결책으로, 신용카드사는 신용카드 발급과 함께 카드 사용을 의미하는 명세서 발행의 두 가지 획득 단계로 획득을 정의할 수 있다. 예를 들어, 6만 장의 신용카드가 신규 고객에게 발급되었으나 그중 5만 5천 명만 신용카드 활동에 대한 명세서가 발행되었다면, 목표 시장이 200만 명인 경우 첫 번째 획득 단계의 획득률은 3%이고 두 번째 획득 단계의 획득률은 2.75%가 된다. 최근 신용카드 신규 발급 시 가입 인센티브과 함께 첫 달 실적이라는 요건의 충족 요구는 이와 유사한 획득 관리의 사례로 볼 수 있다.

계약적 상황인 신용카드와 달리 일회성 거래로 고객의 활동이 기록되는 비계약적 상황에서는 고객의 획득과 유지 상태 파악은 불명확하며, 고객 획득에 대한 정의가 더 복잡해지게 된다. 일반적으로는 비계약적 상황에서의 고객 획득은 첫 번째 구매나 사전에 정의된 기간에서의 구매 발생으로 정의하곤 한다.

고객 획득률은 특정 잠재 고객들을 대상으로 한 획득 캠페인의 성공을 설명하기 위한 핵심 성과 지표로서, 목표 시장에서 획득된 고객의 비율로 다음과 같이 정의한다.

$$\text{고객 획득률(\%)} = 100 \times \left[\frac{\text{획득한 잠재 고객 수}}{\text{특정 잠재 고객의 전체 수}} \right]$$

분자인 획득한 잠재 고객의 수는 기업 내부적으로 파악할 수 있지만, 분모인 목표 시장의 잠재 고객의 수는 내부 자료나 시장 조사 데이터로부터 추정해야 하기 때문에 불확실한 면이 존재한다. 획득률은 목표 시장에서 고객을 유치하는 평균 확률을 나타내기 때문에 개별 고객이 아닌 세분 고객 집단과 같은 고객 그룹에 대해 계산하게 된다. 획득률은 목표 고객 수와 관련하여 신규 고객 수를 설정하여 마케팅 캠페인의 성공에 대한 첫 번째 지표로 활용하지만 고객 획득 비용과 마케팅 전략, 목표 시장 선정과 같은 다른 전략적 중요 요인들도 같이 고려하여 활용되어야 한다.

획득률은 획득 캠페인에 대한 반응과 그 효과를 평가하기 위해 측정하지만 캠페인의 비용 효율성을 고려하지 않는다. 획득 캠페인의 비용 효율성을 조사하기 위한 "고객당 획득 비용"은 획득 캠페인에 대한 지출을 획득한 고객의 수로 나눈 값으로 다음과 같이 정의하고, 화폐 단위로 측정한다.

$$\text{고객당 획득 비용} = \left[\frac{\text{획득 총비용}}{\text{획득한 잠재 고객 수}} \right]$$

획득 비용은 고객 획득을 위한 투자가 얼마나 효과적인지 평가할 수 있기 때문에 기업이 지속적으로 모니터링해야 하는 매우 중요한 지표이다. 하지만 기업이 TV와 인쇄 매체와 같은 미디어에 의존하면서 획득 비용에 대한 정확한 측정이 점점 모호해지고 있다. 이 문제는 앞으로 해결해야 할 중요한 과제 중 하나이다.

3. 고객 관계 측정 지표

다음으로, 고객과의 관계 정도를 파악할 수 있는 고객 관계 측정 지표에 대해 알아보도록 하자. 고객과의 관계는 업종마다 다르지만, 고객을 단순한 구매 행위자 이상으로 보는 것은 동일하다. 고객은 기업과 직접적인 구매 이외에도 고객 문의, 고객 서비스, 불만 사항 처리 등 다양한 방식으로 상호 작용하며, 이런 모든 활동은 고객과 기업 간의 관계에 영향을 주게 된다. 고객 관계 관리에서 어려운 점은 관계 활동 상태를 파악하는 것이다. 즉, 특정 고객이 현재 휴면기인지, 관계를 종료했는지, 또는 관계를 종료한 고객이 다시 돌아온 것인지 명확히 알기 어렵기 때문에 고객과의 관계 상태를 예측할 필요가 있다. 고객 관계의 측정은 고객 혹은 고객 집단의 활동 상태를 파악하여 마케팅 자원을 효율적으로 관리하는 데 중요한 역할을 한다. 고객 관계의 측정 결과물은 고객 생애 가치와 고객 자산과 같은 고객 가치 지표 측정을 위한 사전 정보가 된다.

고객 유지율(Customer Retention Rate)과 고객 이탈률(Customer Defection/ Churn Rate)은 동전의 양면과 같은 지표이다. 상황과 목적에 따라 한 가지만 사용되거나 다른 측정 기준을 사용하는 것이 더 좋을 수 있다. 시점 t에서의 고객 유지율(%)은 고객이 이전 시점 $t-1$에 구매한 경우, 시점 t에서도 제품을 구매하거나 서비스를 사용할 평균 가능성으로 다음과 같이 정의된다.

고객 유지율(%)

$$= \frac{\text{기간 } t-1\text{에서의 고객 중 기간 } t\text{에서 남은 고객 수}}{\text{기간 } t-1\text{에서의 총 고객 수}}$$

$$= \frac{\text{기간 } t\text{에서의 총 고객 수}-\text{기간 } t\text{에서의 총 획득 고객 수}}{\text{기간 } t-1\text{에서의 총 고객 수}}$$

반대로, 고객 이탈률(%)은 고객이 이전 시점 $t-1$에 구매했다고 할 때, 시점 t에서 해당 기업으로부터 구매하지 않을 평균 가능성으로 정의할 수 있다.

고객 유지율과 고객 이탈률은 코호트(Cohort, 고객 집단)를 기준으로 산출할 수 있는데, 여기서 코호트란 통계적으로 동일한 특색이나 행동 양식을 공유하는 동종 집단을 의미한다. 고객 관계 상황에서는 주로 특정 동일 기간 내에 획득한 고객 그룹을 의미하며, 결과적으로 유지율은 고객의 코호트나 세분 집단의 평균 유지율의 형태로 나타낸다. 이론적으로 유지율은 각 고객마다 다르지만, 동종의 고객 그룹이나 세분 집단의 평균 유지율로 근사하기도 한다.

고객 유지율과 고객 이탈률 중 어떤 지표를 사용할 것인가? 유지율 개념의 핵심 가정은, 고객은 떠나면 다시 돌아오지 않는다는 것이다. 고객 유지 상황이 중요한 경우 유지율 지표를 사용하고, 고객 이탈 이슈에 초점을 맞추는 경우 고객 이탈률을 사용할 수 있다. 예를 들어, 고객의 휴면 상태가 비즈니스에 중요한 혹은 사소한 역할을 하는지에 따라 두 지표의 적용이 달라질 수 있다. 고객 휴면 상태가 사소한 역할을 하는 경우라면 유지율 개념을 적용하는 것이 좋지만, 휴면이 중요한 역할을 하는 경우라면 고객 행동을 평가하기 위해 고객 이탈률 개념을 사용하는 것이 바람직하다.

고객 생존율(Customer Survival Rate)은 해당 고객을 관찰한 시점부터 기간 t까지 생존한 고객, 즉 고객으로 계속 유지되는 비율을 나타내며 다음과 같이 정의된다.

$$SR_t(\%) = 100 \times Rr_t \times SR_{t-1}$$

Rr_t: 시점 t에서의 고객 유지율

SR_{t-1}: 시점 $t-1$의 생존율

고객 유지율과 고객 이탈률은 주어진 기간에 대한 정보를 제공하지만, 고객 생존율은 코호트가 형성된 시작 시점부터 그 이후 시점에 생존한 고객 수에 대한 요약 측정치를 제공한다.

첫 시점($t=1$)에서 고객 생존율은 고객 유지율과 동일하게 시작하고, 이후 시점 t에서의 생존율은 시점 t에서의 고객 유지율과 직전 시점 $t-1$의 생존율의 곱으로 계산된다. 따라서 이전 기간 전체의 유지율의 곱으로 고객 생존율이 계산되는 셈이다.

아마존의 고객 획득과 유지 예를 한번 살펴보도록 하자.

아마존닷컴(Amazon.com)은 온라인에서 고객 관계 관리 프로그램을 구현하는 리더 중 하나이며, 온라인에서 고객이 구매하고 싶은 모든 것을 제공하고자 하는 가장 고객 중심적인 기업이라 할 수 있다. 아마존은 독특하고 정교한 고객 관계 관리 프로그램을 설계하여 고객 획득과 유지를 지속적으로 추진할 수 있었으며, 이 고객 관계 관리 프로그램 덕택에 전년도 고객 수의 3배에 근접하는 신규 고객을 획득하기도 하였다. 하지만 고객 가치 측면에서 그해의 가장 큰 성공은 고객을 획득한 것이 아니라 기존 고객을 유지한 것이었다. 즉, 그해에 유지된 고객의 매출은 전체 매출의 71%를 차지했으며, 고객의 니즈를 파악하고 이 정보를 통해 다양한 부가적인 기능을 제공함으로써 높은 비율로 고객을 획득하고 유지할 수 있었다.

고객 유지율과 고객 생존율이 주로 고객의 수에 의존한 고객 집단에 대한 측정 지표라면, 고객 개개인에 대한 개별적 구매 패턴을 측정하는 지표도 존재한다. 대표적으로 고객 개개인의 구매 시간을 측정하는 고객 평균 구매 간격과 생애 기간 등이 이에 속한다.

고객 평균 구매 간격(Average Inter-Purchase Time)은 구매와 구매 사이의 평균 경과 시간으로 다음과 같이 매일, 매주, 매월 등 특정 기간에 의해 측정되며 기간별 구매 발생 건수의 역수(inverse)로 정의한다.

$$고객\ 평균\ 구매\ 간격 = \left[\frac{1}{특정\ 기간\ 동안의\ 총\ 구매\ 횟수} \right]$$

예를 들어, 대형 마트의 고객이 평균적으로 한 달에 4번 구매를 한다면, 그 고객의 평균 구매 간격은 1/4=0.25개월, 또는 0.25에 30을 곱하여 평균 7.5일이 된다. 즉, 평균적으로 약 1주일에 한 번, 해당 고객은 이 대형 마트에서 구매를 한다는 것을 알 수 있다.

고객 생애 기간(Customer Lifetime)은 계약적 상황의 경우 그 기간이 명시적으로 나타날 수 있지만, 계약적 상황과 달리 비계약적 상황에서는 고객의 활동 상태에 대해 명쾌하게 명시된 만료일이 없다. 따라서 비계약적 상황에서 기업은 불확실한 고객 유지 기간을 확률적으로 추정할 필요가 있다. 이러한 상황에서는 구매 패턴 및 기타 요인을 관찰하여 고객의 생애 기간을 예측할 수 있어야 한다. 고객이 얼마 동안 고객으로 남을 것인지 아는 것은 고객 생애 가치(Customer Lifetime Value)를 계산하는 데 중요한 요소이다. 코호트, 즉 고객 집단의 평균 생애 기간은 기업의 고객들이 대체하는 속도를 의미하게 된다.

고객 생애 기간을 추정하기 위한 정보가 완전하지 않다면, 즉 최초 구매 시점 또는 최종 구매 시점 혹은 둘 모두를 알 수 없는 경우라면, 고객 생애 기간의 계산은 더욱 더 어려워진다.

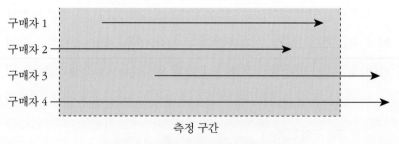

[그림 2-1] 구매 시점 정보가 불완전한 예

[그림 2-1]은 구매 시점 정보가 불완전한 예를 보여 주고 있다. 이

그림에서 기업은 구매자 1에 대해 완벽한 정보를 가지고 있지만, 구매자 2는 왼쪽 절단(left-censored)으로 좌측 또는 과거 자료가 불완전한 경우(최초 구매 시점에 대한 정보가 없음)이고, 구매자 3은 오른쪽 절단(right-censored)으로 우측 또는 미래 자료가 불완전한 경우(마지막 구매 시점에 대한 정보가 없음)이며, 구매자 4는 양쪽 절단(Both side censored)으로 좌측, 우측, 과거, 미래 자료 모두 불완전한 경우(최초 및 마지막 구매 시점에 대한 정보가 모두 없음)가 된다. 따라서 고객 생애 기간의 추정을 완벽하게 하는 것은 정보의 불완전성으로 인해 사실상 불가능하지만, 다만 각 경우에 따라 적절한 확률적 통계적 가정을 바탕으로 각 고객의 고객 생애 기간을 추정할 수 있다.

생애 기간 추정에 있어 중요한 고려 사항으로, 앞서 설명했었던 계약적 상황과 비계약적 상황을 비교하여 다시 한번 검토해 보도록 하자. 계약적 관계(Lost for Good)는 구매자가 특정 약속에 관여하는 관계로, 고객이 계약을 해지하면 기업은 고객과의 관계 전체를 잃기 때문에 영원한 손실로 분류하게 된다. 주로 계약적 고객 관계 산업은 고객과의 관계가 법률적·명시적 계약으로 이루어지는 산업이며, 고객과의 관계 시작 종료가 명확하고 고객 구분이 명확하여 고객 유지 여부를 비교적 정확히 파악할 수 있다. 그 예로, 통신 산업이나 신문 산업 등을 들 수 있다. 하지만 비계약적 관계(Always a Share)는 구매자가 기간이나 사용 수준을 그 어떤 방식으로도 약속하지 않는 관계로, 고객은 정해진 시간 없이 여러 공급자(예: 다양한 대형 마트에서 구매하기)를 이용할 수 있으며, 이는 항상 공유되어 있는 상태를 의미한다. 주로 비계약적 고객 관계 산업은 고객과의 관계가 명시적으로 표시되지 않는 거래만 이루어지는 산업으로, 고객과의 관계는 시작 종료가 명시적이지 않은 독립적 거래만 이루어진다. 이 경우, 고객 유지 여부는 확률적으로 예측해야 하며 온라인 쇼핑 산업, 자동차 산업 등을 예로 들 수 있다.

구매 시점 외에도 고객의 구매 패턴으로 구매 가능성 또는 거래 가능성을 의미하는 생존 확률(P, active)이 있다. 생존 확률은 비계약적 상황에서 특정 고객이 특정 기간에 거래할 가능성으로, 특정 시점 t에서 고객이 활동하고 있을 또는 고객으로 존재할 확률이며 다음과 같이 정의한다.

$$P(active\ at\ t) = \tau^n$$

$t =$ 마지막 관측 시점까지의 총 거래 기간(총 거래 기간)

$n =$ 주어진 특정 기간 동안에서의 구매 횟수

$\tau =$ 구매 비율(총 구매 기간/총 거래 기간)

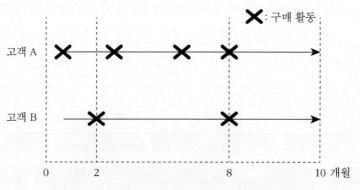

[그림 2-2] P(active) 추정을 위한 고객 구매 활동 예

예를 들어, 현재 시점에서 고객 A는 총 거래 기간이 10개월이고 거래 개시 후 8개월 동안 네 번을 구매했으며, 고객 B는 총 거래 기간은

8개월이고 첫 거래 이후 6개월 동안 두 번의 구매를 했다. [그림 2-2]
는 이 두 고객의 구매 활동을 시간에 흐름에 따라 요약하여 보여 준다.

두 고객의 활동에 대해 이번 달의 생존 확률은 다음과 같이 간단히
계산해 볼 수 있다.

고객 A: $\tau_A = 8/10 = 0.8$, $n_A = 4$,
$P(active) = (0.8)^4 = 0.4096$

고객 B: $\tau_B = 6/8 = 0.75$, $n_B = 2$,
$P(active) = (0.75)^2 = 0.5625$

→ 고객 A의 생존 확률은 40.96%
→ 고객 B의 생존 확률은 56.25%

고객 B가 상대적으로 적은 구매 경험이 있지만 생존 확률은 오히려
15% 이상 높다는 것을 알 수 있다. 다소 이상할 수 있지만 고객 A는
8개월 동안 네 번의 구매 후 2개월 동안 더 이상 구매 활동이 없는 상태
이고, 고객 B는 상대적으로 짧은 기간 동안 두 번의 구매만 한 상황이
기 때문에 구매 패턴상 고객 B가 여전히 살아 있을 확률이 더 높다는
것을 의미한다. 처음 8개월 동안 네 번을 구매하고 마지막 2개월 동안
구매하지 않은 A 고객은 6개월 동안 두 번만 구입한 B 고객보다 10개
월째에 구매할 가능성이 낮게 나타난다. 이는 고객이 구매 빈도를 변
경하지 않는다는 가정 때문이다. 즉, 고객 A의 구매 패턴은 더 자주 구
매를 하는 패턴이고 고객 B의 구매 패턴은 상대적으로 덜 자주 구매를

하는 패턴으로, 현재 2개월 동안 구매가 없는 두 고객을 비교할 때 덜 자주 구매하는 고객 B의 생존 확률, 즉 다른 기업으로 이동하지 않고 계속 고객으로 남아 있을 확률이 더 높다고 해석할 수 있다.

경쟁률과 비계약적 상황을 고려한 유지율 추정을 위해 고객 전환 행렬(Customer Migration Matrix)을 활용할 수도 있다. 고객 전환 행렬에서는 현재와 미래의 브랜드의 구매/전환(Switching) 가능성을 교차하여 추정한다. 〈표 2-1〉은 고객 전환 행렬의 예이다.

〈표 2-1〉 고객 전환 행렬의 예

구매 확률(%)		다음 구매 예정 브랜드($t+1$)		
		A	B	C
현재 구매 브랜드(t)	A	75	15	10
	B	15	70	15
	C	15	25	60

〈표 2-1〉과 같이 시장에 3개의 브랜드 A, B, C가 있다. 첫 번째 행은 현재 브랜드 A를 구매한 고객의 다음 구매 예정 브랜드의 변화를 나타내며, 전체의 75%는 다음번 구매에도 역시 브랜드 A를, 하지만 15%는 브랜드 B를, 10%는 브랜드 C를 구매할 것으로 보인다. 유사하게 두 번째 행은 현재 브랜드 B를 구매한 고객의 다음 구매 예정 브랜드의 변화를 나타내며, 15% 각각은 다음 구매에 브랜드 A와 C를, 나머지 70%는 다시 현재 구매 브랜드 B를 선택한다. 따라서 전환 행렬의 대각선은 각 브랜드의 다음번 재구매율을 의미한다. 고객 전환 행렬을 활용하면 미래 특정 시점까지의 브랜드 전환(Swtiching) 구조를 파악할 수 있다. 예를 들어, 브랜드 A의 고객이 다음번 구매에서 브랜드 B를

선택한 뒤 그다음 구매에서 다시 브랜드 A로 돌아올 가능성은 15%×15%=2.25%로 추정할 수 있다. 더 복잡한 단계적 브랜드 전환 구조 역시 파악할 수 있다.

다른 고객 관계 지표들이 고객 행동 자료를 바탕으로 하지만, 고객 전환 행렬은 고객 행동 자료뿐만 아니라 설문 조사와 같은 고객 인지 자료를 기반으로도 추정 가능하여 가장 융통성 있는 고객 관계 측정 지표 중 하나로 알려져 있다.

4. 고객 구매 측정 지표

다음으로, 고객의 구매 행동을 측정하는 지표에 대해 알아보자.

먼저, 고객 구매력(Size of Wallet)은 주어진 카테고리에서 구매자의 총 지출 금액, 다시 말하면 해당 고객에 대한 모든 기업의 판매량이며 화폐 단위로 측정된다. 어떤 고객이 여러 편의점에서 매달 평균 40만 원을 쓴다면, 이때 편의점에 대한 이 고객의 구매력은 40만 원이다.

지갑 점유율(Share of Wallet)은 고객이 해당 카테고리에서 구매한 모든 브랜드에 대해 대상 브랜드 혹은 대상 기업이 차지하는 비율로 정의된다. 이 지수는 대상 브랜드 또는 대상 기업이 해당 카테고리에서 고객의 니즈를 충족시키는 정도로 해석되기도 한다.

고객 i에 대한 대상 브랜드 j의 지갑 점유율은 미리 산출된 고객 i의 고객 구매력과 함께 다음과 같이 정의한다.

$$지갑\ 점유율_{ij} = \frac{브랜드\ j의\ 매출액}{고객\ 구매력_i}$$

예를 들어, 매달 홈쇼핑에 100만 원을 지출하는 고객 A가 홈쇼핑 B에서 50만 원을 구매했다면, 이 홈쇼핑 B에 대한 고객 A의 개인 지갑 점유율은 50%가 된다.

지갑 점유율은 고객 충성도를 측정하는 중요한 척도가 될 수 있으며, 해당 카테고리에서 고객의 지출에 대한 특정 브랜드 또는 기업의 비중을 알려 준다. 또한 앞서 설명한 시장 점유율은 구매자와 비구매자 간의 비율로 산출되는 반면, 지갑 점유율은 실제 구매자들과 관계의 질을 통해서 추정된다는 것이 큰 차이이다. 하지만 지갑 점유율은 고객으로부터 기대할 수 있는 미래 수익과 이익에 대한 명확한 정보는 제공할 수 없다는 단점이 있다.

고객 구매력과 지갑 점유율의 관계를 기업이나 브랜드의 마케팅 전략에 활용할 수 있다. [그림 2-3]을 살펴보면, 일반적으로 고객 구매력이 낮은 경우, 즉 고객의 지출 규모가 작은 경우는 고객 관계 관리 활동을 최소한으로 하거나 심지어 디마케팅과 같이 마케팅 활동을 자제하는 것이 효율적일 수 있다. 하지만 고객 구매력이 높은 경우, 즉 고객의 지출 규모가 큰 경우에 지갑 점유율이 높으면 적극적인 고객 관계 관리를 하여 고객 유지율을 관리해야 하고, 만약 지갑 점유율이 낮다면 적극적 획득 활동을 하여 고객 획득률을 높임으로써 지갑 점유율을 높여 수익성 높은 고객 베이스를 넓혀 나가야 한다.

직접적인 고객 구매 측정 지수는 아니지만, 간접적인 고객 구매 측정 지수로서 순 추천 고객 점수(Net Promoter Score: NPS)가 있다. 순 추

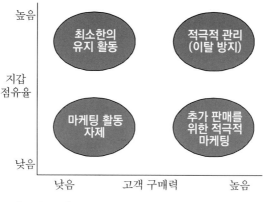

[그림 2-3] 고객 구매력과 지갑 점유율의 관계

천 고객 점수는 베인 & 컴퍼니(Bain & Company)의 프레드 라이켈트 (Frederick F. Reichheld)가 『하버드 비즈니스 리뷰(Harvard Business Review)』(2003. 12.)에 발표한 고객 로열티 측정법으로, '추천 의향'이라 는 단 하나의 문항으로 이루어져 있다. 추천 의향에 대한 응답에 따라 추천 응답 고객의 비율에서 비추천 응답 고객의 비율을 뺀 지수로서, 추천에 중립적인 고객은 측정에서 제외하고, 추천 의도가 높은 고객과 그렇지 않은 고객에 초점을 맞춘 측정 지수이다.

NPS = 추천 고객의 비율(%) − 비추천 고객의 비율(%)

(　　　)을(를) 친구나 동료에게 추천할 가능성은 얼마나 됩니까?

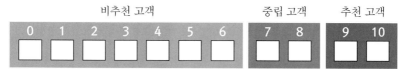

[그림 2-4] 순 추천 고객 점수 측정 문항 예

NPS를 통해 기업은 고객들이 얼마나 지속적으로 옹호자(advocators)로 전환되는지 추적할 수 있다. 고객은 크게 세 개의 세분 집단으로 구분된다. 첫 번째, promoters 고객 집단은 자신의 경험에 매우 만족하여 다른 사람에게 특정 기업 또는 브랜드를 추천한다. 두 번째, passivers 고객 집단은 자신이 지불한 만큼 만족했지만 그 이상은 없다고 판단하여 충성 고객으로 분류되지 않는다. 마지막으로, detractors 고객 집단은 자신의 경험에 실망하여 기업 및 브랜드의 성장과 명성에 해를 끼치는 집단이다. 첫 번째 고객 집단의 가치는 다음 사례를 통해 확인할 수 있다.

First Republic Bank의 기존 고객은 예금 잔액 증가의 50%를 차지했으며 추천 고객이 32%를 차지한 것으로 나타났다. 즉, 은행 예금 증가의 82%는 promoters 고객 집단과 해당 집단의 추천을 통한 신규 고객으로부터 발생하였다. 이는 훌륭한 고객 경험 제공의 중요성뿐만 아니라 추천의 힘을 보여 준다.

또한 NPS는 고객 생애 가치 측정과 직접적으로 관련된다. 신규 고객을 일반적인 획득(bought) 고객과 추천(earned) 고객으로 분류하는 것은 고객 생애 가치 측정에 영향을 미친다. 고객이 어떻게 획득되었는지에 따라 투자의 효율성이 달라진다. 일반적인 획득(bought) 고객은 광고, 판매 촉진 활동, 커미션 판매 등의 경로로 획득된다. 기존 고객의 추천 또는 기업의 명성에 의해 획득된 추천(earned) 고객과 비교할 때, 획득 비용이 높다. 이는 결과적으로 획득의 효율성에 관련되며 고객 생애 가치에도 영향을 미친다. 하지만 이 지표는 실증적으로 검증된 지표는 아니므로 참고용 정도로만 활용하는 것을 권장한다.

5. 단순 고객 측정 기법: RFM 모형

이 장에서는 고객 가치 측정 지표들에 대해 알아보도록 하겠다. 첫 번째 순서로 고객 가치 측정의 기본적 입력 자료로 활용되는 RFM 모형의 개념과 기본 활용 방법을 살펴보자. RFM 모형은 고객 가치 측정을 위한 기본 입력 자료로 활용되나, 실제 기업에는 더 다양한 데이터를 활용할 수 있다.

다음의 질문들을 생각하면서 RFM의 개념을 살펴보도록 하자.

- 우리 기업에서 고객의 가치를 추정하기 위해 어떤 자료들을 사용할 수 있을까?
- 고객 가치를 추정하기 위해 우리 회사에서는 어떤 요소들을 중요하게 고려해야 할까?

먼저, 고객 가치 측정 지표의 목적은 무엇인지 생각해 보자.

전략적 고객 가치 기반 측정은 고객의 장기적인 수익성을 극대화할 수 있도록 미래 지향적으로 기업의 의사결정을 유도하는 목적을 가지고 있다. 이 목적을 달성하기 위해 고객 가치를 분류하기 위한 지표로 RFM 모형을 활용할 수 있다. RFM 모형은 앞서 설명한 바와 같이 고객 가치 측정의 주요 입력 자료로도 활용된다. RFM 모형을 직접적으로 활용하여 고객 가치를 추정한 지표로 고객 생애 가치(Customer Lifetime Value)와 고객 자산(Customer Equity 또는 Customer Asset)이 있다. 먼저, RFM 측정 모형을 자세히 살펴본 후 고객 생애 가치와 고객 자산 측정 모형에 대해 알아보도록 할 것이다.

RFM은 최근성(recency), 구매 빈도(frequency) 그리고 구매 금액(monetary value)의 각 요소를 뜻한다. 최근성은 고객의 마지막 주문으로부터 시간이 얼마나 오래되었는지를, 구매 빈도는 특정 기간 동안 고객이 얼마나 자주 주문했는지를, 구매 금액은 고객이 평균적으로 거래에 지출한 금액을 말한다. RFM은 고객의 구매 행동을 기준으로 가치 있는 고객을 선별해 내고, 이를 기준으로 고객을 분류하는 지표로 활용될 수 있다.

RFM 개념을 실제 사례를 통해 이해해 보도록 하자.

다음의 가상 마케팅 캠페인과 사전 조사를 가정하자.

기업이 현재 27만 명의 고객을 보유하고 있고, 1만 원의 할인 쿠폰을 고객에게 제공하는 마케팅 캠페인을 진행하려 하고 있다. 그래서 2천7백 명의 표본 고객에게 할인 쿠폰을 발송하여 그 효과를 분석하고자 한다. 그 결과, 총 81명의 고객(2천7백 명의 3%)이 응답한 것으로 나타났다.

여기서 우리는 캠페인의 효과를 RFM 프레임에 따라 집단 비교 분석을 해 볼 수 있다.

먼저, 최근성 분석이다. 최근성 분석은 고객의 최근 구매일과 그 응답을 비교한다. 최근성에 따른 응답률을 비교하기 위한 하나의 방법으로 구매 또는 거래의 최근성을 기준으로 고객을 분류해 볼 수 있다. 예를 들어, 가장 최근에 구매를 한 집단은 최근성 집단 1, 다음 최근 집단에게는 최근성 집단 2와 같이 배정한다.

다음 [그림 2-5]의 그래프는 최근성을 기준으로 분류된 고객 집단별 가상의 고객 응답률을 보여 준다. 캠페인에 대한 응답률이 가장 높은 (약 5%) 집단의 최근성 코드는 1, 즉 가장 최근에 구매를 한 고객 집단이다. 3개의 집단에 대한 평균 고객 응답률은 사전 캠페인에 의해 달성된 실제 응답률인 3%이다.

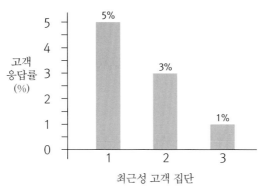

[그림 2-5] 최근성과 고객 응답률의 관계

최근성에 따라 고객 집단 분류와 고객 응답률과의 관계를 비교하면, 최근성 코드가 1인 고객 집단이 캠페인에 대한 응답률이 가장 높고, 다음 최근성 집단인 코드 2를 가진 집단의 응답률이 높게 나오며, 그다음으로 최근성 고객 집단 3의 응답률이 가장 낮게 나타난다는 것을 알 수 있다. 전반적으로 최근성이 높아질수록 응답률은 높아지고, 최근성이 낮아질수록 응답률도 같이 낮아지게 된다. 물론 이 두 요소(최근성 정도와 고객 응답률) 간의 관계는 통계적 검증을 통해 최종 확정을 해야 한다. 하지만 간단한 고객 분류를 통해서 고객 응답률을 비교하여 흥미로운 가능성을 확인할 수 있다.

다음으로, 구매 빈도 분석이다. 구매 빈도 분석 역시 최근성과 유사하게 구매 빈도에 따라 그 응답을 비교한다. 구매 빈도에 따른 응답률을 비교하기 위해 최근성의 고객 집단 구별과 유사하게 분류 기준을 구매 또는 거래 빈도로 하여 구매 빈도 집단으로 고객을 분류할 수 있다. 예를 들어, 3분위수를 기준으로 구매 빈도가 상위 33.3% 범주에 속하는 고객 집단 1, 그다음 차상위 33.3%에 고객 집단 2 등으로 분류한다.

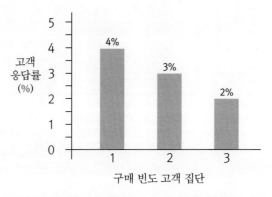

[그림 2-6] 구매 빈도와 고객 응답률의 관계

[그림 2-6]의 그래프는 구매 빈도를 기준으로 분류된 고객 집단별 고객 응답률을 보여 주는 그래프이다. 캠페인의 가장 높은 응답률(4%)은 가장 높은 구매 빈도, 즉 그래프 상 구매 빈도 코드 1을 가진 고객 집단으로 나타났으며, 구매 빈도가 낮은 집단, 즉 구매 빈도 코드 3인 집단은 상대적으로 낮은 고객 응답률(2%)을 보여 주고 있다. 전반적으로 구매 빈도가 낮아질수록 응답률이 떨어지는 추세가 있다. 하지만 최종 결론은 통계적 검정을 통해 확인할 수 있다는 점은 주의할 필요가 있다.

마지막 RFM 기본 분석인 구매 금액 분석이다. 이전의 최근성과 구매 빈도와 거의 동일하게 특정 기간 내의 평균 구매 금액을 기준으로

고객 집단을 분류한다. 여기서 특정 거래 기간은 산업적 특성과 환경
에 따라 변경될 수 있다. 구매 주기가 일반적으로 빠른 생필품의 경우
월간으로 할 수도 있고, 상대적으로 아주 긴 자동차의 경우 연간 단위
로 할 수도 있다.

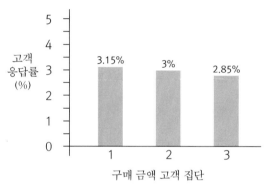

[그림 2-7] 구매 금액과 고객 응답률의 관계

　[그림 2-7]의 그래프는 구매 금액의 3분위수를 기준으로 상위 33.3%
범주에 속하는 고객 집단 1, 그다음 차상위 33.3%에 고객 집단 2 등으
로 분류한 후 고객 응답률을 비교한 그래프이다. 전반적으로 구매 금
액이 높은 경우로 구매 금액 코드가 1인 집단의 고객 응답률 3.15%로
가장 높게 나타난다. 하지만 앞에서 언급한 최근성과 구매 빈도에 비
해 그 응답률의 차이는 미미하여 구매 금액과 고객 응답률 사이의 관
계를 확정하기에는 다소 무리가 있을 수도 있다. 만약 통계적 검정을
통해 세 기준의 고객 분류에 따른 고객 응답률의 유의미한 차이가 확
정된다면, 세 기준에 따른 응답률 차이의 민감성 역시 중요한 이슈가
될 수 있다. 분류된 고객 집단 간 가장 큰 차이를 보이는 기준은 최근

성이고 그다음은 구매 빈도, 마지막으로 구매 금액이 가장 적은 차이를 보이는 기준이 된다. 따라서 이 기업의 캠페인 응답률을 높이기 위해 취할 전략의 우선순위로 최근성, 구매 빈도, 마지막으로 구매 금액의 순의 고객 집단 분류를 고려해 볼 수 있다.

RFM 개념의 이해를 바탕으로 좀 더 구체적인 RFM 고객 분류 기법에 대해 알아보도록 하자. RFM의 각 요소에 대한 분석을 각각 수행한 후 고객별 R, F, M의 점수를 산정할 수 있다. 예를 들어, 산정된 각각의 R, F, M의 점수를 바탕으로 각 요소를 세 개의 집단으로 분류할 수 있다. R 점수가 높은 상위 33.3%는 집단 1, 중간 순위 33.3%는 집단 2, 낮은 순위 33.3%는 집단 3으로 분류하고, F와 M 요인도 점수 순위에 따라 동일하게 집단을 구분할 수 있다. 각 고객은 RFM 점수에 따른 분류에 의해 배정된 RFM 집단 코드를 이용하여 111, 233, ⋯ 333과 같이 27개 집단으로 세분할 수 있다. 111에서 첫번째 숫자 1은 최근성 집단 코드, 두번째 숫자 1은 구매 빈도 집단 코드, 세번째 숫자 1은 구매 금액 집단 코드로서 111집단에 속한 고객은 최근성이 가장 높고, 구매 빈도도 가장 높으며, 구매 금액도 가장 많은 고객 집단으로 이해할 수 있다.

하지만 이렇게 분류된 RFM 고객 분류는 또한 몇 가지 한계를 가질 수 있다. 먼저, R, F, M 세 개의 요소들별로 고객이 독립적으로 분류된 후 RFM으로 통합되기 때문에, RFM에 따른 통합 집단에 속하는 고객의 수가 균등하지 않을 가능성이 생긴다. 예를 들어, R, F, M 각 요소들별로 세 개의 고객 집단을 균등하게 배분할 수 있지만, RFM 통합 집단으로 분류된 27개 고객 집단의 각 고객 수는 동일하지 않게 된다. R=1인 집단 내에서 F=1인 집단, F=2인 집단, F=3인 집단에 속한 고객의 수가 다를 가능성이 높기 때문이다. 고객 분류와 마케팅 전략의 실행을 위해 각 RFM 셀은 동일한 수의 고객을 갖는 것이 좀 더 바람직하다. 또한 개별적인 R, F, M의 세 요소가 독립이 아니라 현실적으로 서로 연관되어 있을 가능성이 존재한다. 예를 들어, 더 많은 금액을 소비하는 사람이 평균적으로 더 자주 구매하는 경향이 있다면, F와 M은 연관되어 있다고 할 수 있다. RFM을 활용한 고객 집단 분류 방법은 이와 같은 현실적 특성을 제대로 반영하기 어렵다. RFM 고객 분류 방법이 비록 이와 같은 한계가 있긴 하지만, 개념이 단순하고 분류와 집단 간 비교가 쉽다는 장점은 여전히 존재한다.

균등한 고객 집단의 분류를 위하여 각 3개의 RFM 기준을 개별적으로 분류하는 것이 아니라 순차적으로 적용하여 동일한 27개 세부 집단으로 분류할 수 있다. 먼저, 최근성인 R을 기준으로 고객을 분류한 뒤 다시 각 최근성 집단별 구매 빈도 기준으로 하위 집단으로 분류하여 9개 하위 집단을 분류한다. 각 하위 집단은 R, F 코드를 부여받아 11부터 33까지의 집단 코드가 배정된다. 마지막으로, 9개 하위 집단의 각 집단을 구매 금액 기준으로 더 세분화된 하위 집단으로 분류한다. 모두 27개 고객 집단이 생성되고, 각 집단의 소속 고객은 111부터 333까지의 세분 RFM 집단 코드로 분류된다.

예를 들어, 2만 7천 명의 고객을 대상으로 RFM을 활용한 고객 집단 분류를 생각해 보자. 2만 7천 명의 고객 자료를, 특히 고객 거래 목록을 먼저 최근 거래 날짜순으로 정렬한 후 9천 명의 고객으로 구성된 3개의 동등한 고객 집단으로 분류한다. 각 고객 집단에 있는 9천 명의 고객을 대상으로 다시 구매 빈도를 기준으로 3천 명으로 구성된 3개의 고객 집단으로 분류하고, 각 고객 집단의 3천 명 고객은 11에서 33까

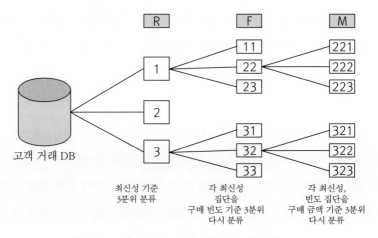

[그림 2-8] RFM 기준에 의한 고객 집단 분류

지의 RF 코드를 가지게 된다. 각각의 RF 고객 집단을 구매 금액 기준으로 다시 분류하여 1천 명의 고객으로 구성된 3개의 그룹으로 분류한다. 즉, 111에서 333까지의 RFM 코드가 각 고객 집단에 배정되고, 최종적으로 각 집단별로 1천 명의 고객이 동일하게 배정된 27개의 고객 집단으로 분류된다.

이렇게 분류한 27개의 고객 집단에 대해 고객 집단별 고객 특성이나 고객 반응을 비교 분석하여 마케팅 전략 수립과 마케팅 실행에 활용할 수 있다. 실제로 기업에서는 다양하고 풍부한 고객 데이터를 활용하여 기본적인 RFM 분류 방법 외에 이를 응용한 다양한 고객 분류 방법을 적용해 볼 수 있다.

〈표 2-2〉는 고객 전체를 대상으로 무차별 캠페인의 결과와 RFM 고객 분류 방법을 활용한 응답률 높은 고객 선별 캠페인 결과를 비교하여 RFM 고객 분류 방법의 효과를 검증한 것이다. 먼저, 표본 조사의 경우 전체 27만 명의 고객 중 1%에 해당하는 고객을 표본으로 선정하

여 표본 조사를 실행하였고, 81명의 고객이 할인 쿠폰을 사용한 거래
로 응답하여 평균 3%의 응답률을 얻었다. 각 응답 표본 고객의 평균
순이익을 할인 쿠폰 1만 원을 포함하여 약 5만 원으로 가정하면, 81명
의 응답 고객을 통한 총수익은 405만 원이 된다. 할인 쿠폰 발송을 위
해 발송 건당 약 1,500원의 비용(쿠폰 생성 비용, 정보 처리 비용 등)이 든
다면, 표본 조사 대상 고객 2,700명에 대한 총비용은 역시 약 405만 원
이 들어 총수익은 0원이 된다. 이 표본 조사 실행 이후 전체 고객 27만
명을 대상으로 동일한 캠페인을 무차별로 실행할 경우, 전체 응답률과
비용의 비율이 이론적으로 동일하기 때문에 전체 순이익은 표본 조사
와 동일하게 0원이 된다.

〈표 2-2〉 고객 전체 무차별 캠페인과 RFM 선별 캠페인 결과 비교

구분	표본 조사	고객 전체 발송	RFM 기준 발송
할인 쿠폰 발송 개수(개)	2,700	270,000	13,500
평균 응답률	3%	3%	15%
응답 수	81	8,100	40,500
평균 순이익/판매(원)	50,000	50,000	50,000
총수익(원)	4,050,000	405,000,000	101,250,000
할인 쿠폰 발송 단가(원)	1,500	1,500	1,500
할인 쿠폰 발송 총비용(원)	4,050,000	405,000,000	20,250,000
총수익	0	0	81,000,000

하지만 표본 조사 실행에 따른 RFM 고객 분류를 활용하여 응답률이
높을 것으로 기대되는 상위 5%의 고객(선정된 고객의 평균 응답률 15%)

에게만 캠페인을 실행하기로 한다. 이 경우, 27만 명의 고객 중 응답률 상위 5% 고객 1만 3천 명의 고객에 대해서 캠페인 할인 쿠폰을 발송하고, 이들의 평균적인 응답률 약 15%를 고려하면 2,025명의 고객이 할인 쿠폰을 활용한 구매를 진행하여 평균 수익은 1억 125만 원이 발생하고 쿠폰 발행 총비용 2,025만 원을 차감하여 총 8,100만 원의 수익이 발생한다. 전체 고객 기반으로 캠페인을 실행한 경우 응답률은 3%에 그치지만, RFM 고객 분류 후 실행된 캠페인의 경우 15%로 5배의 높은 응답률을 만들 수 있으며, 그에 따른 최종 수익은 RFM 고객 분석 분류를 통해 실행된 캠페인에서 높게 나타난다. 여기서 수익은 판매 수익에서 캠페인의 실행 비용을 차감한 것으로, 최종적으로 캠페인의 성공 여부를 비교하여 판단하는 데 사용한다.

RFM 분류 방법을 활용한 캠페인 효과의 분석 방법을 마케팅 활동에 대한 손익 분기점 산출 방법에 적용해 볼 수도 있다.

마케팅 손익 분기란 마케팅 캠페인을 통해 얻은 수익과 마케팅 캠페인 제공을 위해 필요한 비용이 같은 상태를 의미하며, 마케팅 손익 분기 응답률은 마케팅 캠페인의 일인당 마케팅 비용을 마케팅 캠페인 결과에 따른 일인당 마케팅 수익으로 나눈 비율이다.

$$\text{마케팅 손익 분기 응답률} = \frac{\text{일인당 마케팅 비용}}{\text{일인당 마케팅 수익}}$$

특정 캠페인에 대한 마케팅 손익 분기가 1이면 해당 캠페인은 어떠한 순이익도 발생시키지 않았음을 의미한다. 앞의 예에서 마케팅 손익 분기 응답률은 1,500/50,000=0.03, 즉 3%가 된다. 현재 응답률이 3%

이고 실제 수익도 0원이기 때문에 손익 분기율 역시 정확히 1이 되며, 이를 위한 최소한의 응답률은 3%가 된다. 따라서 3% 이상의 응답률이 나오는 경우에만 캠페인의 수익이 발생한다. 이 지표를 활용하여 마케팅 캠페인의 적절한 투입 비용 또는 필요한 응답률을 산출하여 마케팅 전략 수립과 실행 그리고 그 효과와 성과의 측정에 활용할 수 있다.

RFM 개념을 실무에 적용할 때는 몇 가지 고려해야 할 요소들이 존재한다. 대표적인 예로, RFM 각 요소의 상대적 가치를 들 수 있다. 산업과 기업의 특성에 따라 R, F, M 요소의 상대적 중요도가 다를 수 있다. 일반적으로 RFM 상대적 가치는 목표값, 즉 고객 응답률의 변동 정도 또는 민감성에 따라 결정된다. 예를 들어, R, F, M 중 고객 응답률의 변화나 차이가 큰 지표가 향후 고객 반응을 예측하는 가장 좋은 지표일 가능성이 높다.

통계적 관점에서 R, F, M의 상대적 가치를 평가하기 위한 대표적 통계적 검정 방법으로 회귀 분석을 사용할 수 있다. 회귀 분석 결과 각 요소들의 계수를 통해 R, F, M의 상대적 가중치를 계산할 수 있으며, 이러한 상대적 가중치는 각 고객의 RFM 누적 점수를 계산하는 데 활용할 수 있다. 상대적 가치를 고려하여 추정한 RFM 점수가 높을수록 더 높은 가능성을 가진 고객이 될 수 있다.

RFM 기법은 미래 수익성이 높은 고객을 식별하고, 타게팅(targeting)할 뿐 아니라 구매 확률이 낮은 고객에 대한 값비싼 캠페인 비용을 피할 수 있게 한다. 즉, 미래 수익성, 가치가 높은 고객만을 식별하여 기업의 마케팅 전략 및 커뮤니케이션을 제공할 수 있게 해 준다. 다만, RFM 기법이 고객의 과거 구매 패턴에만 의존하는 것은 한계로 볼 수 있다.

RFM의 상대적 가치를 고려한 예시를 하나 살펴보도록 하자. 세 고객 철수, 영희, 태호의 지난 1년 동안 구매 내역이 〈표 2-3〉과 같다고 하자.

〈표 2-3〉 세 고객의 1년간 구매 내역

고객	구매 번호	최근성(달)	구매 빈도(회)	구매 금액(만 원)
철수	1	2	1	410
	2	5	1	130
	3	8	1	120
영희	1	4	3	500
태호	1	2	1	100
	2	4	1	30
	3	5	3	50
	4	8	1	50

세 고객의 구매 내역에 따르면 철수는 지난 1년간 8개월 전에 하루, 5개월 전에 하루, 마지막 2개월 전(최근성)에 하루 총 3일간 구매를 했고, 각 구매 당일 1회 구매를 했으며, 각각 120만 원, 130만 원, 410만 원의 구매를 했다. 반면, 영희는 지난 1년간 4개월 전에 하루 구매를 했으며, 구매 당일 3회에 걸쳐 구매를 했고 총 500만 원을 구매했다. 마지막으로, 태호는 총 4회 구매를 했고, 8개월 전, 5개월 전, 4개월 전 그리고 2개월 전에 마지막 구매를 했으며, 5개월 전에는 3회 구매를 제외하고는 모두 구매 당일 1회 구매를 했고, 각각 50만, 50만, 30만, 100만 원을 소비했다.

과거의 고객 거래에 대한 분석을 기반으로 R, F, M에 할당된 중요도

를 분석한다. 각 구매 내역 요소들 R, F, M의 상대적 가치와 점수 산출
방식이 다음과 같이, 최근성이 5라면 구매 빈도는 3, 구매 금액은 2의
상대적 가치를 가진 것으로 분석되었다고 하자. 즉, 최근성이 가장 높
은 가치를 가지고 다음으로 구매 빈도, 마지막으로 구매 금액의 순으
로 중요한 가치를 가진다. 물론 이 상대적 가치는 면밀한 통계적 검정
과정을 통해 결정되어야 한다.

[RFM 각 요소의 점수 산출 방식]
최근성 RFM 점수: 40 / 최신성
구매 빈도 RFM 점수: 빈도 × 5
구매 금액 RFM 점수: 구매 금액 / 10

[RFM의 상대적 가치]
최근성 가중치: 5
구매 빈도 가중치: 3
구매 금액 가중치: 2

RFM 각 요소의 점수 산출 방식과 상대적 가치(가중치)를 바탕으로
다음 표들에 제시된 것과 같이 각 고객의 RFM 누적 점수를 산출할 수
있다.

〈표 2-4〉 최근성 점수 산출

고객	구매 번호	최근성(달)	RFM 점수	가중 RFM 점수
철수	1	2	20	100
	2	5	8	40
	3	8	5	25
영희	1	4	10	50
태호	1	2	20	100
	2	4	10	50
	3	5	8	40
	4	8	5	25

〈표 2-5〉 구매 빈도 점수 산출

고객	구매 번호	구매 빈도(회)	RFM 점수	가중 RFM 점수
철수	1	1	5	15
	2	1	5	15
	3	1	5	15
영희	1	3	15	45
태호	1	1	5	15
	2	1	5	15
	3	3	15	45
	4	1	5	15

〈표 2-6〉 구매 금액 점수 산출

고객	구매 번호	구매 금액(만 원)	RFM 점수	가중 RFM 점수
철수	1	410	41	82
	2	130	13	26
	3	120	12	24
영희	1	500	50	100
태호	1	100	10	20
	2	30	3	6
	3	50	5	10
	4	50	5	10

　　RFM 점수 산출 결과, 철수의 첫 번째 최근 구매, 즉 구매 횟수 1의 가중치를 적용하면 순수 최근성 점수는 20이지만, 가중치를 적용한 점수는 100점이 된다(〈표 2-4〉 참조). 다음으로, 구매 빈도 점수는 5점이지만 가중치 적용 점수는 15점(〈표 2-5〉 참조), 구매 금액 41점의 가중된 점수는 82점(〈표 2-6〉 참조), 가중치가 반영된 최종 점수는 197점으로, 반영되기 이전 점수인 66점과는 큰 차이가 나게 된다(〈표 2-7〉 참조). 영희의 경우, 최근성 점수는 10점에서 50점, 구매 빈도 점수는 15점에서 45점, 구매 금액 점수는 50점에서 100점으로, 가중치 반영 전 점수는 75점이지만 가중치 반영 이후는 195점이 된다.

　　가중치 이전에는 66점인 철수보다 75점인 영희가 더 높은 점수를 배정받게 되지만, 가중치를 고려하면 그 결과는 197점과 195점으로 대소 관계가 역전된다. 따라서 가중치가 반영된 RFM 고객 분류는 가중치를 반영하기 전의 RFM 분류 결과와 다른 결과를 보여 주게 된다. RFM의 상대적 가치가 면밀히 적용된다면 좀 더 정확한 전략 수립에 도움이 될 것이다.

〈표 2-7〉 RFM 점수 산출 결과

고객	구매 번호	가중 RFM 점수	총 점수
철수	1	197	352
	2	91	
	3	64	
영희	1	195	195
태호	1	135	351
	2	71	
	3	95	
	4	50	

　　다음 장에서는 RFM 기법에 회계 재무적 개념을 적용하여 고객의 가치를 금전적으로 추정하는 고객 생애 가치와 고객 자산에 대하여 알아보도록 하자.

제3장
고객 관계 관리와 고객 가치

1. 전통적 고객 측정 지표 이슈 분석

고객 가치 개념이 종합적이고 최종적인 지표라면, 마케팅 상황에서 여러 다른 형태의 고객 지표들이 활용되어 왔고 이들 지표를 바탕으로 성과들이 관리되어 왔다. 고객 가치 지표들을 살펴보기 전에 일반적인 마케팅 지표와 고객 지표 관련 이슈들을 살펴보도록 하자.

일반적으로 마케팅 성과 지표와 고객 성과 지표는 기본적인 마케팅 이론을 바탕으로 한다. 이 이론들에 따르면 기업의 제품, 서비스 또는 직원에 대한 성과가 높아지면 이들을 구매하고 사용하는 고객의 만족도는 증가하게 되며, 고객의 만족도 증가는 고객 충성도와 고객 유지율을 증가시키고 고객 획득률을 높임으로써 기업으로 유입되는 고객과 유지되는 고객이 증가하게 된다. 또한 고객의 구매가 지속되고 시장에 긍정적 기업 정보들이 전달되어, 결국 기업의 고객으로부터 발생하는 수익과 가치가 증가하게 된다. 만족–충성–이익 사슬로 알려진 이 이론 프레임은 사실 실증적으로 증명되지 않은 여러 전제를 바탕으로 하고 있다. 각각의 사슬은 실무적이고 실증적인 여러 반례를 통해 그 연결 고리의 강도가 점점 약해지고 있다.

만족–충성–이익 사슬의 한계는 실제 시장의 개개인의 고객 상황과의 괴리에서 발생하기도 한다. 대부분의 전통적 실증 분석들은 시장 반응의 총합인 집단, 즉 기업 수준의 결과를 활용하는 경우가 많다. 하지만 기업의 자원은 실제로는 고객 개개인에게 할당되기 때문에 고객 수준에서 이 관계를 조사할 필요가 있다. 일부에서 기업 수준과 개별 수준 사이의 상관관계가 있다고 주장하기도 하지만, 실제로 상관관계의 존재와 강도는 명확히 밝혀지지 않았다.

고객 만족과 이익 간의 직접적인 연결은 기업의 서비스나 제품에 대해서 고객이 만족하는 만큼 이익도 증가함을 암시했으나, 실제 이익으로 연결되지 않았다는 실증 연구 결과들이 존재한다.

일반적으로 고객 만족을 증가시키게 되면 고객의 기대 수준이 높아지며, 고객은 추가 구매로 기업의 수익을 높이지 않고 빠르게 더 높은 수준의 서비스를 요구하게 된다. 고객의 입장에서 알려진 기업에게는 최적의 만족 수준이 존재할 수 있으며, 이는 더 높은 수준의 만족에 투자하는 것이 오히려 손해가 되는 상황이 된다.

고객 만족과 고객 유지 간의 관계는 비선형적이고 비대칭적인 특징을 보인다. 불만족이 만족보다 고객 유지에 더 큰 영향을 주며, 만족한 고객이 구매를 하거나 다른 선택을 할 때 더 다양한 요소에 의해서 영향을 받게 된다(Anderson and Mittal, 2000). 중간 영역에 존재하는 수평 라인은 무차별 영역이라고 불리며 경쟁의 강도, 전환 비용(switching cost)의 정도, 인지된 위험의 수준 등과 같은 다양한 요인이 [그림 3-1]의 그래프에서 변곡점의 위치와 곡선의 형태에 영향을 줄 수 있다.

고객 만족과 고객 충성 간의 관계 역시 비선형적·비대칭적이며 그 형태도 산업적 특성에 따라 다양하다. 산업별 경쟁 환경에 따른 고객 만족과 충성도의 관계는 경쟁 환경에 따라 고객 만족과 고객 충성의 관계가 어떻게 달라질 수 있는지를 보여 준다(Jones and Sasser, 1995).

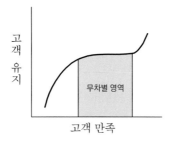

[그림 3-1] 고객 만족과 고객 유지 간의 관계(Anderson and Mittal, 2000)

기존의 만족도가 높더라도 새로운 구매 제품이 고객을 같은 수준까지 만족시키지 못한다면 고객 충성을 장담할 수 없게 된다. 반대로, 불만족한 고객에게는 다른 제품이 쉽게 매력적으로 느껴질 수 있다. 고객 만족과 고객 충성 간의 관계는 각기 서로 다른 만족 수준을 갖기 때문에 기업에 따라 또는 산업에 따라 다른 관계를 보여 줄 수 있다. 합법적인 독점이나 대체제가 부족한 산업, 전환 비용이 높은 산업, 기술적 독점이 심한 산업, 브랜드 인지도 또는 고객 충성도의 차이가 아주 큰 산업과 같이 경쟁이 치열하지 않은 산업의 경우, 낮은 고객 만족도에서도 높은 고객 충성도를 유지할 수 있다. 반대로, 차별화가 적고 대체제가 풍부한 소비재나 내구재 산업, 고객 차별화가 불가능하거나 거의 없는 산업, 전환 비용이 낮은 산업 등 구조적으로 경쟁이 치열한 산업의 경우, 높은 고객 만족도에도 불구하고 고객 충성도를 높게 유지하는 것이 어려울 수 있다. 예를 들어, 경쟁이 치열한 자동차 산업의 경우 고객이 동일한 브랜드를 재구매하기 위해서는 매우 높은 수준의 고객 만족이 필요하지만, 통신산업의 경우 높은 전환 장벽과 낮은 품질 차별화로 상대적으로 낮은 수준의 고객 만족에서도 고객의 재구매 가능성을 상당히 높일 수 있다.

인지적 요소인 고객 만족을 고객 충성도 또는 고객 수익에 대한 대체 측정치로 사용하는 것은 바람직한 방법이 되지 못하기 때문에 행동적 요소가 포함된 고객 유지 또는 고객 충성과 기업의 수익성 간의 직접적인 관계가 주목을 받아 왔다.

　마케팅 영역에서 주요 전제로 인정되는 충성 고객의 특성으로는 매 기간 더 많은 비용을 지출하고, 고객 서비스에 매 기간 더 적은 비용이 필요하며, 다른 고객에게 구전을 전달하는 성향이 강하고, 충성도가 낮은 고객이 지불하는 가격에 비해서 프리미엄 가격을 지불할 의사가 높다는 것이다.

　일반적으로 계약적 상황에서 고객을 획득하면서 비용이 발생하게 되고, 고객과의 거래 관계가 지속되면서 투입된 획득 비용을 복구하여 결국에는 장기적으로 수익이 발생하게 된다. 여기서 계약적 상황(Contractual Situation, Lost for goods)이란 제품 구매와 서비스 사용을 위해 일정한 계약을 통해 거래가 이루어지는 상황을 의미하는데, 통신 서비스와 같은 구독 서비스 산업들이 대표적인 예이다. 계약적 상황에서는 고객의 획득과 유지가 계약을 통해 결정되게 된다.

　하지만 비계약적 상황(Non-contractual Situation, Always a share)에서는 관계를 일시적으로 유지하는 데 필요한 비용과 경쟁자를 물리치는 과정에서 수익의 흐름이 매 순간 적절하게 균형을 이루어야 한다. 여기서 비계약적 상황은 제품 구매와 서비스가 각 시점별로 개별적으로 발생하는 경우로, 자동차 구매와 같은 대부분의 제품이나 서비스 구매 상황이 이에 속한다. 비계약적 상황에서는 고객의 획득과 유지가 명확하게 구별되지 않아 고객 관계 관리의 구현이 계약적 상황에 비해 상대적으로 어렵다.

하지만 고객 충성과 수익 간의 관계는 이론적 전제와 달리 실증적으로 일관적이지 않다. 높은 고객 유지율이 고객 수 유지에 바람직하다는 것은 명확한 사실이지만, 한계 유지를 상승시키는 것은 비용을 상승시킨다는 점에서 주의해야 한다.

또한 고객과의 관계로부터 얻는 이익에 대해서 쉽게 편견이 발생할 수 있기 때문에, 객관적 데이터에 근거하여 고객 충성과 수익 간의 관계를 조사하고 개별 고객의 실제 행동을 면밀히 조사/예측하여야 한다.

거래 기간 역시 수익에 미치는 영향이 상황에 따라 달라질 수 있다. 전반적으로 단기 고객의 경우 수익성이 낮은 고객의 비율이 수익성 높은 고객의 비율보다 높고, 반대로 장기 고객의 경우 수익성이 높은 고객의 비율이 수익성이 낮은 고객 비율보다 높다. 하지만 [그림 3-2]에 따르면, 단기 고객의 경우에도 산업에 따라 15~20%까지 높은 수익의

		고객 비율		고객 비율
높은 수익성	기업 서비스(B2B) 산업	20%	기업 서비스(B2B) 산업	30%
	식료품 도매업	15%	식료품 도매업	36%
	우편 주문 산업	19%	우편 주문 산업	31%
	직접 중개업	18%	직접 중개업	32%
		고객 비율		고객 비율
낮은 수익성	기업 서비스(B2B) 산업	29%	기업 서비스(B2B) 산업	21%
	식료품 도매업	34%	식료품 도매업	15%
	우편 주문 산업	29%	우편 주문 산업	21%
	직접 중개업	33%	직접 중개업	17%
	단기 고객		장기 고객	

[그림 3-2] 고객의 거래 기간과 고객의 수익성의 관계

고객이 존재한다. 반대로, 장기 고객의 경우 역시 높은 수익성 고객의 비율이 산업에 따라 30~36%에 머무는 반면, 낮은 수익의 고객의 비율은 15~21%까지 적지 않게 차지하고 있다. 일률적으로 단기 고객의 수익성이 낮다고 단정하기에는 무리가 있다는 연구 결과들이 보고되기도 하였다(Reinartz and Kumar, 2002).

지금까지 전통적인 마케팅 및 고객 측정 지표에 대한 다양한 이슈들을 살펴본 바에 따르면, 다양한 산업적 특성을 고려하고 총합적인 기업 수준이 아닌 개인 고객 수준에서 이들 지표들을 재평가하고 조사할 필요가 있다. 개인 고객 수준과 고객 관계 개념을 동시에 반영하는 고객 가치 개념과 그 지표는 전통적 마케팅 지표의 한계를 극복할 수 있는 가능성을 보여 줄 것이다.

이번 장에서는 고객 가치의 기본 개념과 고객 가치 관련 이슈를 살펴보고, 고객 가치의 측정과 관리에 있어서 개별 고객 수준의 세밀한 분석의 중요성과 새로운 가능성도 같이 알아봤다. 다음 장에서는 최근 고객 분석 및 측정 기법으로 주목을 받고 있는 고객 애널리틱스에 대해 알아보도록 할 것이다.

2. 고객 애널리틱스의 개념, 효과 그리고 한계

애널리틱스(Analytics)는 최근 빅데이터와 함께 널리 활용되고 있는 용어이지만 그 정확한 의미는 다소 모호하다. 이번 장에서는 일반적인 애널리틱스의 개념을 확장하여 고객 가치 측정에서 고객 애널리틱스의 역할에 대해 알아보도록 한다. 이 장을 통해 각자 애널리틱스에 대한 생각을 정리해 보는 것도 좋을 것이다.

먼저, 고객 애널리틱스의 발전 배경, 정의, 중요성 그리고 효과와 활용에 대해 알아보고, 이후 고객 애널리틱스에서도 활용될 수 있는 애널리틱스의 과정에 대해 알아보도록 하자.

고객 애널리틱스의 발전은 디지털 저장 기술과 함께 시작되었다고 해도 과언이 아니다. 이 디지털 저장 기술의 발전과 함께 디지털 빅데이터, 디지털 기술의 발전으로 가용한 고객 데이터의 디지털화가 폭발적으로 증대하고 있다. 고객 행동의 변화, 구매, 마일리지, 지불, 방문, 커뮤니케이션, 서비스 등 고객 행동이 다양하게 확장 변화하고 있다. 고객 표현 방식도 다양하게 확대되고 있다. 인터넷(Internet), 블로그(Blog), 검색엔진(Internet Search Engine), 소셜네트워크(Social Network Service: SNS—Facebook, Twitter, Instagram 등), 미디어 서비스(예: Youtube), 대행 사이트(예: Hotels.com, Tripadviser.com, Skyscanner.com), 리뷰 사이트(예: Yelp), 소셜커머스(예: Groupon, 쿠팡) 등 다양한 방식과 형태로 고객의 행동과 표현 방식이 진화하고 있다.

고객 애널리틱스는 고객의 표현 및 행동과 관련된 기업의 내/외부(디지털) 정보를 수집, 관리, 분석하여 기업의 의사결정과 전략에 사후적 또는 실시간으로 활용하는 일련의 과정을 의미한다. 특히 발달된 애널리틱스 기법은 실시간으로 수집되는 고객 데이터에 대한 실시간 분석을 가능케 하여 기업의 고객 관계 관리 전략 실행을 효과적이고 빠르게 대응할 수 있도록 한다.

기존의 일반적 고객 분석과 대비되는 고객 애널리틱스의 특징을 알아보면, 먼저 논리(Logic)나 이론(Theory)이 아닌 데이터 주도적(Data—

Driven)이다. 기존의 고객 분석 방법들은 대부분 다양한 마케팅 또는 고객 이론을 바탕으로 한 다소 복잡한 모형 분석의 결과를 기반으로 한다. 하지만 최근 고객 애널리틱스는 빅데이터와 인공지능을 바탕으로 데이터 주도적이고 기술 주도적으로 고객 행동을 예측할 수 있게 되었다. 특히 고객 애널리틱스에 활용되는 데이터는 집단 수준이 아닌 개인 수준의 데이터로 점점 더 특정화되고 있어 개별 고객들의 행동 패턴을 좀 더 세밀하게 분석할 수 있다. 현재 생산되는 디지털화된 데이터는 대부분 인지나 태도와 같은 고객 행동에 대한 간접적 데이터가 아닌 행동이나 표현에 의해 직접 표출된 데이터일 가능성이 높아졌다. 기존의 주요 마케팅 분석 대상은 주로 고객 표본을 대상으로 추출된 데이터를 활용하여 통계적으로 고객 모집단의 특성을 파악하는 방식을 활용하였지만, 현재의 데이터 수집 형태는 직접적으로 특정 고객 집단의 전체 모집단을 대상으로 데이터 수집이 가능한 경우가 많아졌다. 예를 들어, 특정 홈쇼핑이나 인터넷 쇼핑몰 거래 고객의 거래 데이터는 특별한 경우를 제외하고 해당 기업의 식별 가능한 전체 고객의 거래 데이터와 일치할 가능성이 높다. 지금까지의 고객 애널리틱스의 특징은 대부분 질적으로 향상된 디지털 빅데이터의 특성으로부터 유래된 것이 대부분이다. 디지털 빅데이터는 보통 대용량(Volume), 다양성(Variety), 지속성/속도(Velocity), 정확성(Veracity), 가치(Value)의 다섯 가지 특성을 갖는다고 알려져 있다.

　고객 애널리틱스는 인간의 경험이나 생각이 아닌 기술 주도적 특성(Technology-Driven)을 가지고 있다. 기존의 마케팅 실무 또는 고객 관계 실무에서는 경험에 의한 전략이 상당히 유용하게 활용되어 왔다. 하지만 데이터 주도적 환경의 변화에 따라 이를 적절히 활용할 수 있는 다양한 기술들(IT, 전자, 기계 등)의 융합 활용 능력이 전통적인 실무 전문가의 경험을 점차적으로 대체해 갈 것으로 기대된다. 특히 분석 기술 뿐만 아니라 데이터 수집과 관리에도 첨단 기술을 적극적으로 활용함으로써, 고객 애널리틱스의 전 과정 자동화가 그 목표가 될 것이다.

[그림 3-3]은 고객 애널리틱스를 활용한 효과를 세계적인 전략 컨설팅 회사인 Mckinsey가 조사한 결과를 보여 준다. 수익(Profit)은 28에서 54로 약 93% 상승했고, 매출(Sales) 역시 28에서 51로 약 82%, 성장률(Sales Growth)은 25에서 53으로 112%, 투자 수익률(Return on Investment: ROI)은 26에서 56으로 115% 상승해서, 고객 애널리틱스의 확장된 사용이 기업의 대표적 성과 지표 모두의 상승에 지대한 영향을 주고 있음을 알 수 있다.

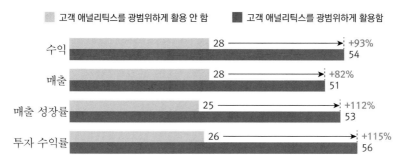

[그림 3-3] 고객 애널리틱스의 사용과 기업 성과의 관계

출처: Fiedler et al. (2016).

동시에 고객 애널리틱스의 중요 성공 요인도 함께 조사한 결과는 [그림 3-4]와 같다. 관리자급의 적극적 관심과 참여가 없는 경우의 성과 28에 비해 관리자급의 적극적 관심과 참여가 있는 경우의 성과는 69로 약 146%의 성과 차이가 있었고, 책임자가 최고 경영자가 아닌 경우의 성과 20에 비해 최고 경영자가 책임자인 경우의 성과는 53으로

157%의 차이가 발생하여 고객 애널리틱스에 대한 최고 관리자층의 참여는 고객 애널리틱스의 중요한 성공 요인으로 조사되었다. 뿐만 아니라, 조직의 고객 지향성 여부(고객 토픽, 고객 위원회) 역시 중요한 요인(20 vs. 57, 187%; 39 vs. 56, 42%)으로 조사되었다.

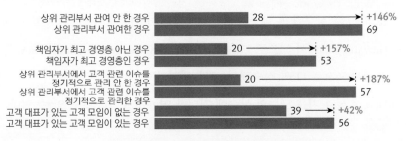

[그림 3-4] 최고 관리자급 관심과
고객 지향성이 고객 애널리틱스에 미치는 영향

출처: Fiedler et al. (2016).

　　고객 애널리틱스의 대표적 활용 분야로는 고객 관계 관리 측면에서 고객 충성 프로그램, 고객 선택 전략(Segmentation-고객 세분화, Targeting-세분 시장 선정), 고객 맞춤 서비스 개발, 잠재 고객(획득) 및 고객 유지(이탈률) 관리에서 우선적으로 활용할 수 있다. 또한 일대일 마케팅 측면에서 개별 고객의 특성 분석을 통해 개별 고객 수준의 광고/커뮤니케이션, 프로모션, 가격 설계에 활용할 수 있을 것이다. 앞으로 구체적으로 다루게 될 고객 가치 평가 측면에서는 고객 생애 가치와 고객 자산의 실시간 측정에 활용할 수 있다.

고객 애널리틱스의 가치를 보여 주는 사례들

✤ Amazon

아마존은 고객 애널리틱스의 가치에 공감하여 독특하고 정교한 고객 관계 관리 프로그램을 설계 및 실천하고 있다. 아마존은 모든 고객을 즐겁게 하기 위해 최선을 다하지만 그중에서도 특별히 관리하는 고객 집단이 있는데, 바로 아마존 프라임 가입 고객들이다. 해당 고객들은 연간 1,340달러를 소비하며, 이 금액은 일반 가입 고객들의 2배 이상이다. 고객 애널리틱스를 통한 아마존 프라임 고객 집단의 가치 분석 결과는 아마존으로 하여금 해당 고객 집단을 더욱 특별히 관리할 확실한 유인을 제공하였다.

✤ Netflix

넷플릭스는 고객 애널리틱스의 활용 가치를 보여 주는 또 다른 좋은 예이다. 넷플릭스는 2007년에 일반 가입자들이 평균 25개월 동안 자사의 서비스를 이용했으며 고객 생애 가치가 291.25달러라는 사실을 발견했다. 이를 토대로 넷플릭스는 기존의 대여 방식에서 온라인 스트리밍 제공으로 서비스의 제공 방식을 변경하였다. 이로 인해 가입자들의 만족감이 높아졌으며, 넷플릭스의 가입자 유지율은 4% 향상되었다.

그렇다면 애널리틱스의 단점과 한계는 어떤 것이 있을까? 과학적 추론 관점에서 디지털 빅데이터의 몇 가지 부정적 특징이 있다. 먼저, 디지털 데이터로 국한된 편의 표본의 가능성이 있다. 특히 시끄러운 소수(Vocal Minority)와 침묵의 다수(Silence Majority)로 표현되는 디지털과 현실의 괴리와 비대칭성은 디지털 데이터가 가지는 치명적인 약점일 수 있다. 다음으로, 관찰 또는 기록되기 쉬운 행동 또는 반응보다 깊은 인지/태도 측정은 여전히 어렵고 추론의 영역으로 남는다. 따라서 이러한 부정적 측면을 보완하기 위해, 데이터 주도에 의한 애널리틱스 결과의 타당성 담보를 위해 기존 전통적 조사 기법과의 접목 역시 필요하다.

◈ 3. 고객 가치의 기본: 고객 생애 가치

고객 생애 가치(Customer Lifetime Value)는 어떤 기업의 고객 한 명이 현재와 미래의 전체 생애 기간 동안, 제품 구입 또는 서비스 사용을 통해 발생하는 모든 거래 금액에서 고객을 획득하고 유지하는 데 소요되는 모든 비용을 제외한 예상 총수익의 현재 가치(Net Present Value)의 총합으로 정의한다.

생애 기간이 T_i인 고객 i에 대한 다음의 고객 생애 가치 기본 모형을 통해 고객 생애 가치(Customer Lifetime Value: CLV)를 이해할 수 있다.

$$CLV_i = \sum_{t=1}^{T_i} \frac{(Vit - Rit)}{(1+d)^t} + (V_{i0} - A_i)$$

CLV_i: 고객 i의 고객 생애 가치

V_{it}: t 시점에서 고객 i의 추정 마진(예: 평균 ARPUi * 평균 마진율)

R_{it}: t 시점에서 고객 i의 유지 비용

A_i: 고객 i의 획득 비용

d: 현재 가치 추정을 위한 현금 할인율

T_i: 고객 i의 추정 생애 기간(예: 평균 수명, 평균 거래 기간)

먼저, 고객 생애 가치 추정을 위한 요소들로 t 시점에서 고객 i의 추

정 마진(V_{it}), t 시점에서 고객 i의 유지 비용(R_{it}), 고객 i의 획득 비용(A_i), 현재 가치 추정을 위한 현금 할인율(d), 고객 i의 추정 생애 기간(T_i)이 있다. 여기서 생애 기간은 평균 거래 기간 또는 평균 수명 등을 사용할 수도 있고, 통계적 방법으로 고객별로 추정한 값을 사용할 수도 있다. 개념적으로는 특정 시점에서 고객 마진(V_{it})에서 유지 비용(R_{it})을 제외하고 이를 현재 가치로 환산하기 위해 할인율(d)로 나눠준 현재 가치의 전체 생애 기간 T에 걸친 총합에서 획득 비용(A_i)을 상계한 가치를 고객 생애 가치로 계량적으로 정의할 수 있다. 고객 생애 가치 추정에 관한 자세한 사항은 이후에 자세히 다루도록 할 것이다.

4. 고객 가치의 목적과 주요 이슈

현실 여건상 고객의 특성을 개별적으로 측정하기 어려웠던 과거에는 대량 마케팅 접근 방식을 사용할 수밖에 없었다. 대량 마케팅 접근 방식에서는 전체 시장을 일부 중요 특성이 동일한 고객 집단으로 세분화(고객 세분화, Segmentation)하고, 세분화 집단 중 적합한 목표 시장을 선정(목표 시장 선정, Targeting)하여 이 목표 시장의 니즈(Needs)를 만족시킬 수 있는 가치 제공을 목표로 했다.

정보 기술의 발전과 유연한 생산 능력 발달로 고객 정보 측정에도 변화가 생기기 시작했다. 정보 기술의 발달로 고객 정보의 질이 높아짐에 따라 개별 고객에 대한 이해가 용이해졌고, 제품 중심의 마케팅에서 시장/고객 중심의 마케팅으로 변화하게 되면서 개별 고객과의 관계가 의사결정과 전략의 핵심으로 부각되기 시작하였다. 이와 더불어 각 고객 개개인과의 관계를 효과적으로 관리할 필요성 역시 증가하게 되었다.

고객 가치 개념의 발전으로 고객 만족과 더불어 고객 유지, 고객 획득과 같은 고객 중심의 마케팅 지표 관리가 점점 중요해지게 되었다. 고객 만족의 수준은 실제로 기업과 조직의 핵심 측정 지표이지만, 인지적 요소로서 고객 만족과 행동적 성과인 고객 충성도 또는 고객 수익성과의 직접적 관계는 세밀한 검증이 필요하다. 즉, 고객 만족도가 항상 행동적 요소나 성과와 높은 상관관계를 가지지 않을 수 있다. 따라서 고객 만족도를 성과 지표로 활용하는 것에는 합리적인 주의가 필요하다.

정보 기술의 발달에 따른 축적된 데이터와 함께 고객 애널리틱스 기법을 활용하여 추상적인 고객 만족 지표를 넘어 구체적으로 고객의 가치를 창출하고 이 가치에 기반한 기업의 수익성을 평가하여 예측하는 것이 가능해졌고, 이를 지표 형태로 관리할 수 있게 되었다.

고객 애널리틱스 기법이 제안할 수 있는 고객 가치와 관련한 이슈는 다양하다. 대표적으로 다음과 같은 이슈들이 있다.

- 수익성 높은 고객의 특성과 그 관리 방법은 무엇인가?
- 고객 충성도를 추구하면 언제 이익이 될 수 있는가?
- 고객 충성도를 어떻게 고객 수익성과 연결시킬 수 있는가?
- 고객의 미래 수익성을 계산하는 방법은 무엇인가?
- 고객 생애 가치를 어떻게 측정할 것인가?
- 고객 가치를 최대화하기 위해 마케팅 자원을 효과적으로 배분하는 방법은 무엇인가?

- 결국 기업은 마케팅 투자에 대한 수익을 극대화할 시스템을 어떻게 구현할 것인가?

고객 충성도, 장기 거래 고객과 같은 전통적 고객 관계 성과 지표들에 대해 고객 가치 개념이 새롭게 제시하는 이슈들도 존재한다.

- 고객 충성도가 높으면 더 많은 수익을 얻을 수 있을까?

과거 마케팅 캠페인의 목표 중 하나는 상품이나 서비스에 대한 고객 충성도를 높이는 것이었다. 일반적으로 마케팅 실무에서는 고객의 충성도가 높을수록 더 많은 또는 더 자주 거래를 할 것이고, 가격 상승에도 덜 민감하기 때문에 기업에 더 많은 수익을 얻게 해 준다는 기본적인 가정이 존재한다.

그러나 세밀한 조사에 의하면 마케팅 현실에서 이 전제가 항상 맞는 것은 아니다. 충성도가 매우 높은 고객이 콜센터에 계속 문의하여 제품에 대한 최저가를 알아내고 모든 할인 조건 및 경품을 받는 경우가 발생한다. 이와 같은 체리피커(Cherry Picker) 고객은 기업에 이익의 원천이 되기보다는 기업의 이익을 실제로 줄일 수 있다.

고객과의 거래 기간과 관련된 이슈도 있다.

- 장기 거래 고객은 항상 더 많은 수익을 발생시킬까?

또 다른 마케팅 캠페인의 목표 중 하나는 고객과의 장기적 거래를 유지하는 것이었다. 많은 마케팅 전문가가 거래 기간이 길수록 고객

의 이탈 유인이 작아지고 가격 상승에도 덜 민감하기 때문에 기업에
더 많은 수익을 제공해 준다고 주장해 왔다. 자연스럽게 단골 고객으
로 표방되는 고객과의 관계가 길어질수록 역시 더 많은 수익을 얻을
수 있다고 기대해 왔다.

하지만 이 전제 역시 다양한 연구와 조사에 의하면 항상 맞는 것은
아니다. 장기 고객들 중 수익성이 적은 고객을 대상으로 디마케팅
(De-marketing)을 펼치는 은행과 같은 서비스 산업의 마케팅 활동은
이러한 전제의 대표적 반례의 하나로 볼 수 있다. 실제로 거래 기간과
수익성은 그다지 높은 상관관계가 없으며, 심지어는 독립에 가깝다는
연구 결과들도 존재한다.

5. 고객 가치 측정의 효과

19세기 말 유명 기업가이자 체신부 장관을 지낸 존 워너메이커는 광
고 예산과 그 효과에 대해 다음과 같이 언급하였다.

> "I'm sure I'm wasting at least half of my advertising budget. The
> trouble is I don't know which half!"
>
> – John Wanamaker

"내 광고 예산의 최소 반이 낭비되고 있는데, 문제는 어느 반쪽인지
모른다." 일견 코미디 같은 말이긴 하지만, 19세기 말 당시 광고 효과

를 측정할 수 있었다면 이런 견해는 제시되지 않았을지도 모른다. 물론 현재도 광고를 포함한 많은 마케팅 활동에 대한 효과 측정이 쉬운 일이 아니다. 1장에서 측정에 관한 설명을 할 때 왜 마케팅 효과의 측정이 어려운지 그 태생적 한계를 설명하였다. 이번 장에서는 고객 자산의 개념을 활용한 고객 가치의 추정과 이를 활용한 장기적 마케팅 효과의 측정 가능성, 나아가 고객 가치와 현대 기업 활동의 최종 목적인 기업 가치의 관계에 대해 알아보도록 하겠다.

마케팅 효과의 회계 재무적 가치 환산의 필요성은 최근 다양하게 대두되고 있다. 고객 충성도나 고객 만족도와 같은 인지, 태도 관점의 마케팅 성과 지표에 대한 회의와 더불어 마케팅 투자의 회계적 책임성에 대한 요구 역시 증대되고 있다. 기업의 회계적 재무적 관점과 마케팅의 고객 관점이 동시에 반영된 고객 자산에 대한 관심의 증가가 대표적이며, 최근 기업의 회계 재무적 성과와 고객 자산의 관계를 조사한 연구의 증가, 회계적 가치가 고려된 새로운 마케팅 지표로서의 고객 자산 측정 가능성의 대두가 이를 뒷받침하고 있다.

[그림 3-5] 마케팅, 고객, 고객 생애 가치 그리고 기업 가치(Gupta, 2009)

마케팅 효과와 회계 재무적 가치의 관계는 다양한 루트로 연관되어 있다.

기존의 연구 결과에 따르면, 마케팅은 기업의 회계 재무적 가치에 영향을 주고 고객 생애 가치 또는 고객 자산이 이 영향을 매개할 수 있다. [그림 3-5]는 기업의 마케팅 활동(Marketing Actions)으로부터 고객 태도와 선호도(Attitudes and Preferences) 형성과 같은 인지적 과정과 직접적 행동(Purchase)을 통해 고객 생애 가치(Customer Lifetime Value)가 형성되어, 결국 기업 가치(Firm Value)로 발전되는 전반적 과정을 간략히 보여 준다.

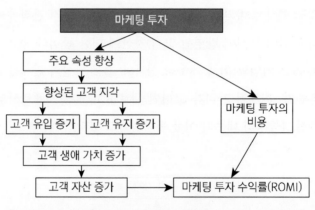

[그림 3-6] 마케팅 투자 수익률의 개념(Rust et al., 2004)

한 예로, 마케팅 활동을 통해 고객의 태도와 선호에 영향을 주고 이 것이 다시 고객 구매로 이어져 고객 생애 가치를 증가시킬 수 있으며, 이 렇게 증가된 고객 가치는 결국 기업 가치에 영향을 줄 수 있다. 개념적 으로는 간단하지만 고객 생애 가치라는 장기적 고객 가치와 기업의 미래 장기 수익의 총합인 기업 가치는 개념적으로 유사성을 가지고 있다.

[그림 3-6]은 마케팅 투자와 고객 자산의 관계를 좀 더 구체적으로 보여 주고 있다. 기업의 마케팅 투자(Marketing investment)는 마케팅 비용(Cost of marketing investment)을 발생시키는 반면 고객 생애 가치를 증가(Increased customer lifetime value)시킬 수 있어, 결국 고객 자산을 증가시킴으로써(Increased customer equity) 마케팅 투자 수익률을 증가(Increased return on marketing investment)시킬 수 있다. 현재까지 이러한 관점을 바탕으로 고객 자산과 기업의 재무적 가치의 관계를 조사하여 마케팅의 회계 재무적 가치를 규명하고 있다.

마케팅 투자 수익률(Return on Marketing Investment: ROMI)은 투자 수익률(Return on Investment: ROI)의 개념을 마케팅 분야에 적용한 것으로, 마케팅을 투자의 관점에서 다룸으로써 기업 가치와의 관계를 장기적 효과 측면에서 보기 위한 지표로 활용할 수 있다. 마케팅 투자 수익률은 마케팅 투자에 따른 장기적 성과 지표의 변화를 추정하여 마케팅 효과를 단기적 관점이 아닌 장기적 가치 관점에서 평가할 수 있다는 장점이 존재한다. 마케팅 투자 수익률은 마케팅 투자에 따른 고객 자산의 변동량으로 장기적 마케팅 효과를 다음과 같이 추정할 수 있다.

$$ROMI = \frac{\Delta CE}{MI} - 1$$

ΔCE : 고객 자산의 증가량

MI : 마케팅 투자액(Marketing Investment)–자본 비용으로 할인

고객 생애 가치 또는 고객 자산 대비 단기 수익의 비율을 통해 고객 자산 지속 가능성을 확인할 수 있는 고객 자산 지속 가능률(Customer Equity Sustainability Ratio: CESR)도 활용할 수 있다. 이 지표는 장기적

고객 생애 가치에서 현재 수익을 제외하여 전체 고객 생애 가치에서 미래 고객 생애 가치의 비율을 산출한다.

$$CESR_j = \frac{\sum_{t=1}^{Tj} \dfrac{Earn_{j,t}}{(1+i)^t}}{\sum_{t=0}^{Tj} \dfrac{Earn_{j,t}}{(1+i)^t}} = \frac{CLV_j - Earn_{j,0}}{CLV_j} = 1 - \frac{Earn_{j,0}}{CLV_j}$$

따라서 고객 자산 지속 가능률 지표가 크다는 것은 현재 가치에 비해 미래 고객 가치 또는 미래 고객 자산이 크다는 것이고, 반대로 이 지표가 작다는 것은 미래보다는 현재의 고객 가치가 높다는 것을 의미한다. 고객 자산과 고객 자산 지속 가능률을 통해 기업의 상황을 점검해볼 수도 있다. 예를 들어, 고객 자산은 높지만 고객 자산 지속 가능률

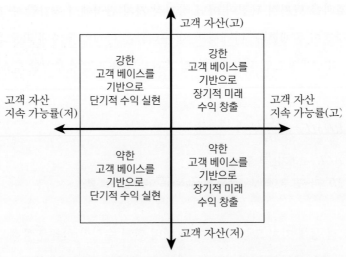

[그림 3-7] 고객 자산과 고객 자산 지속 가능률의 관계
(Skiera et al., 2011)

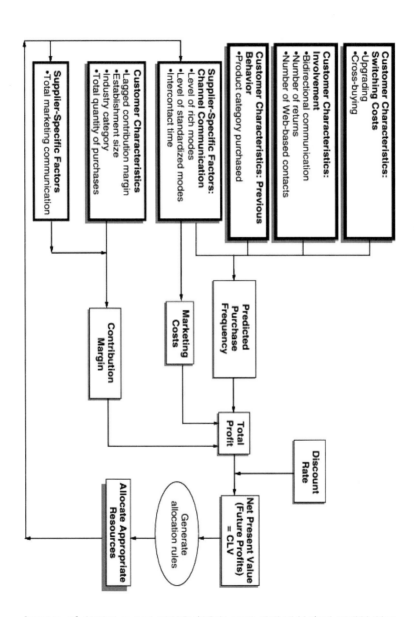

[그림 3-8] 환경적 요소와 자원을 활용한 고객 생애 가치 측정 프레임 워크

(Venkatesan and Kumar, 2004)

이 낮은 경우는 현재 고객 베이스가 강하여 단기간의 현재 수익이 높은 경우이고, 고객 자산은 낮지만 고객 자산 지속 가능률이 높은 경우는 현재 고객 베이스는 약하지만 장기간의 미래 가치 창출 가능성은 높다고 볼 수 있다. [그림 3-7]은 고객 자산과 고객 자산 지속 가능률을 바탕으로 기업의 고객 가치 또는 특정 고객을 평가할 수 있는 프레임워크를 제시하고 있다.

고객 자산이 기업의 시장 가치와 높은 관계를 가지고 있다면 기업의 성과 지표로도 활용이 가능하며, 기업의 성과 목표로서 고객 자산은 기업의 자원 배분 전략에도 활용될 수 있다. 기업의 다양한 자원 현황과 이들의 투입 전략은 고객의 가치와 수익에 연관되어 고객 자산에 영향을 줄 수 있다. 예를 들어, 상향 구매(Up-Selling), 교차 구매(Cross-buying)와 같은 브랜드 스위칭 등의 고객 관계 전략, 고객과 기업의 쌍방향 커뮤니케이션, 환불, 고객 서비스 등 고객 대응 전략, 제품 다양화, 제품 표준화, 내부 커뮤니케이션 등 채널 커뮤니케이션 전략, 수익 발생 연기에 따른 비용, 기업 규모, 산업적 특성, 구매/주량의 크기 등 시장 환경 전략, 마케팅 커뮤니케이션 비용 등의 자원 배치에 따라 현재 수익을 거쳐 장기적 고객 자산에 영향을 줄 수 있고, 다양한 자원 배분 전략의 시뮬레이션을 통해 고객 자산의 극대화 조건을 탐색할 수 있다.

고객 자산의 회계적 특성 반영으로 인해 고객 자산을 일종의 재무제표화할 가능성도 있다. 이를 위해 핵심적인 회계적 요소와 고객 자산을 결합함으로써 고객 자산과 시장 가치와의 관계를 명확히 이해할 수도 있다. 지금까지 이해한 고객 자산의 개념은 각 고객 집단 또는 고객 코호트의 고객 수와 고객 가치의 곱과 합으로 추정한 고객 기반 측정 지표(Customer Metric)이다. 하지만 회계적 요소임에도 고객 자산에 고려되지 않은 간접비용, 영업외비용, 부채, 세금 등의 Financial Metric, 즉 재무적 측정 지표를 동시에 고려하여 고객 자산을 좀 더 회계적 가치에 접근시키고, 이를 통해 시장 가치 또는 주식 가치와의 관계를 확인해 볼 수 있다.

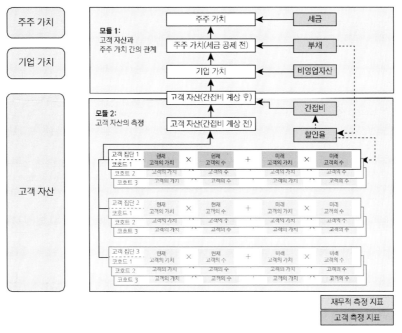

[그림 3-9] 고객 자산과 기업 가치: 회계적 요소의 결합(Schulze et al., 2012)

　고객 관계 관리 전략은 고객 가치를 증가시켜 고객 자산 지표 자체에도 영향을 주지만, 그 변동성에도 긍정적 영향을 줄 수 있다. 여기서 변동성은 고객 자산 지표 역시 시계열 지표이기 때문에 매 기간별로 측정된 고객 자산 지표에서 나타나는 증감의 변화를 의미한다. 따라서 이 변동성이 크다는 것은 고객 관계의 변동성이 높다는 것을 의미하여 고객 자산을 통한 기업 가치에 부정적 요소로 작용할 수 있다. 일반적으로 고객 관계 관리 전략이 우수한 경우, 전반적으로 기업의 현금 흐름을 안정화시켜 고객 자산의 변동성을 줄이는 동시에 고객 자산이 기업 가치에 미치는 영향을 좀 더 공고히 할 수 있는 것으로 알려져 있다.

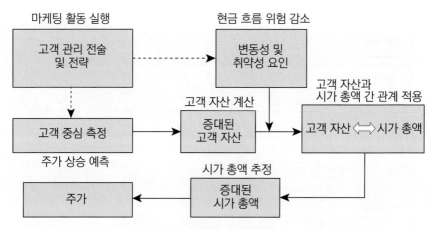

[그림 3-10] 고객 관계 관리 전략과 기업 가치 그리고 그 변동성의 관계
(Kumar and Shah, 2009)

따라서 우수한 고객 관계 관리 전략은 단순히 마케팅 관점에서 고객 자산을 관리하는 것이 아닌 기업 전체의 변동성에까지 긍정적 영향을 줄 수 있는 중요한 기업 전략이다.

사실, 고객 관계 관리 전략만 기업의 시장 가치에 직접적 영향을 주는 것은 아니다. 대표적 마케팅 활동인 광고 역시 기업의 가치에 직접적 영향을 주고 있다. 일반적으로 광고 효과는 고객에게 영향을 주어 기업의 제품과 서비스 매출을 높이고 수익을 창출시켜, 결국 기업의 가치를 증가시키는 일련의 과정을 거친 간접적 효과만 있는 것으로 알려졌다.

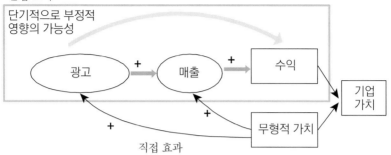

[그림 3-11] 기업의 시장 가치에 미치는 광고의 직간접적 영향
(Joshi and Hanssens, 2010)

하지만 광고는 고객뿐만 아니라 투자자들에게도 영향을 줄 수 있다. 투자자에게 직접적 영향을 주어 기업 투자를 이끌어 내고, 결국 이를 통해 기업 가치를 증가시킬 수 있는 가능성도 물론 존재한다. 따라서 고객 자산과 기업 가치의 관계도 이와 유사한 여러 직간접적 효과가 종합된 결과로 볼 수 있다.

지금부터는 고객 자산과 기업 가치의 직접적 관계 사례들을 간략히 살펴보도록 하겠다.

먼저, 다소 오래된 자료이긴 하지만 아마존, 아메리트레이드, 캐피탈원, 이베이의 고객 자산 추정과 기업 가치의 비교 분석 결과를 살펴보자. 아마존과 이베이는 IT 기업이고 아메리트레이드와 캐피탈원은 금융 기업으로서, [그림 3-12]와 [그림 3-13]에서 보는 바와 같이 아마존과 이베이는 고객 가치와 시장 가치의 차이가 상당하며, 시장 가치에 비해 고객 가치가 현저히 적은 것으로 나타났다. 이는 신규 기업의 일반적 특징으로, 2002년도에 이 두 IT 기업은 신생 기업으로서 당시 IT 벤처 붐을 이끌던 시장 초기 이후 이들 기업의 고객이 폭발적으로 증가하게 된다.

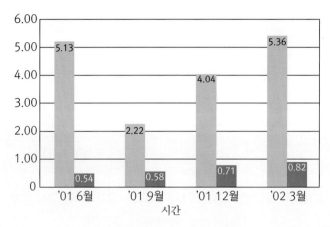

[그림 3-12] 아마존의 분기별 시장 가치(회색)와 고객 가치(검정색)
(Gupta et. al, 2004)

하지만 아메리트레이드와 캐피탈원의 두 금융 기업은 상대적으로 고객 자산과 시장 가치가 상당히 유사하게 나오며, 특히 캐피탈원의 가치는 상당히 비슷하다. 여기서 고객 자산을 기업 공개 자료만을 대상으로 했다는 점에서 상당히 놀라운 결과로 볼 수 있다.

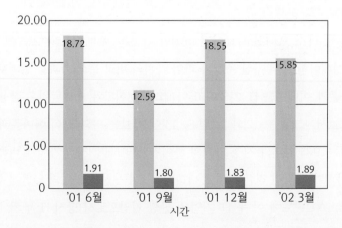

[그림 3-13] 이베이의 분기별 시장 가치(회색)와 고객 가치(검정색)

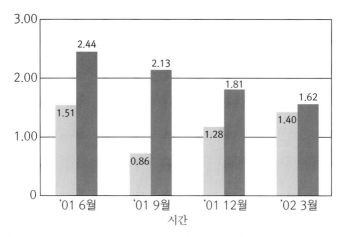

[그림 3-14] 아메리트레이드의 분기별 시장 가치(회색)와 고객 가치(검정색)

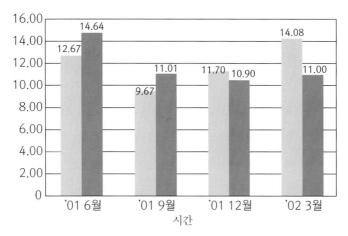

[그림 3-15] 캐피탈원의 분기별 시장 가치(회색)와 고객 가치(검정색)

　다음은 영화 플랫폼서비스로 유명한 넷플릭스의 시장 가치와 고객 자산의 비교 결과이다. 넷플릭스의 고객 생애 기간을 3년, 5년, 10년, 무한대로 다양하게 가정하여 고객 자산을 추정해 본 결과이다. 앞서 고객 생애 기간의 추정이 고객 자산의 중요한 이슈임을 이미 설명하였다. 2003년부터 2008년까지 넷플릭스의 시장 가치 최대값과 최소값의 범위와 고객 자산을 비교한 결과, 최대값은 무한대 고객 생애 기간 기반의 고객 자산과 연관되고, 최소값은 10년의 고객 생애 기간 기반의 고객 자산과 연관되었음을 알 수 있다. 따라서 고객 생애 기간의 추정 시 기업 가치 비교를 통해 합리적 고객 생애 기간을 유추해 볼 수도 있다.

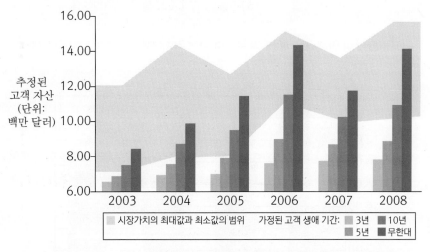

[그림 3-16] 넷플릭스의 시장 가치와 고객 생애 기간에 따른 고객 자산
(Schulze et. al, 2012)

또한 상대적으로 초기 시점보다는 이후 시점에 고객 자산과 시장 가치의 매칭률이 높아지는 것을 확인할 수 있다. 이는 아마존과 이베이의 사례에서도 유사하게 나타난 결과로, 초기 시점에는 고객 자산에 활용될 고객 베이스가 약해 과소 추정될 가능성을 보여 준다. 따라서 이런 상황에서는 고객 자산 지속 가능률(CESR)과 같은 보조 지표를 활

용하여 그 한계를 보완할 수도 있다.

고객 가치 전략이 실제 기업 성과를 높인 조사 결과도 상당수 존재한다. 예를 들어, B2C 기업의 경우 고객 생애 가치를 기업 주요 전략의 핵심 지표로 활용하기 전과 후의 평균 월간 주식 가치 변화를 다른 외부 요인을 제거한 뒤 비교한 결과, $20 미만에서 $30까지 가치가 증가하였다. 고객 생애 가치 전략의 활용이 주가 상승에 상당한 기여를 한다고 볼 수 있으며, 주가가 기업의 장기적 성과를 대변할 수 있다는 점에서 상당히 의미 있는 결과이다.

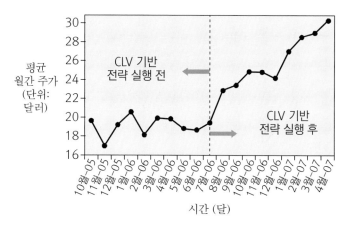

[그림 3-17] B2C 기업의 고객 생애 가치 전략 전후의 성과 비교
(Kumar and Shah, 2009)

고객 가치 전략 적용 B2C 기업과 S&P 500 기업의 평균 시장 가치 변화를 비교하면 상당히 큰 격차를 확인할 수 있다. S&P 500 기업들의 평균 시장 가치 증가량이 약 10% 전후반이라면 고객 가치 전략 적용 기업의 증가량은 50% 이상까지 지속적으로 증가하고 있다. 이 격차

중 일부가 고객 가치 전략 적용에 의한 것으로 추정한다면 고객 가치
전략이 기업의 장기적 성과 중 하나인 시장 가치에 미치는 영향은 지
대하다.

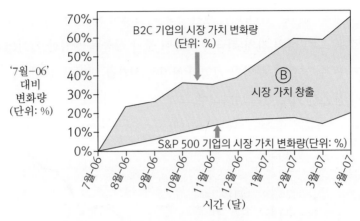

[그림 3-18] 고객 가치 전략 활용 B2C 기업 vs.
S&P 500 기업의 시장 가치 변동 비교

[그림 3-19]에서 알 수 있듯이, B2B 기업에서도 B2C 기업과 유사하
게 고객 생애 가치를 기업 주요 전략의 핵심 지표로 활용하기 전과 후,
평균 월간 주식 가치를 비교한 결과, $30 중반 근처에서 $40 후반까지
그 가치가 증가한 것으로 나타났고, 그 증가 폭 역시 B2C 기업과 큰 차
이가 나지 않았다. 상대적으로 고객 생애 가치의 전략적 효용성의 관
심 대상이 아니던 B2B 기업에서도 고객 생애 가치 전략의 핵심 지표로
서의 역할이 유의함을 보여 주는 연구 결과이다.

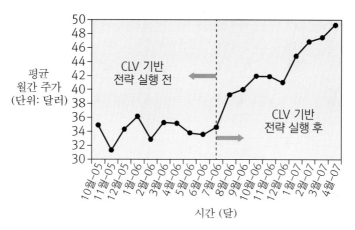

[그림 3-19] B2B 기업의 고객 생애 가치 전략 전후의 성과 비교

B2B 기업의 고객 가치 전략 적용에 대한 집단 비교 분석 결과로서 S&P 500 기업의 평균 시장 가치 변화와 고객 가치 전략을 적용한 B2B 기업의 시장 가치 변화를 비교 분석한 결과 역시 두 전략 집단 간의 상당히 큰 격차를 확인할 수 있다. S&P 500 기업들의 평균 증가량이 약 15% 전후반이라면 고객 가치 전략 적용 기업의 증가량은 30% 이상으로 나타났다. 비록 B2C 기업군에서 나타난 증가량보다는 다소 적지만 B2B 기업에서도 고객 가치 전략의 성과가 유효하게 나타난 것을 확인할 수 있다. B2C 기업에 비해 직접적 고객 접점이 적은 B2B 기업에서도 고객 가치 전략의 성과가 발생할 수 있음을 보여 준다는 점에서 주목할 만하다. [그림 3-21]을 통해 시장 가치 평균 대비 약 13% 범위에서 고객 자산 측정값이 포함되어 있는 것을 확인할 수 있다.

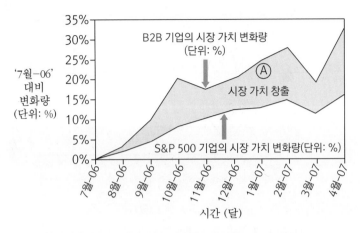

[그림 3-20] 고객 가치 전략 활용 B2B 기업 vs.
S&P 500 기업의 시장 가치 변동 비교

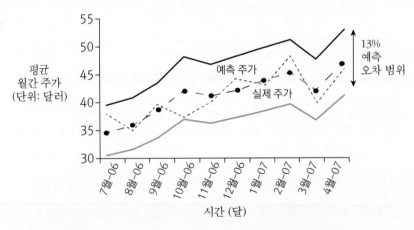

[그림 3-21] 기업의 실제 주가와 고객 자산으로 예측된 주가 비교

이 역시 기업 공개 데이터만을 활용한 결과이기 때문에 기업의 내부 데이터 또는 설문 조사를 통한 고객 인지 데이터로 보완한다면 좀 더 정확한 고객 자산을 추정할 수 있을 것이다.

다음은 국내 통신 기업의 IR 자료와 실적 데이터를 활용하여 고객 자산을 추정한 결과와 실제 기업 가치를 비교한 결과이다. 앞서 넷플릭스와 유사하게, 고객 생애 기간을 3년, 5년, 10년, 15년, 20년으로 구분하여 고객 자산을 추정하였다. 고객 자산의 추정 결과, 시장 가치는 5년의 생애 기간을 기반으로 한 고객 자산과 10년의 고객 생애 기간을 기반으로 한 고객 자산 사이에 있음을 알 수 있다. 이 역시 기업의 내부 데이터와 고객 인지 데이터로 보완한다면 좀 더 정확한 고객 자산을 추정하여 시장 가치와 비교할 수 있을 것이다.

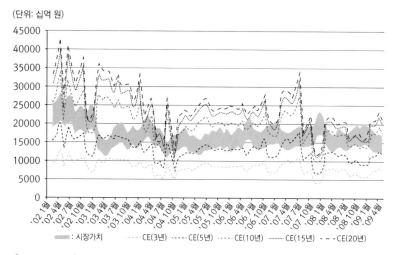

[그림 3-22] 국내 통신 기업의 고객 자산과 기업 가치 비교(Song, 2018)

또한 10년부터 20년의 고객 생애 기간에 따른 고객 자산의 크기는 상대적으로 큰 차이가 없음을 확인할 수 있다.

고객 자산을 유지 고객 자산과 신규 고객 자산으로 나누어 분석 결과를 살펴보자. 고객 생애 기간을 3년, 5년, 10년, 15년, 20년으로 구분하여 고객 자산을 추정한 결과, [그림 3-23]과 같이 추정된 유지 고객 자산이 전반적으로 시장 가치를 많이 밑도는 것으로 나타났다. 반면, 신규 고객 자산과 기업 가치의 관계는 다른 양상으로 나타났다. [그림 3-24]를 살펴보면, 후반기에는 기업의 다른 환경적 요인으로 인해 변동이 있지만, 전반적으로 신규 고객 자산의 흐름 속에서 기업 가치가

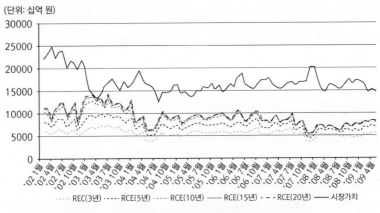

[그림 3-23] 유지 고객 자산과 기업 가치의 관계

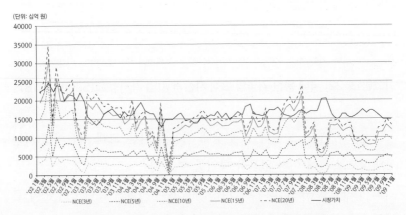

[그림 3-24] 신규 고객 자산과 기업 가치의 관계

변동되고 있다. 유지 고객 자산과 달리 신규 고객 자산은 시장 가치에 상당히 근접함을 알 수 있다. 이를 통해 통신 시장의 전반적 시장 가치는 신규 고객 자산과 연관이 높다고 볼 수 있다. 다만, 통계적 검정을 통해 명확히 이를 확인해 볼 필요가 있다.

설문 기반 고객 자산 추정 방법은 고객에게 향후 구매 확률과 사용 금액을 직접 질문하여 측정한다. 여러 가지 측정 항목을 사용하여 종합적으로 고객의 브랜드별 구매 확률을 측정하고 각 브랜드의 예상 구매 금액을 제시하도록 요구한다. 설문 조사의 태생적 한계로 인해 측정의 한계가 있긴 하지만, 고객 데이터가 부족한 상황인 경우 고객 생애 가치 및 고객 자산 측정을 위한 가장 융통성 있는 방법 중 하나이다. 설문 기반 고객 자산 추정 방법은 앞에서 언급한 IR 자료와 실적 데이터를 활용하는 방법에 비해 매 기간마다 고객 자산을 추정하기 위해 많은 조사 비용이 발생한다. 따라서 단편적인 사례 형태의 설문 조사 결과만이 외부에 알려져 있다.

[그림 3-25]는 설문 조사 방법을 활용하여 국내 통신 기업의 고객 자산을 추정한 결과이다. 국내 3개 통신 기업과 각 기업의 시가 총액을 비교했으며, 실선으로 표시한 1회성 고객 자산 측정 결과와 일정 기간 동안의 시장 가치의 변화를 보면 고객 자산이 각 기업의 기업 가치를 적절히 분리하여 설명할 수 있음을 알 수 있다. 현재까지는 기업 공개 자료를 활용한 방식과 고객 거래 자료를 활용한 방식, 그리고 설문 조사를 활용한 방식을 통합적으로, 그리고 지속적으로 조사하여 외부에 공개한 사례는 아직 없다. 이를 위해서는 실무에서는 다양한 측정 관련 이슈를 면밀히 검토하여 측정을 시도해야 할 것이다.

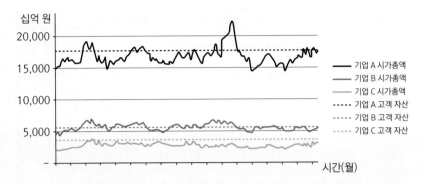

[그림 3-25] 국내 통신 기업에 대한 설문 기반 고객 자산 추정 결과

제**4**장

고객 생애 가치의 측정

1. 고객 생애 가치 추정 방법들

이번 장에는 RFM의 기본 개념을 바탕으로 고객 개개인의 재무적 가치를 추정한 고객 생애 가치와 이를 기업의 자산과 회계적 관점으로 발전시킨 고객 자산의 개념에 대해 알아보도록 하겠다.

고객 생애 가치와 고객 자산은 기업과 거래를 하고 있는 고객들의 가치를 경제적으로 환산하여 고객 관계를 효율적으로 관리하고, 기업의 성과를 마케팅의 개념과 회계적 개념을 통합하여 측정할 수 있도록 한다.

- 고객의 가치와 관계를 관리하기 위해 우리 회사에서 사용하는 목표 가치는 무엇인가?
- 마케팅 효과를 측정하고 비교하기 위해 우리 회사에서 사용하는 지표는 무엇인가?

이 질문들을 생각해 보면서 고객 가치의 측정 원리를 알아보자.

Measure what is measurable, and make measurable what is not so.

– Galileo Galilei

"측정할 수 있는 것은 측정하고, 측정하지 못하는 것은 측정할 수 있게 만들어라."

이 문장은 17세기에 갈릴레오가 말한 상당히 유명한 문구이다. 지동설을 주장했던 갈릴레오는 현대적 실증주의 과학자로서 과학의 시작점을 "측정(Measurement)"으로 생각할 만큼 측정의 중요성을 강조하였다. 과학적 방법론의 활용을 강조하는 현대 경영 그리고 마케팅에서도 측정의 중요성은 앞서 살펴본 바와 같이 관리의 기본으로서 강조되고 있다.

고객 가치 측정의 측면에서 특히 중요한 대목은 "측정하지 못하는 것은 측정할 수 있게 만들어라(Make measurable what is not so)."이다. 사실 인간인 고객을 측정한다는 것, 게다가 관찰하기 극히 어려운 고객의 잠재적 가치를 측정하는 것은 불가능에 가까울 수 있다. 심지어 인본주의 관점에서 고객 가치의 측정은 인간적이지도 않은 것처럼 보인다.

현재까지 알려진 고객 가치 산정 기법은 사실 완벽하지도 않고 한계도 많다. 비록 고객의 가치를 정확히 추정하기 어려울 수 있지만, 특정 기준에 따라 비교 가능한 수치로 환산하여 고객의 가치를 비교하는 것은 가능한 일이다. 이번에 알아보려는 고객 생애 가치는 원칙적 기준에 따라 고객의 가치를 비교하려는 시도의 일환으로 볼 수 있다. 앞으로 데이터 기술과 분석 기술의 발달과 함께 고객 가치 측정 방법의 지속적인 수정과 보완을 통해 좀 더 정확한 고객 가치 산정이 가능할 것이다.

고객 가치의 추정에 고객 생애 가치와 고객 자산의 두 가지 개념이 활용되고 있으며, 이 두 개의 개념은 일부 혼용해서 사용하기도 한다.

하지만 이 둘은 큰 차이가 있는 개념으로, 이 장에서 그 차이를 이해하는 것도 중요한 이해 포인트가 될 것이다. 먼저, 고객 생애 가치에 대해서 다룬 뒤 고객 자산을 다루도록 하겠다.

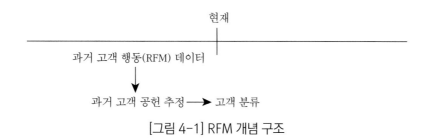

[그림 4-1] RFM 개념 구조

고객 가치는 앞서 알아본 RFM 기법과 일부 비슷한 것처럼 보이지만 그 과정에 큰 차이가 있다. 일단 RFM 기법의 요소 대부분이 고객 가치 추정을 위한 데이터로 활용되는 점은 비슷하다. 하지만 RFM 개념은 RFM 데이터를 활용하여 과거 고객의 공헌과 반응을 추정하여 고객을 분류하는 것에 집중하는 반면, 고객 가치는 RFM 데이터를 활용하여 고객 행동 패턴을 예측하고 이 예측된 행동 패턴으로 고객의 미래 가치를 산정한다. 따라서 고객 가치는 RFM과 달리 과거 공헌 가치보다 미래 가치에 초점을 맞춘 지표로서 미래 지향적이고 장기적인 가치 지표를 추구한다.

1980년대 말 직접 마케팅(Direct Marketing) 분야에서 처음 대두되기 시작한 고객 생애 가치와 고객 자산의 개념(Dwyer, 1989; Jackson, 1989)은 최근까지 이론적으로, 그리고 실무적으로 고객 관계 관리와 마케팅 성과 지표로 활발하게 활용되어 왔다. 학술적으로 고객 생애

[그림 4-2] 고객 가치 추정의 개념

가치는 각 고객의 기대 생존 기간 전체에 걸쳐 기업이 지출한 고정비
용을 제외한 고객 일인당 기대 마진을 적절한 기업 할인율을 적용하
여 현재 가치로 환산한 가치로 정의되며, 고객 자산은 현재 고객과 미
래 고객의 고객 생애 가치 총합으로 정의된다(Blattberg and Deighton,
1996; Berger and Nasr, 1998). 현재까지 다양한 형태의 고객 자산 또는
고객 생애 가치 추정 모형이 많은 연구자에 의해 제안되어 왔지만, 이
들 모형 모두는 공통적으로 고객 관리 비용의 구조(고객 획득 비용과 유
지 비용), 할인율, 고객 생애 기간 그리고 유지율 등을 포함한다.

앞서 간략히 소개했듯이 고객 생애 가치는 고객에 대한 장기간의 경
제적 가치를 설명하는 개념으로, 일반적으로 고객 생애 가치(Customer
Lifetime Value: CLV) 또는 생애 가치(Lifetime Value: LTV)로 알려져 있
다. 고객 생애 가치는 기업에 대해 고객이 창출해 주는 모든 미래의 경
제적 가치를 현재 가치(Present Value)로 할인(Discounted Value)한 개념
으로 정의한다. 고객 생애 가치를 추정하는 방법은 기업과 시장 환경
에 따른 요구 사항에 따라 다양하지만, 다음에 설명하는 기본 추정 원
칙은 동일하다.

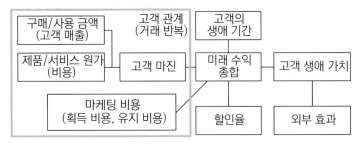

[그림 4-3] 고객 생애 가치 추정 요소와 구조

[그림 4-3]은 고객 생애 가치의 기본적 추정 요소와 구조를 보여 준다. 고객 생애 가치를 추정하기 위해, 먼저 고객과의 반복적 거래를 통해 발생하는 관계를 가정하고, 고객으로부터 창출되는 매출과 제품/서비스 원가 비용을 고려하여 고객 마진(Margin)을 계산한다. 장기적 거래 관계를 고려하여 고객 관계를 획득하고 유지하기 위해 발생하는 마케팅 비용을 고객 생애 기간에 따라 차감한다. 고객의 생애 기간과 할인율을 적용하여 미래의 누적될 수익의 총합으로 고객 생애 가치를 추정한다. 마지막으로, 구전과 같은 간접적 요소를 고려하여 좀 더 정확한 고객 생애 가치를 추정할 수 있다. 추정 과정에 고객과의 장기간 총 거래 (예상) 기간을 생애 기간으로 간주하기 때문에 고객 생애 가치라는 표현이 유래되었다. 마케팅 비용을 전체 생애 기간 동안 지속적이고 반복적으로 발생하는 유지 비용과 1회성 비용인 획득 비용으로 분류하여, 마케팅에서 중요하게 고려하는 고객 관계 개념이 가치 산출 과정에 포함된다. 마지막으로, 수익, 현재 가치, 그리고 할인율이라는 회계 재무적 개념을 도입함으로써 고객 가치에 대한 경제적 산출의 개념의 타당성을 높였다.

기본적으로 고객 생애 가치는 고객과 기업의 총 (예상) 거래 기간인 고객 생애 기간 전체에서 발생하는 총 공헌 가치(Contribution Value)의 현재 가치로 정의된다. 고객의 총 공헌 가치란 기업이 제공하는 제품이나 서비스의 사용 또는 구매를 위해 고객이 지불하는 금액에 의해 발생하는 매출(Revenue)과 기업이 고객에게 제품이나 서비스를 제공하기 위해 필요한 모든 비용의 차이로, 기업 입장에서는 고객으로부터 발생하는 총수익을 의미한다.

고객 생애 가치의 기본 모형은 다음과 같은 수식으로 표현할 수 있다.

$$CLV_i = \sum_{t=1}^{T} Value_{it}\left(\frac{1}{1+\delta}\right)^t$$

CLV_i: 한 고객의 생애 가치

i: 고객, t: 시점, δ: 현금 할인율, T: 생애 기간

$Value_{it}$: 고객 i의 t 시점에서 가치

고객 생애 가치의 기본 모형을 직접적으로 해석하면, 각 미래 시점의 고객 가치($Value_{it}$)에 현금 할인율(δ)을 적용하여 현재 가치로 변환($1/(1+\delta)^t$)한 가치에 대한 생애 기간 전체(T)의 총합($\sum$)을 수식화한 것이다.

고객 생애 가치의 기본 모형을 개념적으로 해석하면 [그림 4-4]와 같다. (평균) 구매 수익과 (평균) 비용 그리고 (평균) 마진율 등의 영업 자료를 활용하여 각 미래 시점에서의 가치($Value_{it}$)를 추정하고, 이 미래 시점의 가치를 각 시점별로 현금 할인율 지수($1/(1+\delta)^t$)를 적용하여 각 시점에서 현재 가치로 환산한 생애 기간 전체(T)의 모든 고객 가치들의 현재 가치 총합으로 고객 생애 가치를 산출할 수 있다.

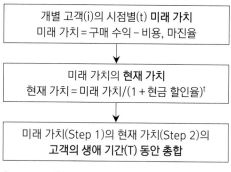

> 개별 고객(i)의 시점별(t) **미래 가치**
> 미래 가치 = 구매 수익 − 비용, 마진율
>
> ↓
>
> 미래 가치의 **현재 가치**
> 현재 가치 = 미래 가치/$(1 + 현금\ 할인율)^t$
>
> ↓
>
> 미래 가치(Step 1)의 현재 가치(Step 2)의
> **고객의 생애 기간(T) 동안 총합**

[그림 4-4] 고객 생애 가치의 기본 추정 과정

현재 가치 환산의 개념

✚ IKEA

다음 그림은 IKEA의 고객당 연간 예상 수익과 해당 수익의 현재 가치를 보여 준다. 고객 1인당 획득 비용은 350달러이며 연간 수익은 600달러로 가정하는 예시이다.

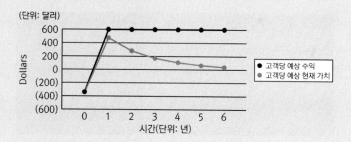

현재 가치로의 환산은 미래의 현금 흐름을 할인함으로써 지금 얻을 수익이 미래에 얻을 수익에 비해 가치가 낮다는 기회 비용을 고려한다. 현재 가치 환산을 통해 고객으로부터의 미래 현금 흐름을 현실적으로 예측할 수 있고, 이는 고객 생애 가치의 현재 가치를 극대화는 전략을 수립하는 데 바탕이 된다. 즉, 시간 가치를 고려하여 보다 정확하고 현실적인 정보를 얻고 자원을 최적으로 할당하기 위해 고객 생애 가치의 현재 가치 환산은 중요하다.

보통 현금 할인율은 은행 평균 이자율이나 자본 투자에 대한 수익률로 활용되는 가중 평균 자본 비용(Weighted Average Cost of Capital: WACC)을 활용하곤 한다.

비록 고객 생애 가치의 기본적 정의를 가장 간단히 구현한 모형이지만, 고객 생애 가치의 기본 철학을 이해하는 목적으로는 아주 유용하다. 또한 고객 생애 가치가 기업에 대한 개별 고객의 가치를 측정하는 것으로, 일반적으로 과거 고객 행동을 기반(현재까지의 영업 자료와 현재 시점에서의 할인율 등)으로 하며 향후 의사결정을 위한 가치로는 제한적일 수밖에 없음을 암묵적으로 제시하고 있다. 기본 모형에 포함된 핵심 요소들은 상황에 따라 일부 조정이 필요하게 된다. 예를 들어, 고객 공헌의 추정에 필요한 시간 단위가 분기 단위라면, 연간 이자율이 15%인 경우 분기별 이자율은 3.56%가 되기 때문에 단위 시간 t의 기준을 명확히 정의하는 것이 중요하다.

고객 생애 가치의 기본 모형에서는 수익과 비용이 제대로 분리되지 않은 경우로, 특히 고객 관계 관리에서 핵심적 개념에 속하는 비용을 세밀히 구분할 수 없는 이론적 모형이다. 하지만 고객 관계 관리에서 고객 획득과 고객 유지의 개념은 고객 관계 관리의 핵심적 철학을 뒷받침하는 개념으로, 고객 획득과 고객 유지의 비용 구분은 고객 관계 관리 개념 적용의 핵심이라 할 수 있다. 이를 위해, 먼저 제품 또는 서비스 제공을 위한 직접적 비용과 고객 관계 관리 등의 마케팅 비용을 분리한 다음의 모형으로 발전시킬 수 있다.

앞선 기본 모형보다 비용 부분이 좀 더 상세하게 정의되어 있다. 기본 모형에서는 고객 매출에서 비용 유형의 구분 없이 총합적 비용을 차감하여 고객 가치로 정의하였다면, 이 모형에서는 비용의 유형을 제

$$CLV_i = \sum_{t=1}^{T} \left\{ (Sales_{it} - General\,Cost_{it}) - Marketing\,Cost_{it} \right\} \left(\frac{1}{1+\delta} \right)^t$$

CLV_i: 고객 i의 생애 가치

i: 고객, t: 기간, T: 생애 기간, δ: 현금 할인율

$Sales_{it}$: t 시점에 고객 i의 제품 또는 서비스 구매/사용 금액

$General\,Cost_{it}$: t 시점에 고객 i에 제공된 제품 또는 서비스의 제공 원가

$Marketing\,Cost_{it}$: t 시점에 고객 i에 제공된 마케팅 비용

품이나 서비스를 제공하는 데 필요한 원가와 이를 판매하거나 마케팅에 필요한 비용으로 구분하여 비용의 유형이 고객 가치에 반영될 수 있도록 하였다. 예를 들어, 산업의 특성에 따라 제공 원가는 고정비로 분류할 수 있고, 마케팅 비용은 변동비로 분류할 수 있다. 이 경우, 비용을 고객 가치에 반영하는 방법은 달라질 것이다. 물론 다른 산업적 특성을 가지는 경우, 이 비용 유형도 달라질 수 있다. 하지만 제품 또는 서비스의 제공 원가와 마케팅 비용을 구분하는 것은 쉽지 않을 뿐만 아니라, 이를 개별 고객별로 분리하는 것도 쉽지 않은 일이다.

마케팅 비용이 구분된 고객 생애 가치 모형에서 비용의 구분은 중요한 요소가 된다. 어떤 상황과 자료를 활용할 수 있느냐에 따라 제품 생산 비용, 서비스 제공 비용, 고객 서비스 비용, 배송 비용 등의 요소들을 세밀하게 분리하여 이 모형에 포함시킬 수 있다. 고객에게 제공되는 비용의 유형이 정의됨으로써 고객 가치를 추정할 때 구체적인 비용 구조를 적용할 수 있어 정확성을 높일 수 있을 뿐만 아니라 목표에 따른 비용 최적화도 시도해 볼 수 있다. 예를 들어, 구매 금액, 제공 원가, 마케팅 비용의 비용 구조를 알 수 있다면 구매 금액에서 제공 원가와 마케팅 비용을 제외한 고객 가치를 산출할 수 있고, 이를 활용하여 고

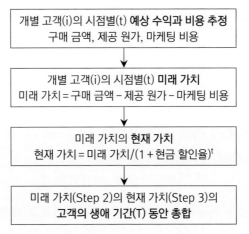

[그림 4-5] 마케팅 비용을 분리한 고객 생애 가치 추정 과정

객 생애 가치를 극대화할 비용 구조를 검토해 볼 수도 있다.

마케팅 비용이 포함된 고객 생애 가치 모형에 고객 관계 관리의 개념인 고객의 유지와 획득 비용의 분리와 고객 유지율을 적용하여 다음과 같은 고객 관계 관리 개념의 고객 생애 가치 모형을 만들 수 있다.

$$CLV_i = \left\{ \sum_{t=1}^{T} \left(\prod_{k=1}^{t} r_{ik} \right) (Margin_{it} - RetentionCost_{it}) \left(\frac{1}{1+\delta} \right)^t \right\}$$
$$- AcqusitionCost_i$$

CLV_i: 한 고객의 생애 가치

i: 고객, t: 시점, T: 생애 기간, δ: 현금 할인율

r_{ik}: k 시점에서 고객 i의 유지율

$Margin_{it}$: t 시점에 고객 i의 제품 또는 서비스 제공 마진

$RetentionCost_{it}$: t 시점에 고객 i의 제품 또는 서비스의 지속적 유지를 위한 비용

$AcquisitionCost_i$: 고객 i를 획득하기 위한 비용(획득 비용)

전체적인 추정 구조는 전체 비용 구조에서 매 시점별로 반복되는 비용, 즉 유지 비용과 획득 비용을 분리한다. 고객 가치 추정을 할 때 유지 비용은 지속적이고 반복적으로 고객 가치에서 차감하고, 획득 비용은 전체 고객 가치 총합에서 1회만 차감한다. 각 시점별 고객 가치는 각 고객의 각 시점별 유지율(r_{ik})로 각 시점별 고객 유지 기대 확률($\prod r_{ik}$)을 추정하여 이를 바탕으로 고객 가치의 기대 가치를 추정한다. 이때 고객 유지율은 계약 또는 구독 형태의 서비스나 제품 구매를 하는 산업에서 주로 활용될 수 있다. 대표적으로 휴대폰 사업자와 인터넷 사업자가 있는 통신 산업과 같은 가입 서비스, 신문, 잡지 등과 같은 구독 서비스 형태의 산업으로, 고객의 이탈 여부를 명확히 알 수 있는

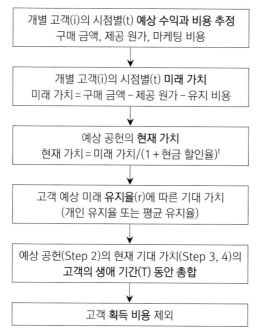

[그림 4-6] 고객 관계 관리 개념의 고객 생애 가치 추정 과정

산업에 해당한다. 그렇지 않은 산업의 경우는 확률적으로 고객 이탈 여부를 추정하여야 한다. 확률적 고객 이탈 여부 추정 방법에 대해서는 "고객 행동의 확률적 예측"에서 자세히 다루도록 하겠다.

고객 가치를 추정하는 과정에서 비용을 차감할 때 획득 비용 부분은 고객이 획득되는 시점에 1회 발생하기 때문에 일회성으로 차감하고, 유지 비용은 고객 유지 전 생애 기간 동안 지속적이고 반복적으로 발생하기 때문에 고객 가치에서 매 시점에 반복적으로 차감한다. 고객 유지 비용과 고객 획득 비용은 이론적으로는 명확히 구분되는 개념이지만, 마케팅 실무에서 이를 명확히 구분하는 것은 쉽지 않다. 고객 생애 가치 추정 요소의 측정에 대해서는 "고객 생애 가치 추정 요소의 측정 방법들"에서 자세히 다룰 것이다. 이렇게 산출된 고객 가치를 현재 가치로 환산한 후 고객 유지율을 활용하여 유지 기대 확률을 바탕으로 기대 가치를 산출한다. 이 기대 가치의 생애 기간(T) 동안의 총합에서 획득 비용을 마지막으로 1회 차감하여 고객 생애 가치를 추정한다.

고객 관계 관리 개념을 고객 생애 가치 모형에 적용할 때 발생하는 중요한 이슈 중 하나는 고객 유지율의 적용 방법이다. 제안된 모형에서는 고객 유지율(r_{ik})이 각 고객별 각 시점별로 모두 다르다는 가정을 전제로 한다. 하지만 각 고객별 또는 각 시점별로 모두 다르다는 가정은, 반대로 모든 고객의 미래 고객 유지율을 별도로 추정해야 하는 부담과 어려움이 존재한다. 특히 미래 고객 유지율을 예측하는 것은 고객 생애 가치를 예측하는 것과 결국 목적의 방향성이 동일하다는 측면에서 그 어려움은 동일하다고 볼 수 있다. 따라서 일반성과 효과성에 영향을 주지 않는 한도 내에서 먼저 미래 각 시점별 고객 유지율은 현재 유지율과 같다고 가정하면 다음과 같이 모형이 간략하게 변형될 수 있다.

$$CLV_i = \left\{ \sum_{t=1}^{T} (Margin_{it} - RetentionCost_{it}) \left(\frac{r_i}{1+\delta} \right)^t \right\} - AcquisitionCost_i$$

CLV_i: 한 고객의 생애 가치

i: 고객, t: 시점, T: 생애 기간, δ:현금 할인율

r_i: 고객 i의 유지율

$Margin_{it}$: t 시점에 고객 i의 제품 또는 서비스 제공 마진

$RetentionCost_{it}$: t 시점에 고객 i의 제품 또는 서비스의 지속적 유지를 위한 비용

$AcquisitionCost_i$: 고객 i를 획득하기 위한 비용(획득 비용)

현실적으로는 각 고객의 유지율을 모두 추정하거나 예측하는 것도 쉽지 않다. 따라서 일부 정보 손실의 가능성은 있지만 추정의 효율성을 위해 성향이 유사한 특정 고객들로 구성된 고객 집단의 평균 고객 유지율을 다음과 같이 활용할 수도 있다.

$$CLV_i = \left\{ \sum_{t=1}^{T} (Margin_{it} - RetentionCost_{it}) \left(\frac{ri}{1+\delta} \right)^t \right\} - AcquisitionCost_i$$

CLV_i: 한 고객의 생애 가치

i: 고객, t: 시점, T: 생애 기간, δ: 현금 할인율

고객 i가 소속된 고객 집단 I의 평균 고객 유지율

$Margin_{it}$: t 시점에 고객 i의 제품 또는 서비스 제공 마진

$RetentionCost_{it}$: t 시점에 고객 i의 제품 또는 서비스의 지속적 유지를 위한 비용

$AcquisitionCost_i$: 고객 i를 획득하기 위한 비용(획득 비용)

고객 생애 가치 추정과 관련된 또 다른 이슈는 고객 생애 기간에 대한 추정이다. 지금까지는 고객의 생애 기간을 유한하게 가정하여 기대 가치의 총합을 계산하였기 때문에 고객 생애 기간에 대한 적절한 추

정, 가정 그리고 정의는 아주 중요한 요소가 된다.

$$CLV_i = (Margin_i - RetentionCost_i)\left(\frac{r_i}{1 - r_i + \delta}\right) - AcquisitionCost_i$$

CLV_i: 한 고객의 생애 가치

i: 고객, δ: 현금 할인율

r_i: 모든 시점에서 고객 i의 고객 유지율

$Margin_{it}$: t 시점에 고객 i의 제품 또는 서비스 제공 마진

$RetentionCost_i$: 고객 i의 제품 또는 서비스의 지속적 유지를 위한 비용

$AcquisitionCost_i$: 고객 i를 획득하기 위한 비용(획득 비용)

고객 생애 기간 추정에 대한 논의에 앞서 먼저, 고객의 생애 기간을 무한으로 하여 기대 가치를 계산해 보도록 하겠다. 즉, T가 무한대(∞)이고, 고객 유지율, 구매/사용 금액, 유지 비용이 각 시점별로 일정하다면 무한급수 공식을 이용하여 무한대의 고객 생애 가치를 위와 같이 추정할 수 있다.

특히 마진 승수($\frac{Rr}{1 - Rr + \delta}$)로 알려진 값이 무한급수의 계산 결과 도출된다. 식 자체의 의미는 크게 없기 때문에 공식처럼 사용할 수 있다. 이 무한 고객 생애 가치를 활용하면 특정 유지율에 따른 적정 획득 비용의 추정도 가능하다. 특정한 가정, 유지율, 수익/비용 구조가 일정하고 생애 기간이 무한이라는 가정에 의한 간명한 방법으로 유지율의 변동이 작거나 유지율이 작은 경우 더 복잡한 방법을 통해 추정된 결과와 큰 차이를 보이지 않아 효과적 방법으로 사용될 수 있다.

고객 생애 가치 추정에 있어서 생애 기간의 정의는 필수적이고 중요하다. 특히 생애라는 용어는 다양한 상황에서 해석될 수 있기 때문에

그 의미를 문자 그대로 이해하지 않도록 하여야 한다. 예를 들어, 생애라는 용어가 생애 전 기간에 걸쳐 구매 횟수가 극히 드문 경우(예: 자동차, 부동산, 요트, 리조트 회원권 등)에는 문맥상 적절할 수 있지만, 식료품 구매와 같은 단순 반복 구매의 경우 의미가 적절하지 않을 수도 있다. 이 경우, 기업의 현실적 판매/서비스 기간을 고려할 때 생애의 개념은 관리자가 경험적으로 사용하는 고객과의 관계 기간으로 정의할 수 있다. 따라서 생애 기간은 항상 무한대가 아닐 수 있다.

2. 고객 생애 가치 추정 방법의 확장: 외부 요인

지금까지 고객 가치에 영향을 줄 수 있는 기본적인 직접적 요소들은 모두 고려하였다. 다음으로, 고객 가치에 영향을 줄 수 있는 중요한 간접적 요소들을 고객 생애 가치 모형에 반영할 필요가 있다. 간접적 요소는 고객 가치에 직접적으로 영향을 주어 구체적으로 고객 가치로 발현되지는 않지만, 간접적 과정을 통해 결국 고객 가치에 영향을 줄 수 있는 요소들이다. 고객 가치에 영향을 줄 수 있는 간접적 요소들은 산업의 특성과 시장 환경에 따라 아주 다양하다. 따라서 여기서는 그중 대표적인 공통 간접적 요소인 구전의 효과를 고객 생애 가치에 반영한 모형을 살펴보도록 하겠다.

고객이 기업에 제공하는 가치는 상품 및 서비스 구매로 인한 수익 외에도 다양하다. 최근 다양한 IT 기술의 발달로 온라인, 모바일, 소셜 플랫폼에 제품 또는 브랜드에 대한 다양한 형태의 고객 의견들이 제시되고 있고, 이들 정보들은 다음 고객들의 행동에 결정적 영향을 주고 있는 것으로 알려져 있다. 이와 같은 고객 행동을 구전 행동이라고 하는데, 이 고객 구전(Word-Of-Mouth: WOM) 행동들이 고객 생애 가치에 상당한 기여를 할 수 있다. 고객 구전 행동을 적용한 고객 생애 가치를 다음과 같이 제안할 수 있다.

$$CLV_i = \left\{ \sum_{t=1}^{T} (Margin_{it} - RetentionCost_{it} + WOM_{it}) \left(\frac{r_i}{1+\delta} \right)^t \right\} - AcquisitionCost_i$$

CLV_i: 한 고객의 생애 가치

i: 고객, t: 시점, T: 생애 기간, δ: 현금 할인율

r_i: 고객 i의 유지율

$Margin_{it}$: t 시점에 고객 i의 제품 또는 서비스 제공 마진

$RetentionCost_{it}$: t 시점에 고객 i의 제품 또는 서비스의 지속적 유지를 위한 비용

WOM_{it}: t 시점에 고객 i가 발생시킨 구전 가치

$AcquisitionCost_i$: 고객 i를 획득하기 위한 비용(획득 비용)

고객 구전 행동을 통해 발생한 긍정적 또는 부정적 구전 가치(WOM_{it})를 고객 가치에 상계함으로써 고객 구전 행동의 가치를 고객 가치로 변환한다. 이때 구전 가치는, 예를 들어 고객의 구전으로 획득된 고객들의 획득 비용 절감액, 고객의 구전으로 유지가 연장된 고객들의 유지율 증대에 따른 구매 비용 증가액, 고객의 구전으로 유지가 연장된 고객들의 유지 비용 절감액 등으로 정의될 수 있다. 물론 부정적 구전 활동에 따른 추가 비용 발생액도 포함될 수 있다.

고객의 구전 외에도 광고나 PR과 같은 간접적 효과는 특정 마케팅

효과로 전환하여 고객 생애 가치 추정에 적용한다. 광고는 고객의 획득 비용을 감소시킬 수 있고, 부정적인 사건이나 스캔들로 인해 획득 비용이 증가하는 경우 등 신규 고객 획득과 고객 유지에 간접적인 영향을 미칠 것으로 가정하여 그 효과를 산정할 수 있다. 따라서 고객 가치를 산정할 때 비용의 상계 요소로 이 간접적 효과들을 반영할 수 있다.

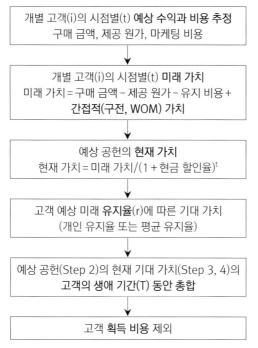

[그림 4-7] 고객 관계 관리 개념과 간접적 효과가 반영된
고객 생애 가치 추정 과정

고객 생애 가치에 대한 간접적 요소의 효과와 역할 간의 관계가 순환적이라면, 고객 생애 가치에 이들 간접적 효과를 반영하는 것은 쉽

지 않을 수 있다. 예를 들어, 구전이 본인과 다른 고객의 획득 비용과 유지 비용을 감소시키고 고객 유지율에 영향을 줄 뿐만 아니라 구매 빈도와 구매량 심지어 상위 구매(Up Selling)과 교차 구매(Cross Buying)에까지도 영향을 미칠 수 있고, 고객의 추천에 의해 획득된 고객의 고객 생애 가치에까지 순환적인 영향을 미친다면 고객 생애 가치의 현실 적용은 더욱 복잡해질 수 있다. 이 경우, 구전으로 인해 다른 고객에까지 파급된 가치 변화를 어떻게 분리(Decomposition)할지도 중요한 이슈가 될 것이다.

고객 생애 가치에 대한 간접적 요소의 효과와 역할 간의 관계를 단순화하기 위해 독립적인 간접적 효과를 확인해 볼 수 있는 방법도 있다. 직접적 가치 제공 행위가 아닌 구전과 같은 간접적 가치 제공 행위를 별도의 고객 추천 가치(Customer Referral Value: CRV)로 분리하여 추정함으로써 고객의 추천 가치를 각 고객에 대한 고객 생애 가치로부터 분리할 수 있다. 예를 들어, 고객 생애 가치와 고객 추천 가치를 별도로 추정한다면 다음과 같은 형태로 고객 분류를 할 수 있다. 두 지수가 모두 높은 경우 가장 가치 있는 고객을 '최상 고객(Champions)'으로 분류할 수 있으며, 두 지표 모두 낮은 경우 '최악 고객(Misers)'으로 분류할 수 있다. 두 지표 중 하나만 높은 경우 각각 '부자 고객(Affluents)'과 '지지 고객(Advocates)'으로 각각의 지표 특성을 반영하여 분류할 수 있다. '부자 고객'은 고객 생애 가치만 높은 고객, '지지 고객'은 고객 추천 지수만 높은 고객으로 분류할 수 있다. 이와 같은 세분화되고 효과적인 고객 관계 관리를 통해 각 분류 고객 집단에 맞는 적절한 마케팅 전략을 수립하여 실행할 수 있을 것이다.

		고객 추천 가치 (Customer Referral Value)	
		낮음	높음
고객 생애 가치 (Customer Lifetime Value)	높음	부자 고객 (Affluents)	최상 고객 (Champions)
	낮음	최악 고객 (Misers)	지지 고객 (Advocates)

[그림 4-8] 고객 생애 가치와 고객 추천 가치에 의한 고객 분류 예

고객 생애 가치는 장기적인 의사결정을 가능하게 하는 고객 중심의 미래 지향적인 척도이다. 각각의 개별 고객은 기업에 대한 미래 고객 가치에 의한 예산 공헌도로 평가되지만, 현실적 측면과 예측의 특성에 따라 불확실성을 내포하고 있는 것도 사실이다. 따라서 고객 생애 가치의 정확한 이해를 통해 정확한 고객 행동을 예측하기 위해서는 현실과 예측에 대한 불확실성을 통제할 수 있는 현실적이고 적절한 가정이 반드시 필요하다. 타당성이 높은 현실적 가정은 실무 전문가들의 경험과 통찰력을 통해 만들어질 수 있기 때문에, 해당 분야의 경험 많은 실무 전문가의 의견을 고객 생애 가치 추정 모형에 반영하는 것은 중요하다.

⟨⟨⟨ 3. 고객 생애 가치 추정 요소의 측정 방법들

고객 생애 가치와 고객 자산을 추정하기 위해 제안된 여러 가지 방법 중 계약적 상황에서 고객 개별 거래 데이터를 바탕으로 고객의 이

탈률 또는 유지율을 활용하여 고객 생애 가치를 추정하는 방법, 비계
약적 상황에서 고객 개별 거래 데이터를 바탕으로 개별 고객의 생존
확률을 추정하여 고객 생애 가치를 추정하는 방법이 있다.

먼저, 계약적 상황에서 고객 거래 데이터를 활용하는 방법은 Blattberg
와 Deighton(1996), Berger와 Nasr(1998) 그리고 Dwyer(1989) 등에서
고객 생애 가치 개념 설명과 추정에 활용된 방식이다. 고객 생애 가치
의 개념 설명으로 가장 오래되고 많이 활용되는 고객 생애 가치 추정
방법으로, 고객 생애 가치 개념 설명에 많이 사용되었던 방법이다. 기
업이 고객과의 거래 관계를 명확히 파악하고 있는 경우로, 기업은 고
객들의 전반적인 고객 유지율(r)과 획득률(a)을 알고 있어 이를 고객
생애 가치 추정에 직접적으로 적용하게 된다.

계약적 상황에서 고객 생애 가치의 중요성

당신이 언제부터 넷플릭스에 가입했는지 알기 어렵지만, 당신이 구독을
유지할 확률이 25개월이라는 것은 안다. 25개월은 넷플릭스의 고객 생애
가치 측정법에 기반한 추정값이다. 넷플릭스 구독자(고객)는 평균적으로
25개월 동안 구독을 유지한다고 한다. 그리고 해당 측정법에 따르면 넷플
릭스 고객의 생애 가치는 $291.25이다. 이 값이 중요한 이유는 넷플릭스
가 고객에게 얼마나 지출할 수 있는지를 결정하는 데 하나의 기준이 되기
때문이다.

✦ 고객 생애 가치의 중요성

당신이 지금 넷플릭스에 가입하면 평균적으로 월 $11.65를 지불해야 한
다. 12개월 동안 이용한다면 $139.80를 소비하게 될 것이다. 만약 당신이
넷플릭스라면, 한 명의 고객에게 $150를 지출할까? 고정비가 그리 높지
않다면, 한 명의 고객당 $150를 지불하는 것이 실제로는 매우 수익성 높

은 결정일 수 있다. 앞서 언급했듯이, 유료 고객으로서 당신의 고객 생애 가치는 약 $300에 이른다. 넷플릭스는 구독자로부터 한 번에 수익을 창출하는 것이 아니라 고객들의 평균 구독 기간인 25개월 동안에 걸쳐서 수익을 얻게 된다.

다시 설명하자면, 고객 1인으로부터 넷플릭스가 얻을 수 있는 1년 동안의 수익이 $139.80이고 고객을 확보하기 위해 $150를 지불해야 한다고 가정하면, 실제로 넷플릭스는 $20.2를 잃게 되는 것이다. 그러나 평균적으로 고객이 25개월 동안 유지되기 때문에 장기적 관점에서 넷플릭스는 손실이 아닌 수익을 얻을 수 있는 것이다. 이는 기업들이 단기적으로 손실을 보는 것에 두려워하지 말아야 함을 보여 준다. 단기적 손실이 그만한 가치가 있는지 판단하기 위해 고객의 생애 가치를 알아야 한다. 고객 생애 가치를 알아야 기업의 수익을 최적화할 수 있다.

✤ 고객 생애 가치 극대화

모든 고객이 동일한 가치를 가지지 않는다. 특히 넷플릭스의 경우에는 더 그렇다. 왜냐하면 어떤 고객은 구독을 1달도 유지하지 않을 수 있고, 다른 고객은 5년 동안 또는 거래 기간 내내 구독을 취소하지 않을 수도 있기 때문이다. 영리 기업으로서 넷플릭스는 모든 고객이 최대한 오래 머무르기를(자신들과 거래하기를) 원한다. 이를 위해 넷플릭스는 각 고객을 개별적으로 추적하고 고객 생애 가치를 최적화할 수 있다.

1997년 DVD 1개를 빌리는 데 4달러를 받는 DVD 사업을 시작한 넷플릭스는 1999년부터 정기구독 모델을 도입했다. 고객들은 대여를 신청한 영화 DVD를 우편이나 택배로 받고 우편으로 반납하였다. DVD 사업과 관련하여, 몇몇 고객들은 인내심이 부족해 우편이 도착하는 것을 기다리지 못하고 구독을 취소하는 경우가 많아졌다. 이에 따라 넷플릭스는 영화를 웹에서 스트리밍할 수 있는 기능을 추가했다. 이는 단순히 영화를 빨리 보고 싶은 욕구를 충족시키는 것뿐만 아니라 우편을 기다리는 동안 고객을 바쁘게 만들었다. 이와 같은 넷플릭스의 고객 행동에 대한 추적과 대응은 고객 이탈률을 4%로 낮추는 성과로 이어졌다.

웹사이트에서 고객이 취하는 구체적인 이벤트와 행동을 추적함으로써 고객들이 더 많이 참여하고 몰입하게 만들 수 있는 기능 및 전략을 결정할 수 있다. 더 많이 참여하는 고객이 더 행복한 고객일 가능성이 높으며, 이는 그들이 서비스를 더 오래 구독, 즉 오랜 기간 동안 서비스 비용을 지불할 것이라는 의미이다. 이처럼 고객당 수익을 극대화하려면 개별 고객을 추적, 분석해야 한다.

❖ 고객 획득

넷플릭스는 고객 생애 가치를 분석하고 이탈률을 줄이기 위해 마케팅에 상당한 금액을 투자한다. 예를 들어, 현재 넷플릭스는 제휴사에게 고객한 명당 $16를 지불한다. 작은 금액처럼 보일 수 있지만, 사실 그렇지 않다. 넷플릭스는 모든 신규 고객에게 '첫 달 무료 체험'을 제공하고 있다. 즉, 제휴사는 무료로 고객을 유입시킬 때마다 $16를 받게 된다. 고객이 무료 체험 후에 계속해서 구독을 유지하든 취소하든 상관없이 $16를 받는다. 큰 비용이 지출되지만 넷플릭스는 고객 생애 가치의 의미를 잘 알기 때문에 계속해서 마케팅에 자금을 투입할 수 있다.

이처럼 마케팅 활동에 투자하는 것은 비즈니스를 성장시키는 훌륭한 방법이지만, 비즈니스 모델을 세밀하게 조정하지 않은 상태에서 너무 많은 돈을 투자하는 것은 위험하다. 각 고객의 생애 가치나 어떤 이유로 인해 특정 고객이 다른 고객보다 오래 머무르는지를 알고 있는 것만으로는 충분하지 않다. 마케팅 채널의 관점에서 고객의 생애 가치를 이해해야 한다. 이는 단순히 첫 달 수익이나 첫 구매에 기반하는 것이 아니라, 각 마케팅 채널에서 달성할 수 있는 고객의 장기적 수익의 잠재력에 기반한다. 각 채널에서 고객을 획득하는 데 얼마나 많은 비용이 드는지 이해하는 것은 중요하다.

❖ 결론

만약 넷플릭스가 고객의 생애 가치를 알지 못했다면, 그들은 현재처럼 성장하지 못했을 것이다. DVD 대여 업계에서 고객을 확보하는 비용은 저렴하지 않으며 많은 기업이 처음 몇 달 동안 혹은 첫 해 동안 벌어들일 수 있는 수익을 상회한다. 그러나 넷플릭스처럼 고객의 가치를 센트(cent) 단위까지 정확히 파악하고 있다면 고객 관계 관리에 투자하는 것을 두려워하지 않을 수 있다.

출처: How Netflix Measures You to Maximize Their Revenue & How It Can Help Your Business by Neil Patel.

다음으로, 비계약적 상황에서 고객 거래 데이터를 활용하는 방법은 Schmittlein, Morrison과 Colombo(1987)에 의해 제안되었으며, Fader, Hardie와 Lee(2005), Abe(2009)에 의해 발전되었다. 고객과의 관계 상태를 정확히 파악하기 힘든 산업의 경우, 고객 유지율 또는 획득률을 명확히 추정하는 것은 어려운 일이다. 이때 고객의 이전 거래 내역을 파악하여 고객과의 관계 상태를 유추하는 방법으로, 고객의 생존 여부 [활성 고객(Active Customer) vs. 비활성 고객(Inactive Customer)]를 통계적으로 파악할 수 있다. 주로 유통 산업 등에 많이 적용되며 미래 구매 횟수를 예측하는 데 많이 활용된다.

비계약적 상황에서 고객 거래 데이터를 활용한 고객 생애 가치 측정의 예

A 씨는 일주일에 4번 스타벅스를 방문하여 총 23.6달러를 소비한다. 스타벅스는 A 씨에게 서비스를 제공하기 위해 4.65달러의 비용(소모품비, 인건비, 마케팅 활동비 등)을 지출한다. 이 경우, A 씨가 현재까지 총 20번, 3일 전 마지막 방문했다고 할 때, A 씨의 고객 생애 가치는 다음과 같이 추정될 수 있다.

평균 수익(Average revenue, 달러)=23.6/4=5.90
평균 비용(Average cost, 달러)=4.65

평균 마진율(Average margin, %)=(5.90−4.65/5.90) * 100=21.19
특정 시점에서 고객 생존 확률(P(active))=0.75
특정 시점에서 고객 생존 확률로 추정한 고객 생애 기간(lifetime, 주)
=52 ×10=520(주)
고객 생애 가치(달러)=5.90 * 4 * 520 * 21.19=260,043

최종적으로, 260,043달러에 현금 할인율을 적용하면 현재 가치로 환산한 A 씨의 고객 생애 가치를 산출할 수 있다.

Research	Forecasting Future Purchase	Measuring comppnents of CLV/CE	Exhibition
Dwyer (1989) Blattberg & Deighton (1996) Berger & Nasr (1998)	Cohort Retention Rate Purchaes Patterns Opimal Acquisition/ Retention Rate	None.	Numerical Examples
Schmittlein et al. (1987) Fader et al. (2005) Abe (2009) Song, Kim, Lee (2009) Song, Kim, Lee (2016)	Probability of Active Expected Nember of Purchase Distribution of Purchase Amount	Average Cost Survival Rate as Lifetime	Empirical Verification (Customer Transaction Data)
Flust et. al (2004) Song (2020)	Migration Matrix	Average Cost Average/Typical Lifetime	Empirical Verification (Customer Survey)
Cupta, Lehmann and Stuart (2004) Libai, Muller and Peres (2009) Pfeiter (2011) Schulze, Skiera and Wiesel (2012) Wiesel, Skiera, Villanueva (2008) Choi, Lee, Yoo and Yoo (2017)	Diffusion Rate for Acquisition Estimated Retention Rate	Average Retention Cost Proportional Acquisition Cost or No Acquisition Cost Infinite/Average/ Typical Lifetime	Empirical Verification (Corporate Disclosure, Expert Interview)
Song (2018) Song and Kim (2020)	Estimated Acquisition Rate Estimated Retention Rate	Estimated Acquisition Cost Estimated Retention Cost Optimal Lifetime	Empirical Verification (Corporate Disclosure, Monthly Fact Sheet)

[그림 4-9] 고객 생애 가치와 고객 자산 추정 요소 측정 관련 연구 정리

1. 고객 행동의 확률적 예측 개념과 모형

고객 가치 측정을 위한 여러 가지 방법이 있지만, 대표적이고 가장 간단한 그리고 실제 확보가 어렵지 않은 데이터로 적용해 볼 수 있는 방법을 먼저 이 책에서 알아보고, 좀 더 복잡하고 정교한 모형들을 확인하고 싶거나 적용하고 싶은 경우 이 책에서 배운 고객 가치의 개념들과 고객 애널리틱스 기법을 바탕으로 고급 모형을 조사하고 연구를 해 본다면 충분히 정교한 고급 모형들을 활용할 수 있을 것이다.

고객 가치의 측정을 위해, 먼저 고객 행동의 확률적 예측, 즉 고객 가치를 직접적으로 측정하기보다는 확률적 모형을 바탕으로 미래의 고객 행동을 먼저 예측한 뒤, 예측된 고객 행동을 활용하여 고객 가치를 측정한다. 이번 장에서는 미래 고객 행동을 예측하기 위한 확률적 모형을 설명하고, 이를 실제 샘플 데이터에 적용하여 미래 고객 행동과 고객 생애 가치와 고객 자산을 추정하는 과정을 단계별로 설명한다. 모형 실습에 활용할 샘플 데이터는 부산대학교 마케팅공학 연구실 홈페이지(marketing.pusan.ac.kr)에서 내려받을 수 있다.[1] 고객 가치의

---

[1] 해당 홈페이지에 회원 가입 후 승인을 받아 로그인하면 실습 데이터 파일을 내려받을 수 있음.

측정을 완벽하게 이해하기 위해서 실습은 반드시 필요한 과정이기 때문에, 샘플 데이터를 내려받아 실제로 확률적으로 고객 행동을 예측하고 고객 가치를 측정하는 과정을 모두 진행해 보기 바란다.

고객 행동의 확률적 예측을 위해 기본적으로 확률 모형의 활용은 필수적이다. 보통 확률 모형이라고 한다면 어떤 특정한 분포, 확률적 분포를 바탕으로 해서 고객 행동의 특정 요소에 대해 다양한 가능성을 가정할 필요가 있다. 이 가정과 추정을 바탕으로 과거 또는 기존의 행동들을 설명하려고 하는 방식을 우리는 확률적 모형을 바탕으로 미래를 예측하는 확률적 예측이라고 이해할 수 있다. 그래서 이번에 다루게 될 확률적 예측이라고 한다면 고객 행동을 기본적으로 몇몇 특정한 모형들, 다소 복잡한 또는 보다 전문적인 모형을 위한 분포를 설명할 예정이다. 이를 바탕으로 고객 행동을 예측하는 방식으로 이해하면 될 것이다. 여러 복잡한 또는 다소 생소한 확률 분포의 구체적 개념을 모두 이해하지 않더라도, 그 개략적 개념 정도를 이해한다면 관련 확률 모형에 대한 실제 적용은 Excel 프로그램에서 제공하는 간단한 함수를 활용하여 구현이 가능하다.

먼저, 고객 행동의 확률적인 예측에서 고려해야 할 기본 가정들을 알아보고 실제 확률적 모형을 활용한 예측에 대한 설명을 하도록 한다. 고객 가치를 측정 또는 추정할 때는 과거의 고객 행동을 바탕으로 미래의 고객 행동을 예측하고, 이를 바탕으로 향후 각각의 고객의 미래 가치를 예측하는 것을 목표로 한다. 따라서 고객 가치 추정을 위해서는 미래 고객의 행동을 예측하는 것이 아주 필수적인 요소가 된다. 미래 고객 행동 또는 미래 고객의 가치를 예측하는 다양한 방법이 존재하지만 이번 장에서는 개별적으로 각각의 고객들의 미래 행동들, 특히 여기서 정의하는 고객 행동은 향후 좀 더 자세히 설명하겠지만 미래의 구매 빈도, 즉 확률 모형 기반의 기대 구매 빈도를 예측함으로써 고객의 가치를 추정한다. 특히 일반적으로 유지율 산정이 어려운 산업인 경우, 예를 들어 개별 거래 위주의 산업, 즉 이전에 살펴봤던 비계약적 산업에서는 고객 활동을 확률, 즉 어떤 확률적 기대 가치로 추정을 한다. 마케팅 측정 지표의 종류와 한계에서 이미 살펴본 $P(\text{active})$, 다시 말하면 활동 고객의 확률을 추정함으로써 그 고객이 실제로 어떤 비계약적 산업에서 단순한 거래, 반복적인 거래 과정 속에서 현재 특정 시점에서 그 고객이 실제로 활동적(Active)인 고객인지 그렇지 않은지를 평가할 수 있다. 이제 이 기본 개념을 응용해서 미래의 고객 행동과 고객 가치를 측정해 보도록 하자.

앞서 살펴본 계약적 상황에서는 현실적으로 고객과의 계약이 갱신되지 않거나 고객과 재계약이 이루어지지 않는다면 해당 고객이 이탈된 것을 명백하고 손쉽게 기업 입장에서는 알 수 있게 된다. 하지만 비계약적 상황에서는 고객이 일정 기간 동안 구매를 하지 않더라도 다시 구매할 가능성이 충분히 있을 뿐만 아니라, 자주 구매했더라도 바로 다음 날 해당 고객이 이탈할 수 있는 상황이 충분히 존재한다. 예를 들어, 다른 지역으로 이사를 간다거나 소매점인 경우에 특별한 어떤 상황이 있어서 더 이상 해당되는 기업과 거래를 할 필요가 없다면, 바로 전날에 구매를 했더라도 바로 이탈할 수 있는 충분한 이유가 있다. 하지만 계약적 상황과 달리 이를 명확하게 손쉽게 확인할 방법은 현실적으로 존재하지 않는다. 따라서 고객이 일정 기간 동안 구매를 하지 않거나 구매를 못할 어떤 상황이 존재한다고 하더라도 해당 고객이 이탈했는지 아니면 단지 어떤 상황이나 이유로 인해 구매를 지금 안 하거나 못하고 있는 것인지를 명확히 알 수가 없다. 이 경우에는 어쩔 수 없이 비계약적 상황에서는 확률적으로 그 고객이 이탈했는지 하지 않았는지를 확인할 수밖에 없다. 이를 위해 P(active)의 개념을 활용하고 몇몇 확률적 모형과 가정을 활용하여 이를 측정한다. 여러 P(active)를 측정하는 몇 가지 확률적 모형들 중 가장 일반적이고 간략한 모형을 소개하고, 이를 활용해서 P(active) 고객 활동 가능성, 활동 고객일 확률을 측정하도록 한다.

대표적인 모형으로 Schmittlein, Morrison과 Colombo(1987)에 의해 개발된 Pareto/NBD라는 모형이 있다. 상당히 오래된 어떤 모형이지만, 현재 활용되는 대부분의 P(active) 측정의 근간이 된다. Pareto/NBD 모형은, 먼저 Pareto 모형과 NBD 모형, 두 개의 확률적 모형이 독립적으로 통합된 형태로 미래의 예상 거래 고객의 현재까지의 과거 거래 또는 구매 활동들을 바탕으로 현재의 관점에서 미래의 어떤 고객이 어떻게 활동을 할 것인가를 예측하는 방식으로 접근한다. 2000년대 중반에 Fader와 Hardie(2005)가 Pareto/NBD 측정 과정의 복잡함을 개선한 모형이 BG/NBD 모형을 개발하였다. 여기서 Pareto, NBD, BG 모두 특정한 확률 분포의 명칭이다. 이들 모형 모두 고객 행동을 두 개의 확률 분포를 통합적으로 활용해서 고객의 구매 활동을 예측한다. 다만, 이 두 모형의 차이는 어떤 특정 고객 행동 형태를 Pareto 모형으로 또는 Pareto 분포로 예측을 했는지 아니면 BG 형태로 예측을 했는지 또는 가정을 했는지에 따라 차이가 있을 뿐이다. 상대적으로 Pareto 모형이 계산하기가 좀 복잡하고 몇 가지 제약점들이 있어서 BG 모형이 좀 더 그것을 유연하게 했다. 이 두 모형 이후에도 몇 가지 고객 행동을 예측하는 확률 모형이 더 있었지만, 그 근간은 BG/NBD 또는 그전에 Pareto/

NBD 모형이 된다. 따라서 이번 장에서는 이 모형을 바탕으로 고객의 미래 예상 거래를 확률적으로 예측하는 과정을 설명하고, 좀 더 고급의 확률적 예측 모형은 기본 모형에 대한 이해를 바탕으로 활용할 수 있을 것이다. Schmittlein, Morrison과 Colombo(1987)의 논문 실제 제목인 「Counting your customers: who are they and what will they do next?」에서 알 수 있듯이, 고객 수 측정과 누가 실제 고객이고 고객들이 앞으로 무엇을 할 것인지가 중요했음을 알 수 있다. 즉, 고객 리스트에는 있지만 이 고객이 현재 실제로 고객인지 아닌지를 판단하기 위한 어떤 기준을 만들기 위해서, 고객 가치의 개념이 없었던 당시에도 고객이 실제 고객인지 아닌지 여부를 판단하기 위해서 활용했던 모형이다. 이 모형을 활용하여 추정된 실제 고객 수를 바탕으로 고객 가치의 일부를 추정하는 방법으로 고객 생애 가치 또는 고객 자산의 추정까지 해 보도록 한다. 특히 이 부분에서 유의해야 할 것은 이번에 다루게 되는 실습 사례들에서 $P(active)$의 측정은 개별 고객의 활동을 예측한다는 것이다. 고객 생애 가치나 고객 자산을 측정하는 방법 중에 고객 전체에 대해 고객 가치를 평균적으로 측정하는 방법도 있고, 전체 고객을 집단 기준으로 분류하여 고객 가치를 추정하는 방법도 있지만, 이번 장에서 소개하는 모형은 개별 개인 고객들 각각의 고객 활동을 예측하고, 이를 바탕으로 각 고객의 고객 생애 가치를 개별적으로 모두 측정한다는 것이 특징이다.

특히 여기서 좀 더 구체적으로 본다면, 누가 진정한 고객인지 여부의 기준이 되는 것은 현재 고객의 현재 생존 가능성, 즉 현재 고객이 현재 활동하고 있는가 아닌가, 그리고 그 가능성이 몇 퍼센트인가를 확률로서 측정하는 것이다. 또는 반대로 이탈하지 않을 가능성이 얼마인가로 이해할 수 있다. 그래서 $P(\text{active})$, 즉 활동 고객일 확률을 우리가 추정을 하는 것이다. 그 확률을 추정하기 위해서 두 가지 행동 요소를 측정하는 확률 분포를 정의하고, 그 확률 분포에 따라 행동 요소를 가정하여 고객의 행동을 예측하게 된다.

이 확률적 고객 행동 예측 모형의 가장 기본적 입력 요소로서 그동안 지속적으로 다루어져 왔던 RFM 요소들 중 핵심적인 두 가지 요소가 있다. 먼저, 최근성, 최근 구매 시점(Recency)이 그것이고 그다음은 구매 횟수(Frequency)로, 이 두 가지 요소에 대한 가정과 확률적 정의가 고객 행동의 확률적 예측의 첫 단계가 된다. 여기서 논의되는 고객 행동이라는 것은 얼마나 자주, 많이, 그리고 반복적으로 구매했느냐에 초점을 두게 된다. RFM 요소 중 하나 고려되지 않는 부분이 있다. 바로 금액적 요소(Monetary Value)는 실제로 제외되었다. 이들 모형들이 실제 개발된 당시에 고객 행동에서 구매 금액(Monetary Value)이 중요한 요소로서 고려되지 않아 실제로 측정을 하지 않았다. 따라서 금액적 요소인 구매 금액의 확률적 추정을 하는 대신, 최근성과 구매 횟수에 기반에 반복 구매 행동을 예측하는 기본적인 모형에 금액적 요소를 통합시키는 방식을 이번 장에서 지금 현재 실습에 활용할 예정이다. 하지만 좀 더 최근에는 구매 금액(Monetary Value)까지 포함한 RFM 요소 모두를 통합적으로 고려하는 확률 모형을 제안하여 실제 고객 가치 자체를 확률적으로 예측하는 모형도 있다. 하지만 모형의 기본 구조나 측정의 접근 방식을 명확히 이해하기 위해 상당한 전문 지식이 필요하여 실제 실습 과정에 애로 사항이 있기 때문에, 먼저 다소 불완전하지만 간단한 모형을 바탕으로 고객 행동 예측과 고객 생애 가치 측정 과정의 개념을 이해하도록 한다. 기본 개념과 모형을 충분히 이해한다면

RFM을 통합적으로 고려한 확률 모형까지 좀 더 고급 개념을 이해하고 고급 모형들을 학습하여 활용할 수 있을 것으로 기대한다.

결국에는 이 두 가지 요소, 즉 최신성과 구매 횟수를 바탕으로 해서 예측하는 확률 모형의 최종 모수, 즉 최종 측정의 목표는 구매 빈도와 이탈 빈도이다. 구매 빈도는 얼마나 자주 앞으로 구매를 할 것인가를 의미하고, 이탈 빈도는 실제로 이 고객이 이 현재 기업과 얼마나 거래의 의지가 있는가 또는 유지할 확률이 어느 정도 될 것인가를 의미하며, 이탈 빈도 또는 이탈률로 이미 그 개념을 살펴보았다.

지금까지 다룬 고객 가치의 관점에서 본다면 이 확률적 고객 행동 예측 모형의 결과물을 고객 가치를 추정하기 위해 다양한 형태로 활용해 볼 수 있다. 확률적 예측 모형에 의해 추정된 모수의 통계량을 바탕으로 고객 가치를 추정하기 위해 필요한 핵심 요소들을 추정하고 이들을 종합 또는 통합하여 고객 가치, 즉 고객 생애 가치를 추정할 수 있다. 고객 가치를 실제로 추정하기 위해서 가장 먼저 필요한 것은 생존 확률이다. 고객의 생존 확률은 고객 관계 관리 개념에서 핵심적 요소인 고객 유지율을 의미하고 이를 추정하기 위한 요소로 활용된다. 따라서 이번 실습 과정에서 고객 가치 개념에 기반한 고객 가치의 추정을 위해 고객 유지 요소의 중요성을 이해할 수 있을 것이다. 다음으로 미래 구매 횟수, 즉 구매량으로써, 고객 가치의 최종 개념인 경제적 가치(Monetary Value) 추정을 위한 하나의 중간 단계로서 미래 구매 횟수 기댓값을 추정하여 활용한다. 이 두 가지 요소를 바탕으로, 궁극적인 고객 가치의 개념은 아니지만 고객 가치에 근접한 가치를 이번 실습을 통해 추정하게 된다.

[그림 5-1] 확률적 고객 행동 예측 과정

확률적 고객 행동 예측, 특히 고객 가치를 추정하기 위한 확률적 고객 행동 예측의 기본 프레임을 고려하여 다음과 같이 이해할 수 있다. 기본적인 데이터로서 일반적으로 활용하는 데이터로는 과거에 얼마나 많이 구매했는가, 즉 과거의 구매 횟수 또는 빈도와 최근에 구매 시점은 언제인가, 즉 최근성의 요소로 기본 프레임이 구성된다고 볼 수 있다. 이것을 기본 프레임으로 고객 행동 모수를 추정하면, 기본적인 고객 행동의 예측을 위한 확률적 기본 요소의 결과물들이 산출되게 된다. 구매 빈도와 최근성이라는 두 가지 요소를 바탕으로 추정된 고객 모수를 활용하여 특정 미래 기간 동안에 구매 횟수 또는 빈도의 기댓값을 추정함으로써 1차적인 확률적 고객 행동을 예측하게 된다. 현재의 고객이 앞으로 얼마나 많이 또는 몇 번 구매를 하겠는가가 최종 목표인 고객 가치 추정을 위한 기본적 요소이며 첫 단계라고 볼 수 있다. 미래의 고객 가치를 추정하는 데 있어서 이 구매 기대 횟수에 추가로 각 구매당 고객의 구매 금액, 즉 어느 정도의 매출이 창출되고 기업 입장에서는 마케팅 비용이 어느 정도 발생되는지를 적용한다면, 결국 각 구매당 예상되는 기대 수익을 추정해 볼 수 있다. 미래 기간 동안의 이 기대 수익 총합이 바로 고객 가치이다. 여기서 미래 기간은 고객의 생애 전체가 될 수 있고, 기업과의 관계를 유지하는 특정 기간일 수도 있으며, 임의의 특정 기간일 수도 있다. 그래서 고객 가치를 계산하기 위해서 그 이전에 어떤 금전적인 요소들의 경제적 요소(Monetary Value)를 제외한 단순 구매 횟수 또는 판매량(Unit of Sale), 즉 이 고객이 앞으로 평생 또는 어떤 정해진 기간 동안 얼마나 구매할 수 있는가를 먼저 파악하여 기대 구매 횟수를 산출하고 경제적 요소를 통합함으로써 최종적으로 고객 가치를 추정하게 된다.

[그림 5-2] 고객 구매 시점과 확률적 예측 모형의 시점 개념

[그림 5-2]는 고객의 구매 시점과 확률적 예측 모형의 시점 개념을 하나의 수직선 형태로 표현하고 있다. 이 수직선은 어떤 한 명의 고객이 어떤 정해진 기간 동안에 구매한 상황을 수식으로 표현한 것이다. 이 고객은 지금 현재 시점인 t_T라는 시점에 있는 상황이다. 이 고객은 처음 구매를 한 이후 지금까지 어떤 특정 시점에서 현재 시점까지의 총 T 기간 동안 구매 활동을 한다. 이 고객 구매 활동의 시작 시점을 t_0라고 하자. 그럼, 첫 번째 구매한 시점부터 현재까지의 기간 전체, 즉 고객의 총 거래 기간을 T라고 이해할 수 있다. 첫 번째 구매 이후 현재까지의 총 거래 기간 T 동안 t_0 시점에서 첫 번째 구매를, 그리고 t_1 시점에서 두 번째 구매, 실질적으로는 첫 번째 재구매, t_2 시점에서 세 번째 구매, 실질적으로는 두 번째 재구매 등으로 이해할 수 있다. 그리고 마지막 구매 시점인 t_x 시점에서 이 고객은 $x+1$번째 구매, x번째 재구매가 이루어진 것으로 이해할 수 있다. 현재 시점인 t_T에서는 마지

막 구매 시점이 t_x이므로, 현재 t_T 시점에서는 구매가 실제로 이루어 지지 않았다. 여기서 중요한 점은 Pareto/NBD 또는 BG/NBD 모형에 서는 비계약적 상황에서 활동 고객을 확률적으로 예측하기 위해 기본 적으로 고객의 최초 구매 시점인 t_0에서 고객이 획득되었다고 가정한 다는 것이다. 물론 그 이전에도 어떤 기업과의 관계가 있었을 수도 있 었지만, 고객 정보가 정확하게 일치하여 동일 고객으로 인식되지 않는 한 이전의 실질적 동일 고객의 활동은 무시되고 다른 고객으로 가정하 며, 실제로 고객이 획득되는 시점을 첫 번째 구매 시점으로 단순하게 가정한다고 이해할 수 있다. 따라서 앞서 설명을 통해 알 수 있지만, 이 고객이 $x+1$번 구매를 현재 시점 t_T까지 했다 하더라도 획득 시점 으로서 처음 구매 시점을 적용함으로써 첫 번째 구매 시점을 활용하 고, 이후 구매를 실질적 구매 활동으로 가정하여, 실제로는 t_0부터 T까지의 기간 동안에 이 고객은 총 x번의 구매를 한 것으로 고객의 구매 활동을 이해한다. 그 뒤의 구매부터를 실제로 우리가 모형에서 예측하는 과정에 활용하게 된다. 만약 어떤 고객이 그 고객과 세 번의 거래를 한 경우, 실제로 모형의 입력 데이터상에서는 3번이 아닌 2번 의 구매로 기록된다. 즉, x값은 실제 구매 횟수보다 항상 1이 작다는 것을 염두에 두어야 한다. 따라서 $x+1$번 구매한 고객의 경우 x는 구 매 빈도(Frequency) 지표로 역할을 하게 되고, t_x는 최근성 지표 (Recency)로서 역할을 하게 된다. 최종적으로 T, x, t_x 세 요소가 고객 구매 활동의 입력 변수로 활용된다.

$$E(Y(t)|T)$$
$$= E(Y(t)|x, t_x, T, \gamma_T, \alpha_T, a_T, b_T)$$
$$= \frac{\dfrac{a_T + b_T + x - 1}{a_T - 1}\left[1 - \left(\dfrac{\alpha_T + T}{\alpha_T + T + t}\right)^{\gamma_T + x} {}_2F_1\left(\gamma_T + x, b_T + x, a_r + b_r + x - 1, \dfrac{t}{\alpha_T + T + t}\right)\right]}{1 + \delta_{x>0}\dfrac{\alpha_r}{b_r + x - 1}\left(\dfrac{\alpha_r + T}{\alpha_r + t_x}\right)^{\gamma_r + x}}$$

〈미래 구매 횟수의 기댓값〉

앞서 시간의 흐름에 따라 고객의 구매 행동을 총 거래 기간 T와 구매 빈도 x, 그리고 최근 구매 시점 t_x의 형태로 간략히 표현하는 방법을 제안했다. 이 요소들을 바탕으로 BG/NBD 모형을 구성하면 생존 확률, 구매 빈도 등을 예측할 수 있게 된다. 고객 생애 가치를 측정하기 위해 중요한 것은 특정 미래 시점까지의 구매 횟수를 앞의 수식으로 얻을 수 있다. 다소 복잡한 구조로 이루어져 있지만, 중요한 부분은 현재까지의 구매 빈도 x, 최근 구매 시점 t_x, 마지막으로 총 거래 기간 T이다. 미래 구매 횟수의 기댓값 함수는 이 세 가지 기본 요소와 BG/NBD 모형에 의해 추정되는 네 가지 모수로 γ_t, α_t, a_t, b_t 로 구성된다. 이 네 가지 모수는 BG 혼합 분포와 NBD 혼합 분포의 모수로서 γ_t, α_t 는 포아송 분포와 감마 분포의 혼합 분포인 NBD 분포의 모수이고 a_t, b_t 는 기하 분포와 베타 분포의 혼합 분포인 BG 분포의 모수이다. BG/NBD 모형의 이 네 가지 모수를 주어진 데이터를 바탕으로 추정함으로써 고객 행동을 예측할 수 있는 모수를 추정한다. 따라서 특정 시점 t에서의 고객 행동 분포의 모수라고 하며 주어진 데이터를 통해 추정된 네 가지 모수를 통해 해당 고객 집단의 특징을 대표하게 되고, 고객 집단의 행동을 이해하게 된다. 따라서 개별 고객의 미래 구매 횟수의 기댓값은 추정된 고객 행동 모수와 각 개별 고객의 구매 내역을 바탕으로 추정될 수 있다. 이 책에서는 BG/NBD 모형 추정을 위한 Excel 수식을 예제로 제공하며, 제공된 Excel 파일을 실행하면 BG/NBD 모형의 네 개 모수와 미래 구매 횟수 기댓값 등이 자동으로 추정되기 때문에 구체적인 추정 방법에 대한 이해 없이도 충분히 고객 행동을 확률적으로 예측할 수 있다. 여기서는 네 개의 모수에 대해 고객 행동을 확률적으로 예측하기 위해 활용할 수 있는 수준으로 이해를 하고, 정확한 추정 방법과 그 과정에 대해서는 향후 간략히 알아보긴 하겠지만, 추정 과정 이해가 고객 구매 빈도의 기댓값 추정에서 중요한 요소가 아니기 때문에 추정 방법과 과정에 대한 깊은 이해는 다음 기회에 설명하기로 한다. 하지만 BG/NBD 모형의 구체적인 추정에 대해 공부하고 싶은 독자는 Fader, Hardie와 Lee(2005), 송태호, 김상용, 이장혁(2009) 등의 연구 논문들을 참고하기 바란다. 또한 이 확률 모형의 추정 방법과 과정들을 명확히 이해하기 위해서는 대학원 이상의 전문적인 지식이 필요하기 때문에 관심이 높은 독자의 경우 대학원 과정을 적극 권장하며, 이를 바탕으로 앞서 제시한 논문들을 이해하길 바란다.

다음으로, 추정해야 하는 구매 기대 빈도에서 모수들에 대한 확률 모형의 기본 가정들을 점검해 봐야 한다. BG/NBD 모형의 주요 모수들의 기본 가정은 다음과 같다. 먼저, BG/NBD 모형으로 고객 행동의 예측에 적용하기 위해서는, 첫 번째, 고객이 이탈하지 않는 동안 각 고객의 구매 횟수는 구매 빈도를 모수로 가지는 포아송 분포 형태이다. 먼저, 포아송 분포는 구매의 어떤 간격을 지수 분포라고 가정하였을 때 구매 횟수가 어떻게 분포하는가를 표현할 때 주로 활용되는 분포로서, 구매 횟수가 얼마나 많이 또는 구매 빈도가 얼마나 자주인가를 표

고객 생존 확률 모형(BG/NBD)의 가정

첫째, 고객이 이탈하지 않는 동안, 각 고객의 구매 횟수는 구매 빈도를 모수로 가지는 포아송 분포를 따른다.
둘째, 각각의 고객이 이탈 고객이 될 확률은 이탈 확률을 모수로 가지는 기하 분포를 따른다.
셋째, 서로 다른 고객들 사이에서 구매 빈도는 감마 분포를 따른다.
넷째, 서로 다른 고객들 사이에서 이탈 확률은 베타 분포를 따른다.
다섯째, 구매 빈도와 이탈 확률은 서로 독립이다.

현한다. 포아송 분포에 대한 자세한 내용은 별도의 통계학 시간에 자세히 공부해 보기 바란다. 구매 빈도를 표현하는 포아송 분포의 모수를 일반적으로 λ라고 표현하고, 이 모수를 통해 고객 집단의 평균 구매 빈도를 확인할 수 있다.

두 번째는 각각의 고객들이 이탈하게 될 확률, 즉 고객 이탈 확률은 기하 분포의 형태로 가정한다. 예측하고자 하는 고객 행동의 주요 요소, 구매 빈도와 이탈 확률에 대해 구매 횟수는 포아송 분포, 이탈 확률은 기하 분포의 형태로 가정한 확률 모형의 기본을 구성한다. 이 기본을 바탕을 각각의 분포의 모수의 다양성 정도를 표현할 수 있는 계층적 구조의 혼합 분포(Mixture Distribution)를 활용한다. 즉, 구매 빈도를 표현하는 포아송 분포 모수의 확률적 분포와 이탈 확률을 표현하는 기하 분포 모수의 확률적 분포를 각각 감마 분포와 베타 분포로 가정한다. 포아송 분포와 감마 분포의 혼합 분포는 NBD 분포의 형태가 되고, 기하 분포와 베타 분포의 혼합 분포는 BG 분포의 형태가 된다. 따라서 이 가정을 바탕으로 감마 분포와 베타 분포의 형태를 결정하는 각각의

두 모수는 결국 구매 빈도의 분포와 이탈확률의 분포를 결정하게 된
다. 좀 더 구체적으로 구매 빈도의 모수가 감마 분포를 따르고 이 감마
분포의 형태에 의해서 구매 빈도가 결정되기 때문에, 감마 분포는 결
국에는 구매 빈도의 다양성을 표현하게 된다. 즉, 다양한 고객들이 다
양한 형태의 구매 빈도를 나타나기 때문에 감마 분포를 활용하여 고객
들의 다양한 구매 활동을 표현하게 된다. 이탈 확률, 일반적으로 τ로
그 모수를 표시하고, 이 모수를 베타 분포의 형태로 가정한다. 이 베타
분포 역시 앞서 구매 빈도 모수의 감마 분포와 유사하게 이탈 확률의
다양성 정도를 표현하게 된다.

BG/NBD 모형의 주요 모수에 대한 가정에 덧붙여서, 마지막으로 다
소 강한 제약 조건으로 구매 빈도와 이탈 확률, 즉 어떤 고객이 유지할
확률 또는 이탈할 확률이 구매 빈도와는 서로 독립이라는 가정을 한
다. 실제로 이 둘의 관계가 독립인지 아닌지는 크게 중요하지 않을 뿐
만 아니라 일반적으로는 독립하지 않다고 보는 것이 좀 더 일반적인
상황이다. 즉, 어느 정도 이탈 확률, 구매 빈도 간에 상관관계가 있을
수 있기 때문이다. 하지만 이 둘 간의 상관관계를 인정하면 전체적인
확률 모형의 추정 방법이 상당히 복잡해지기 때문에, 그것을 단순화하
기 위해서 독립이라는 가정을 통한 모형과 그 추정 과정을 단순화하였
다. 실무적인 관점에서 이 가정에 대한 타당성을 높다고 볼 수 없기 때
문에, 실무에 적용할 경우 이 독립이라는 가정을 완화한 상태의 모형
을 적용하는 것을 권장한다. 하지만 이 독립이라는 가정 조건이 전반
적 결과에 큰 영향을 주지 않는 조건하에 활용할 수 있고, 구매 빈도와
이탈 확률은 서로 독립이라는 가정이 가능한 산업에 적용하는 것은 가
능할 것이다.

지금까지 설명했던 BG/NBD 확률 모형에 대한 5가지 가정, 첫째, 구매 빈도는 포아송 분포를 따른다. 둘째, 구매 빈도에 대한 포아송 분포의 모수는 또다시 감마 분포를 따르며, 이 두 가정이 구조적으로 연결되어 NBD 혼합 모형을 구성한다. 셋째, 이탈 확률은 기하 분포를 따른다. 넷째, 이탈 확률에 대한 기하 분포의 모수는 또다시 베타 분포를 따르며, BG 혼합 모형을 구성한다. 마지막으로, 두 가지 중요한 모수, 구매 빈도와 이탈 확률은 서로 독립, 즉 서로 영향 관계나 상관관계가 없다. 이 가정하에 BG/NBD 확률 모형을 활용하여 실습을 하도록 하겠다.

2. 고객 행동의 확률적 예측 실습

이제 확률적 고객 행동을 예측하는 과정을 단계별로 진행해 보도록 하자. 고객 행동 확률 모형의 일반적 추정 과정을 Excel로 모두 수행하는 것은 불가능하다. 특정한 조건에서는 모수의 추정이 가능하지만 추정이 불가능한 경우도 존재하기 때문이다. 하지만 그 한계가 일부 존재하더라도, 고객 행동 확률 모형의 모수를 추정하는 과정을 이해하기 위한 실습을 위한 목적으로는 다른 추가 노력이 필요 없는 Excel 활용만으로도 충분하다.

샘플 데이터와 모수의 추정 과정이 포함된 Excel 파일을 차근차근 확인해 보고 첨부된 Excel 파일에서 추정 과정을 순서대로 따라해 본다면, 충분히 주어진 조건에서 샘플 데이터를 바탕으로 고객 행동 확률 모형에 기반한 고객 행동을 예측하는 과정들을 성공적으로 진행할 수 있다. 또한 실습용 Excel 파일에 주어진 샘플 데이터를 필요에 따라 다른 데이터로 대체한다면, 실습용 Excel 파일이 실제 새로운 고객 데이터를 바탕으로 고객 행동을 확률적으로 예측하기 위한 모수 추정을 위한 훌륭한 Excel 파일로 변모할 것이다. 따라서 1차적으로는 첨부된 샘플 데이터를 통해 모수 추정의 과정을 이해한 후 새로운 데이터를 적용하여 실제 업무에 활용해 보도록 하자.

Excel에 입력된 샘플 데이터는 기본적으로 네 개의 Sheet로 구성되어 있다. 첫 번째 Sheet인 'Raw Data' Sheet에는 [그림 5-3]과 같이 고객 행동 확률 모형을 추정하기 위한 원본 데이터가 입력되어 있다. 원본 데이터에는 2,357명 고객의 최대 39주간 고객 구매 기간 동안 구매 데이터를 앞서 설명한 고객 행동 확률 모형의 입력 데이터 형태, 즉 구매 빈도(첫 번째 구매를 제외한 구매 빈도, 단위: 회) x, 총 거래 기간 중 최근 구매 시점(단위: 주/week) t_x, 그리고 총 거래 기간(첫 번째 구매 이후 현재까지의 기간, 단위: 주/week) T로 재구성한 결과가 입력되어 있다. 따라서 어떤 점포 또는 소매점에서 구매를 한 2,357명 고객의 39주간 구매 내역을 앞의 고객 행동 확률 모형으로 추정하기 위해 필요한 입력 데이터로 변환한 입력 데이터를 정해진 기준에 따라 재구성한 것으로 이해하면 된다. 이 예에서 사용하는 시간 단위는 1주, 즉 주 단위로 하였지만, 일 단위, 분기 단위 등 해당 사례에 적절한 시간 단위를 일관되게 적용하면 된다. 원본 데이터에는 네 가지 컬럼(Colum)이 있는데, 첫 번째 컬럼인 ID는 각 고객을 구별하고 식별하기 위한 구분자이다. 두 번째, 세 번째 그리고 네 번째 컬럼은 각각 고객들의 구매 빈도(x), 최신 구매 시점(t_x) 그리고 총 거래 기간(T)을 의미한다. 특히 t_x는 첫

ID	x	t_x	T
0001	2	30.43	38.86
0002	1	1.71	38.86
0003	0	0.00	38.86
0004	0	0.00	38.86
0005	0	0.00	38.86
0006	7	29.43	38.86
0007	1	5.00	38.86
0008	0	0.00	38.86
0009	2	35.71	38.86
0010	0	0.00	38.86
0011	5	24.43	38.86
0012	0	0.00	38.86
0013	0	0.00	38.86
0014	0	0.00	38.86
0015	0	0.00	38.86
0016	0	0.00	38.86
0017	10	34.14	38.86
0018	1	4.86	38.86
0019	3	28.29	38.71
0020	0	0.00	38.71
0021	2	14.57	38.71
0022	0	0.00	38.71
0023	0	0.00	38.71
0024	0	0.00	38.71
0025	0	0.00	38.71
0026	1	1.57	38.71
0027	0	0.00	38.71
0028	1	29.43	38.71
0029	0	0.00	38.71
0030	1	5.86	38.71
0031	0	0.00	38.71
0032	0	0.00	38.71
0033	0	0.00	38.71
0034	0	0.00	38.71
0035	1	27.14	38.71
0036	0	0.00	38.71
0037	0	0.00	38.71
0038	1	2.14	38.71
0039	0	0.00	38.71
0040	0	0.00	38.71

Raw Data　　BGNBD Estimation　　E{X(t)}　　Conditional Expectation

[그림 5-3] Excel을 활용한 고객 행동 확률 모형의
모수 추정을 위한 샘플 데이터

번째 구매 이후 현재 시점까지의 총 거래 기간을 T라 할 때 최근 구매 시점을 표현하기 때문에 t_x는 T보다 클 수 없다. 따라서 고객 행동 확

률 모형의 세 가지 중요 입력값이 명확하게 제시되어 있다.

각 고객의 데이터는 다음과 같이 해석할 수 있다. 예를 들어, 첫 번째 고객, 즉 ID가 0001인 고객의 첫 번째 컬럼과 네 번째 컬럼을 바탕으로 총 구매 횟수를 해석할 수 있다. 첫 번째 구매 이후 현재 시점까지 총 구매 횟수는 마지막 네 번째 컬럼에서 확인할 수 있는 바와 같이 총 거래 기간 38.86주 동안 총 두 번의 구매가 이루어졌다. 좀 더 명확하게 총 구매 빈도는 첫 번째 구매를 제외한 것이기 때문에, 정확하게는 총 3회의 구매가 이루어졌다고 해석해도 무방하다. 또 다른 예로, ID가 003인 사람의 첫 번째 컬럼은 0으로 표시되어 있다. 그럼 어떻게 구매 빈도가 0인 고객이 데이터에 존재할 수 있는가? 즉, 구매를 하지도 않았는데 어떻게 고객으로 고려할 수 있는가? 이렇게 혼동할 수 있지만, 이 경우 0의 의미는 최초 첫 번째 구매 이후 한 번도 구매를 안한 것을 의미한다. 즉, 최초 첫 번째 구매 이후 구매를 전혀 하지 않은 경우로, 첫 번째 구매 이후 38.86주(약 9개월) 동안 이 점포에서 구매를 한 번도 안 한 고객으로 이해할 수 있다. 이 원본 데이터를 확인해 보면 이와 같이 최초 1회의 구매만 한 경우가 상당히 많음을 알 수 있다. 고객 ID가 0017인 고객이 이 데이터의 첫 번째 시점(총 거래 기간이 38.86주로 가장 길기 때문에)에 고객이 된 고객 중 가장 많은 구매를 했고, 구매 빈도 10번, 최초 1회 구매까지 포함하면 11번의 구매를 했음을 알 수 있다.

두 번째 컬럼, t_x는 최근 거래 시점이 언제인지를 이해할 수 있다. ID가 0001인 고객의 세 번째 컬럼과 네 번째 컬럼을 바탕으로 최근 구매 시점은 총 거래 기간 38.86주 중 최근 구매는 30.43주임을 알 수 있으며, 현재 시점 기준 8.43주 전 구매 이후 현재까지 구매가 이루어지지 않았다고 해석할 수 있다. 즉, 최근 거래 시점은 첫 번째 최초 구매 이후로 거래가 이루어진 시간을 의미한다. 따라서 30.43주의 의미는 전체 거래 기간 38.86주 중에서 30.43주 시점, 현재 시점 기준으로 약한 8(8.43)주 전에 마지막 구매를 한 것으로 해석할 수 있다. 다음으로, ID가 0002인 고객은 1.71, 즉 최초 구매 이후 첫 번째 주와 두 번째 주 사이 대략 목요일 정도에 마지막 구매를 한 이후 현재 시점까지 37주간 다시는 구매를 하지 않은 경우가 된다. ID 0001 고객은 30.43주 이후 약 8주라는 상당한 기간 동안 구매를 안 한 상황이고, ID 0002 고객은 1.71주 이후 약 37주간 구매를 하지 않은 상황이다. 또 다른 예로, ID가 0008인 고객은 구매 빈도가 0으로, 의미는 최초 첫 번째 구매를 하고 이후에는 구매를 하지 않았기 때문에 최초 구매 시점과 마지막 구매 시점이 같으며, t_x는 최초 구매 시점인 0이 된다. 즉, 38.86기간 동안 최초 구매 외 추가 구매를 전혀 하지 않은 상황으로 이해할 수 있다.

다음의 컬럼 T는 전체 총 거래 기간을 의미하고, 앞서 설명한 바와 같이 첫 번째 최초 거래 이후부터 현재까지의 총 기간으로 정의된다. ID 0001 고객부터 ID 0018 고객까지 모두 총 거래 기간이 38.86주로 동일하다는 것은 이들 고객이 모두 동일 시점에 최초의 첫 번째 거래가 있었음을 의미한다. 따라서 다음의 ID 0019, 0020 고객은 다음 시점에 최초 거래, 즉 이 점포의 고객이 되었음을 알 수 있다. 따라서 T라는 시점을 기준으로 역산을 한다면, 원본 데이터의 최초 기준점은 첫 번째 고객이 최초로 구매한 시점에 해당하는 그룹으로, ID 0019 고객은 이후 두 번째 구매 시점의 고객으로 이해할 수 있다. 이를 코호트 개념으로 이해한다면 ID 0001 고객부터 ID 0018 고객까지 18명의 고객은 동일한 코호트 집단이고, ID 0019 고객부터 ID 0040 고객까지 22명의 고객은 다음 시점의 코호트 집단이 된다. 38.71주라는 형태는 고객의 현재 시점까지 총 거래 기간이 38.71이며, 최초 구매 시점이 늦으면 늦을수록 총 거래 기간, 즉 T값은 작아지게 된다. 샘플 데이터 Excel 파일의 각 고객들의 원본 데이터를 통해 각 고객의 구매 기록에 대한 해석을 연습해 보기 바란다.

다음의 각 그림들은 Excel 실습 파일의 두 번째 Sheet인 BG/NBD Estimation Sheet의 주요 추정 과정, 즉 추정에 필요한 다양한 함수의 정의와 표현식을 순서대로 간략히 요약하여 제시한 것이다. 고객 행동 확률 모형의 우도 함수, 정확히는 로그우도 함수를 4가지 요소, LN(A_1), LN(A_2), LN(A_3), LN(A_4)로 분리하여 각각의 그림에서 표시된 바와 같이 Excel의 함수 표현 수식으로 변환하였다. 여기서 LN( )은 Excel에서 자연로그 함수를 의미하며, 일반적으로 로그 함수는 계산이 복잡한 곱셈을 덧셈으로 변화시켜 계산을 단순화시킬 수 있기 때문에 최대우도 함수 추정 시 로그 함수를 활용하여 로그우도 함수의 최대값을 추정하는 방법을 사용한다. LN(A_1), LN(A_2), LN(A_3), LN(A_4)에 해당하는 4가지 요소를 구체적으로 살펴보자.

LN(A_1)과 LN(A_2)의 경우, 로그우도 함수에 포함된 Excel의 감마로그 함수(GAMMALN)와 구매 빈도값을 공통으로 활용하며, LN(A_1)은 모수 γ와 모수 α를 포함하는 반면, LN(A_2)는 모수 a와 모수 b 포함한다. LN(A_1)은 구체적으로 모수 γ를 의미하는 B열의 첫 번째 행 B1과 ID 0001 고객의 구매 빈도 x에 해당하는 B8의 합의 감마로그 함수값과 모수 γ인 B1과 모수 α인 B2의 로그값의 합에서 모수 γ인 B1 자체의 감마로그 함수값의 차로 계산한다.

	A	B	C	D	E	F	G	H	I	J
1	r	1.000								
2	alpha	1.000								
3	a	1.000								
4	b	1.000								
5	LL	-13887.7								
6										
7	ID	x	t_x	T	ln(.)	ln(A_1)	ln(A_2)	ln(A_3)	ln(A_4)	
8	0001	2	30.43	38.86	-10.7584	=GAMMALN(B$1+B8)-GAMMALN(B$1)+B$1*LN(B$2)				
9	0002	1	1.71	38.86	-2.6856	0.0000	-0.6931	-7.3706	-1.9971	
10	0003	0	0.00	38.86	-3.6853	0.0000	0.0000	-3.6853	0.0000	

[그림 5-4] LN(A_1) 함수의 정의

LN(A_2)는 구체적으로 모수 a를 의미하는 B열의 세 번째 행 B3값, 모수 b를 의미하는 B열의 네 번째 행 B4값의 합의 감마로그 함수값과 모수 b인 B4와 ID 0001 고객의 구매 빈도 x에 해당하는 B8의 합의 감마로그 함수값 그리고 모수 b인 B4 자체의 감마로그 함수값의 총합에서 모수 a인 B3, 모수 b인 B4 그리고 구매 빈도 B8의 합의 감마로그 함수값의 차로 요소의 값을 계산한다.

	A	B	C	D	E	F	G	H	I	J	K	L	M	N
1	r	1.000												
2	alpha	1.000												
3	a	1.000												
4	b	1.000												
5	LL	-13887.7												
6														
7	ID	x	t_x	T	ln(.)	ln(A_1)	ln(A_2)	ln(A_3)	ln(A_4)					
8	0001	2	30.43	38.86	-10.7584	0.6931	=GAMMALN(B$3+B$4)+GAMMALN(B$4+B8)-GAMMALN(B$4)-GAMMALN(B$3+B$4+B8)							
9	0002	1	1.71	38.86	-2.6856	0.0000	-0.6931	-7.3706	-1.9971					
10	0003	0	0.00	38.86	-3.6853	0.0000	0.0000	-3.6853	0.0000					
11	0004	0	0.00	38.86	-3.6853	0.0000	0.0000	-3.6853	0.0000					

[그림 5-5] LN(A_2) 함수의 정의

LN(A_3)의 경우, Excel 함수 수식을 해석하면 다음과 같다. 모수 γ을 의미하는 B열의 첫 번째 행 B1값과 ID 0001 고객의 구매 빈도 x에 해당하는 B8의 합과 모수 α를 의미하는 B열의 두 번째 행 B2값과 ID 0001 고객의 현재까지의 전체 거래 기간 T에 해당하는 D8의 로그 함수값의 곱을 수식으로 표현한 것이다.

	A	B	C	D	E	F	G	H	I	J
1	r	1.000								
2	alpha	1.000								
3	a	1.000								
4	b	1.000								
5	LL	-13887.7								
6										
7	ID	x	t_x	T	ln(.)	ln(A_1)	ln(A_2)	ln(A_3)	ln(A_4)	
8	0001	2	30.43	38.86	-10.7584	0.6931	-1.0986	=-(B$1+B8)*LN(B$2+D8)		
9	0002	1	1.71	38.86	-2.6856	0.0000	-0.6931	-7.3706	-1.9971	
10	0003	0	0.00	38.86	-3.6853	0.0000	0.0000	-3.6853	0.0000	
11	0004	0	0.00	38.86	-3.6853	0.0000	0.0000	-3.6853	0.0000	
	0005	0	0.00	38.86	-3.6853	0.0000	0.0000	-3.6853	0.0000	

[그림 5-6] LN(A_3) 함수의 정의

LN(A_4)의 경우, ID 0001 고객의 구매 빈도 x에 해당하는 B8이 0보다 작거나 같은 경우는 0으로, 그렇지 않고 구매 빈도가 0보다 큰 경우, 즉 2번 이상의 구매를 한 경우, 모수 a를 의미하는 B열의 세 번째 B3의 로그 함수값, 모수 b와 ID 0001 고객의 구매 빈도 x에 해당하는 B8에서 1을 뺀 값의 로그 함수값, 모수 γ를 의미하는 B열의 첫 번째 행 B1값과 ID 0001 고객의 구매 빈도 x에 해당하는 B8의 합과 α를 의미하는 B열의 두 번째 행 B2값과 ID 0001 고객의 최근 거래 시점 t에 해당하는 C8의 로그 함수값의 곱의 차를 수식으로 표현한 것이다.

	A	B	C	D	E	F	G	H	I	J	K	L	M	N	O
1	r	1.000													
2	alpha	1.000													
3	a	1.000													
4	b	1.000													
5	LL	-13887.7													
6															
7	ID	x	t_x	T	ln(.)	ln(A_1)	ln(A_2)	ln(A_3)	ln(A_4)						
8	0001	2	30.43	38.86	-10.7584	0.6931	-1.0986	-11.0559	=IF(B8>0,LN(B$3)-LN(B$4+B8-1)-(B$1+B8)*LN(B$2+C8),0)						
9	0002	1	1.71	38.86	-2.6856	0.0000	-0.6931	-7.3706	-1.9971						
10	0003	0	0.00	38.86	-3.6853	0.0000	0.0000	-3.6853	0.0000						
11	0004	0	0.00	38.86	-3.6853	0.0000	0.0000	-3.6853	0.0000						
12	0005	0	0.00	38.86	-3.6853	0.0000	0.0000	-3.6853	0.0000						

[그림 5-7] LN(A_4) 함수의 정의

비록 4가지 요소의 구체적 함수식을 알아보았지만, 각 요소의 함수식 추정 과정과 추정 방법에 대한 이해는 이 책의 목적 범위를 벗어난다. 따라서 이들 추정 요소들을 바탕으로 앞으로 기대 구매값, 기대 구매 빈도를 추정한다는 정도의 사실만을 이해하도록 하자. 각 요소의 구체적 추정 과정을 이해하고 싶은 독자는 Fader, Hardie와 Lee (2005), 송태호, 김상용, 이장혁(2009) 등의 연구 논문들을 참고하기 바란다.

LN(A_1), LN(A_2), LN(A_3), LN(A_4)의 4가지 요소가 모두 추정되면 이를 바탕으로 각 ID의 개별 로그우도 함수값(Likelihood, LN(.))이 E열의 8번째 행부터 자동으로 계산된다. 이 개별 로그 함수값은 LN(A_1), LN(A_2), LN(A_3), LN(A_4)인, F열, G열, H열, I열의 값으로 추정된 로그우도 함수값의 구조에 따라 자동으로 계산된다. 이때 구매 빈도가 0이어서 LN(A_4)에 조건문이 포함된다는 점을 고려하자. 모수 추정 과정의 이해를 위해 중요한 부분은 지금까지 설명한 E열부터 I열까지 각각의 셀의 함수 표현에 대한 이해보다는 이 세부 요소들을 활용해서 현재의 샘플 데이터가 아닌 다른 독자적 데이터에도 적용하기 위해 A열부터 D열까지, 그리고 8행부터 그 이후의 데이터의 크기에 따라 결정될 최종 행까지 데이터를 대치하여 동일한 함수 표현식을 반복적으로 적용하여 모수 추정을 위한 Excel 파일을 구성할 수 있는 능력을 키우는 것이다. 새로운 데이터에 맞는 모수 추정을 위한 Excel 파일을 구성할 수 있다면 이를 바탕으로 각 고객의 기대 빈도값, 미래 구매 빈도 등을 손쉽게 추정할 수 있다.

ID	x	t_x	T	ln(.)	ln(A_1)	ln(A_2)	ln(A_3)	ln(A_4)
0001	2	30.43	38.86	=F8+G8+LN(EXP(H8)+(B8>0)*EXP(I8))				-11.0363
0002	1	1.71	38.86	-2.6856	0.0000	-0.6931	-7.3706	-1.9971
0003	0	0.00	38.86	-3.6853	0.0000	0.0000	-3.6853	0.0000
0004	0	0.00	38.86	-3.6853	0.0000	0.0000	-3.6853	0.0000
0005	0	0.00	38.86	-3.6853	0.0000	0.0000	-3.6853	0.0000
0006	7	29.43	38.86	-22.2311	8.5252	-2.0794	-29.4824	-29.2690
0007	1	5.00	38.86	-4.2543	0.0000	-0.6931	-7.3706	-3.5835

[그림 5-8] 로그우도(Log likelihood) 함수값 정의

지금까지 설명한 바와 같이, 각 ID의 개별 로그우도 함수값이 계산되면 전체 2,357명의 개별 로그우도 함수값의 총합이 B5열(LL, Loglikelihood)에 자동으로 계산된다. 이 경우, E8에서 E2364까지 값의 총합이 되고, 이 값을 최종 추정값으로 활용한다. 현재 최대 로그우도 함수값인 B5의 값은 4개 모수, 즉 모수 γ, 모수 α, 모수 a, 모수 b에 해당하는 B1~B4의 현재 값에 의해 결정된다. 만약 B1~B4의 값이 변경되면 자동으로 모든 LN(A_1), LN(A_2), LN(A_3), LN(A_4)값들이 자동으로 수정되고 LL(.)값들이 자동으로 수정되어, 결국 LL값이 B5값이 변경된 B1~B4의 값에 따라 자동 계산되어 변경되게 된다. 따라서 최대 로그우도 방법으로 이들 4개의 모수를 추정하기 위해 각 모수의 값을 다양하게 특정한 방식으로 변경하면서 각 모수 상태의 로그우도 함수값이 최대가 되도록 만드는 방식을 취한다. 이와 같은 방식을 수치 시뮬레이션(Numerical Simulation)이라고 한다.

	A	B	C	D	E	F	G	H	I
1	r	1.000							
2	alpha	1.000							
3	a	1.000							
4	b	1.000							
5	LL	=SUM(E8:E2364)							
6									
7	ID	x	t_x	T	ln(.)	ln(A_1)	ln(A_2)	ln(A_3)	ln(A_4)
8	0001	2	30.43	38.86	-10.7584	0.6931	-1.0986	-11.0559	-11.0363
9	0002	1	1.71	38.86	-2.6856	0.0000	-0.6931	-7.3706	-1.9971
10	0003	0	0.00	38.86	-3.6853	0.0000	0.0000	-3.6853	0.0000
11	0004	0	0.00	38.86	-3.6853	0.0000	0.0000	-3.6853	0.0000
12	0005	0	0.00	38.86	-3.6853	0.0000	0.0000	-3.6853	0.0000
13	0006	7	29.43	38.86	-22.2311	8.5252	-2.0794	-29.4824	-29.2690
14	0007	1	5.00	38.86	-4.2543	0.0000	-0.6931	-7.3706	-3.5835
15	0008	0	0.00	38.86	-3.6853	0.0000	0.0000	-3.6853	0.0000
16	0009	2	35.71	38.86	-10.9669	0.6931	-1.0986	-11.0559	-11.5026
17	0010	0	0.00	38.86	-3.6853	0.0000	0.0000	-3.6853	0.0000
18	0011	5	24.43	38.86	-17.7384	4.7875	-1.7918	-22.1118	-21.0247
19	0012	0	0.00	38.86	-3.6853	0.0000	0.0000	-3.6853	0.0000
20	0013	0	0.00	38.86	-3.6853	0.0000	0.0000	-3.6853	0.0000
21	0014	0	0.00	38.86	-3.6853	0.0000	0.0000	-3.6853	0.0000

[그림 5-9] 최대우도법으로 모수 추정

앞서 설명한 바와 같이 BG/NBD Estimation Sheet에 구현된 각 세부 Cell의 함수 수식은 별도의 수정이 필요하지 않고, 상황에 맞게 복사하여 활용하여도 충분히 모형 추정이 가능하다. 새로운 데이터를 적용하여 모형을 추정하고자 하는 경우, 데이터 부분만 변경하면 변경된 데이터에 따라 (로그) 우도값은 자동으로 변경된다. B8에서 D2358까지 데이터 부분의 셀, 즉 x, t_x, T에 해당하는 컬럼의 데이터를 새로운 데이터로 변경하면, 각각의 (로그) 우도값이 포함된 컬럼 E, F, G, H, I 컬럼의 값들은 자동으로 수정된다. 물론 모형 추정에 활용되지 않는 A8에서 A2358 셀, ID 컬럼도 변경할 수 있다. 만약 데이터의 수가 더 적은 경우라면 해당 데이터 수 외의 행들은 삭제하면 되고, 데이터 수가 더 많은 경우라면 데이터가 추가되는 과정에 새로운 행이 추가되어 새롭게 추가된 행의 E, F, G, H, I 컬럼이 공백으로 표시된다. 따라서 이 공백 부분을 공백 부분의 첫 행의 E, F, G, H, I 내용을 복사함으로써 자동으로 각각의 (로그) 우도값이 계산된 컬럼이 생성되게 할 수 있다. 데이터의 변경에 따라 1번, 2번, 3번, 4번, 5번까지의 행 역시 자동으로 변경이 된다. 물론 5번 행의 B5의 수식의 경우, 만약 데이터가 더 많아 새롭게 행들이 추가된 경우, 함수값 적용의 범위를 새롭게 추가된 행의 마지막 행까지 적용하게 변경해야 한다.

Excel에서 수치 시뮬레이션을 위해 Solver(해찾기) 기능을 활용한다. Excel Solver는 특정 목표를 만족하는 조건을 찾기 위해 사용한다. 해찾기 기능을 사용하면 여러 변수를 변경하여 특정 목표를 만족하는 최적의 조건과 특정 목표값을 찾을 수 있다. 예를 들어, "매출액이 5~10% 사이로 변하고 원가가 10~15% 범위에서 변할 때 영업 이익을 최대로 하려면 매출액과 인건비가 서로 몇 %씩 증가해야 하는지" 등의

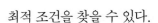

최적 조건을 찾을 수 있다.

만약 데이터 메뉴의 분석 탭에 "해찾기" 메뉴가 없다면 다음의 과정을 거쳐 해찾기 기능을 활성화시켜야 한다.

[그림 5-10] Excel Solver(해찾기) 메뉴 위치

Excel Solver(해찾기) 기능은 옵션 사항으로, 별도로 옵션 설치 또는 활성화하는 다음의 과정을 거쳐야 정상적으로 활용할 수 있다. 먼저, [그림 5-11]과 같이 메인 메뉴 가장 아래의 "옵션" 메뉴를 선택하면, "Excel 옵션" 윈도우가 나타난다. 이 윈도우에서 "추가 기능" 메뉴를 선택한 후, 가장 아래의 "관리" 선택 메뉴에서 "Excel 추가 기능"을 선택

[그림 5-11] Excel Solver(해찾기) 기능 활성화 과정 1

한 후 "이동"을 선택하면 "추가 기능" 윈도우가 나타나고, 여기서 "해찾기 추가 기능"을 활성화(체크)시킨 후 "확인"을 선택하면 Excel에 새롭게 "해찾기" 기능이 추가된다. Excel의 "해찾기" 기능이 추가되었다면 이제 본격적으로 수치 시뮬레이션을 진행할 수 있다.

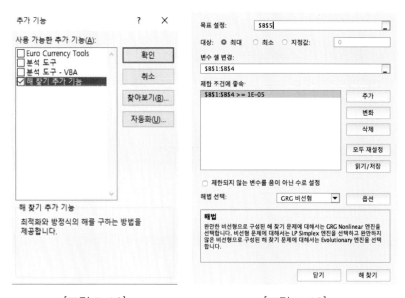

[그림 5-12]
Excel Solver(해찾기) 기능
활성화 과정 2

[그림 5-13]
Excel Solver(해찾기)
설정 화면

Excel Solver를 이용한 수치 시뮬레이션을 위해 먼저 목표값을 결정해야 한다. 앞서 현재의 고객 행동 확률 모형의 4가지 모수를 MLE(Maximum Likelihood Estimation, 최대우도 추정) 방법에 따라 추정하기 때문에 목표값은 전체 로그우도 함수의 합계인 B5열이 되며, 이 목표 대상값을 최대(최대우도 추정)로 하는 조건을 찾기 위한 시뮬레이션이 진행될 것이다. Excel Solver의 실질적 과정은 이 목표 대상값의 조건을 여러 가지 변화에 따라 찾아가는 것으로, 사실상 무작위 또는 일정의 방향성이 있는 변수 변화에 따라 목표값의 변화를 추적해서 적정한 수준에서 그 목표 달성 여부를 결정하는 것이다. 현재의 고객 행동 확률 모형의 예에서는 B1 셀에서 B4 셀까지의 값을 다양한 값으로 무작위 또는 적정한 방향에 따라 계속 변경함으로써 변경되는 값들 중에서 B5 셀의 값을 가장 크게 하는 B1, B2, B3, B4의 조건, 즉 값을 찾아내는 것으로 이해할 수 있다. 물론 여기서 제한 조건(constraints)이 존재하는데, 4가지 모수의 기본적 특성으로 4가지 모수 모두 양수라는 것이다. 즉, 다양한 값으로 이들 모수값들(B1, B2, B3, B4)의 값을 변경할 수 있지만, 모두 양수로만 변경하도록 하는 것이다. 하지만 조건의 표현에서 양수, 즉 0보다 크다는 조건을 표시할 수 없기 때문에 유사한 형태로 0.001보다 크다는 조건으로 이 제한 조건을 표시하고 있다. 따라서 현재 고객 행동 확률 모형의 추정을 위해서 먼저 목표 셀(B5)을 결정하여 지정하고 이 목표 셀의 목표가 최대값을 찾으려는 것인지 아니면 최소값을 찾으려는 것인지 상황에 맞게 결정한 뒤, "변수 셀 변경(changing cell)"에서 변경을 원하는 셀들을 결정하여 지정한다. 마지막으로, 변수 셀 변경이 되는 셀에 변경 과정에서 특별한 제한 조건이 있는 경우 이를 "제한 조건에 종속"(Constraints)에 지정해 준다. 이렇게 주요 요소들을 지정한 후 Excel Solver의 해찾기 기능을 실행하면 다음과 같은 결과를 확인할 수 있다.

	A	B	C	D	E	F	G	H	I
1	r	0.243							
2	alpha	4.414							
3	a	0.793							
4	b	2.426							
5	LL	-9582.4							
6									
7	ID	x	t_x	T	ln(.)	ln(A_1)	ln(A_2)	ln(A_3)	ln(A_4)
8	0001	2	30.43	38.86	-9.4596	-0.8390	-0.4910	-8.4489	-9.4265
9	0002	1	1.71	38.86	-4.4711	-1.0562	-0.2828	-4.6814	-3.3709
10	0003	0	0.00	38.86	-0.5538	0.3602	0.0000	-0.9140	0.0000
11	0004	0	0.00	38.86	-0.5538	0.3602	0.0000	-0.9140	0.0000
12	0005	0	0.00	38.86	-0.5538	0.3602	0.0000	-0.9140	0.0000
13	0006	7	29.43	38.86	-21.8644	6.0784	-1.0999	-27.2863	-27.8696
14	0007	1	5.00	38.86	-4.8651	-1.0562	-0.2828	-4.6814	-3.9043

[그림 5-14] Excel Solver를 활용한 모수 추정 결과

앞의 초기 조건, 즉 모수 γ, 모수 α, 모수 a, 모수 b에 해당하는 B1~B4의 초기 값 1에서 시작하여 Solver에 의해 B1~B4의 셀에 다양한 값을 대입해 본 결과 LL, 즉 로그우도 함수값에 해당하는 B5 셀의 값이 최대가 되는 조건은 모수 γ은 0.243, 모수 α는 4.414, 모수 a는 0.793, 모수 b는 2.426이고 이때 LL의 최대값은 -9582.4가 된다. 여기서 로그우도 함수값이 음수이기 때문에 절대값이 작으면 작을수록 최대값이 된다. 추정된 모수를 통해 고객 행동의 분포, 즉 구매 빈도와 구매 기간의 분포를 좀 더 자세히 알 수 있다. 하지만 이는 이 책의 범위를 벗어나기 때문에 다음 기회에 설명하도록 한다. 하지만 감마 분포와 베타 분포의 특성을 알고 있는 경우, 모수에 의해 결정되는 분포의 형태로 고객 행동의 특성을 추정할 수 있을 것이다. 최대우도법에 의해 추정된 모수값을 바탕으로 고객의 기대 빈도를 예측할 수 있다. 추정된 모수, 행동 모수를 바탕으로 미래 고객의 행동을 예측한다. 제공된 실습 Excel 파일의 다음 시트인 E{X(t)}에서는, 추정된 4개의 모수를 입력하면 미래의 특정 시점 t 각각에 따른 평균 기대 구매 빈도를 추정할 수 있다. 모수 γ는 0.243, 모수 α는 4.414, 모수 a는 0.793, 모

수 b는 2.426를 E{X(t)} 시트의 B1~B4 셀에 입력하면 각 미래 시점 t에서 평균 구매 빈도가 자동으로 계산된다. 예를 들어, 첫 번째 미래 시점(t=0.1429)인 1일 뒤에는 0.0078회의 구매를 기대할 수 있다. 두 번째 미래 시점(t=0.2857)인 2일 뒤에는 0.0156회의 구매를 기대할 수 있다. 상대적으로 기대 구매 횟수가 작은 것은 구매 기간이 매우 짧은 일 단위로 추정을 했기 때문이다. 이 분석의 기본 시간 단위인 1주일 뒤의 시점(t=1.000)에서의 기대 구매 횟수는 0.053회이고, 이는 일주일에 평균적으로 고객들의 기대 구매 빈도는 0.053임을 의미한다. 2주 뒤에는 2배인 0.10회의 기대 구매 빈도가 추정되고, 이를 역산하면 약 20주에 1회 정도의 구매를 한다고 이해할 수 있다. 왜냐하면 2주에 0.1회를 구매하니까, 반대로 생각하면 20주에 1회를 구매할 수 있다는 것이다. 현재의 데이터를 바탕으로 해서 추정한 결과로는 앞으로 미래 고객에 대해 평균적으로 20주에 1회의 구매를 기대할 수 있다. 하지만 실제 실습 Excel 파일에서 20주 뒤의 기대 구매 빈도는 약 0.7437로 나타나고, 실제 1회의 기대 구매 빈도를 기대할 수 있는 미래 기간은 30주 정도임을 확인할 수 있다. 이는 기대 구매 빈도가 시간에 대한 선형의 관계가 아닌 비선형의 관계임을 알 수 있다.

E{X(t)} 시트에서 계산되는 평균 미래 구매 기대 빈도는 구매 빈도 x는 0, 최근 구매 시점 t_x는 0, 그리고 총 거래 기간 T도 0인 상태에서 고객별 조건의 차이를 고려하지 않은 순수 미래 구매 기대 빈도를 의미한다. 따라서 이 순수 미래 구매 빈도로 고객 생애 가치를 추정하는 것은 불가능하다. 따라서 고객별 조건의 차이를 고려한 특정 미래 시점까지의 미래 구매 기대 빈도의 추정이 필요하며, 이는 실습 Excel 파일의 Conditional Expectation 시트에서 계산할 수 있다. 이전과 동일

▲	A	B	C	D	E	F	G	H
1	r	0.243						
2	alpha	4.414						
3	a	0.793						
4	b	2.426						
5						Terms of 2F1		
6	t	E[X(t)]	2F1	z	0	1	2	
7	0.1429	0.0078	1.008493	0.0314	1	0.008316	0.000172	4.24E
8	0.2857	0.0156	1.016807	0.0608	1	0.016126	0.000648	3.09E
9	0.4286	0.0232	1.024953	0.0885	1	0.023476	0.001374	9.54E
10	0.5714	0.0308	1.032938	0.1146	1	0.030404	0.002305	0.000:
11	0.7143	0.0383	1.040771	0.1393	1	0.036946	0.003403	0.000:
12	0.8571	0.0458	1.048458	0.1626	1	0.043133	0.004638	0.000:
13	1.0000	0.0532	1.056007	0.1847	1	0.048994	0.005985	0.000:
14	1.1429	0.0605	1.063424	0.2057	1	0.054554	0.00742	0.001
15	1.2857	0.0678	1.070715	0.2256	1	0.059835	0.008926	0.001:
16	1.4286	0.0750	1.077885	0.2445	1	0.064858	0.010487	0.002(
17	1.5714	0.0821	1.084938	0.2626	1	0.06964	0.012091	0.002:
18	1.7143	0.0892	1.091881	0.2798	1	0.0742	0.013726	0.003(
19	1.8571	0.0963	1.098717	0.2962	1	0.078552	0.015384	0.003!
20	2.0000	0.1032	1.105451	0.3118	1	0.08271	0.017056	0.004:
21	2.1429	0.1102	1.112086	0.3268	1	0.086687	0.018735	0.004:

[그림 5-15] 평균 미래 구매 기대 빈도

하게 먼저 상단의 B1~B4 셀에 추정된 4개의 모수값을 입력한다. 다음으로, 앞서 고객 데이터에서 추정하고자 하는 고객을 선택하여 해당 고객의 구매 데이터를 B6, B7, B8 셀에 각각 x, t_x, T에 해당하는 데이터값을 입력한다. 마지막으로, B9 셀에 추정하고자 하는 미래 기간을 입력한다. 앞의 E{X(t)} 시트 설명에서와 같이 1주인 경우 1, 1일인 경우 0.1429의 값을 입력한다. 다음의 두 예는 ID 0001인 고객과 ID 0002인 고객의 향후 1일간의 미래 구매 기대 빈도를 추정한 것이다. ID 0001인 고객의 경우 1일간의 미래 구매 기대 빈도는 0.0054회이고, ID 0002인 고객의 경우 같은 기간의 미래 구매 기대 빈도는 0.0009회로 추정되었다.

	A	B	C	D	E
1	r	0.243		2F1	1.007787
2	alpha	4.414		a	2.243
3	a	0.793		b	4.426
4	b	2.426		c	4.219
5				z	0.003291
6	x	2		Terms	
7	t_x	30.43		0	1
8	T	38.86		1	0.007744
9	t	0.1429		2	4.3E-05
10				3	2.07E-07
11	E(Y(t)|X=x,t_x,T)		0.0054	4	9.17E-10
12				5	3.86E-12
13				6	1.57E-14
14				7	6.21E-17
15				8	2.4E-19
16				9	9.15E-22
17				10	3.44E-24
18				11	1.28E-26
19				12	4.71E-29
20				13	1.72E-31
21				14	6.23E-34

	A	B	C	D	E
1	r	0.243		2F1	1.00437
2	alpha	4.414		a	1.243
3	a	0.793		b	3.426
4	b	2.426		c	3.219
5				z	0.003291
6	x	1		Terms	
7	t_x	1.71		0	1
8	T	38.86		1	0.004353
9	t	0.1429		2	1.69E-05
10				3	6.23E-08
11	E(Y(t)|X=x,t_x,T)		0.0009	4	2.25E-10
12				5	7.98E-13
13				6	2.8E-15
14				7	9.76E-18
15				8	3.38E-20
16				9	1.16E-22
17				10	3.98E-25
18				11	1.36E-27
19				12	4.64E-30
20				13	1.58E-32
21				14	5.35E-35

[그림 5-16]　　　　　　　　　　　　[그림 5-17]
1번 고객(ID 0001)의　　　　　　　　2번 고객(ID 0002)의
미래 구매 기대 빈도　　　　　　　　미래 구매 기대 빈도

　　유사하게 다른 고객들의 미래 구매 기대 빈도를 추정하고자 하는 경우, 해당 고객의 거래 데이터를 입력하고 추정하고자 하는 미래 기간을 적절히 입력하면 각 고객의 특정 시점까지의 미래 거래 구매 빈도를 추정할 수 있다.

　　이렇게 추정된 각 고객의 미래 구매 빈도에 고객 구매의 금전적 가치(Monetary Value)를 곱하게 되면 고객 생애 가치에 근접한 지표를 추정할 수 있다. 즉, 고객 i의 구매에 대한 수익(Margin)을 M_i, 앞서 고객 생존 확률인 P(active)를 통해 추정된 고객의 미래 구매 빈도를 $Y(t \parallel T)$라고 하면 고객 i의 특정 시점에서의 가치는 $Y(t \parallel T) \times M_i$가 된다. 특정 시점에서의 고객의 금전적 가치를 추정할 수 있다면, 이를 고객의 미래 생애 기간 또는 거래 기간 동안의 총합으로 고객 생애 가치를 추정

한다. 고객의 미래 생애 기간을 추정하기 위해서는 고객이 언제까지 고객으로 남을 것인지(Active) 또는 언제 이탈할 것인지에 대한 정보가 필요하다. 이를 위해 고객의 이탈에 대한 기준을 이탈 확률을 바탕으로 결정할 필요가 있다. 예를 들어, 이탈 확률 0.5(50%)를 고객 이탈의 기준으로 정한다면, 이탈 확률이 50%인 경우 고객 행동 확률 모형으로 추정된 생존 확률이 0.5 미만인 고객은 더 이상 고객이 아닌 것으로 간주할 수 있으며, 또한 현재의 구매 데이터가 동일하게 유지된다면 앞으로 언제 해당 고객이 이탈할 것인지도 예측할 수도 있다. 따라서 최종적으로는 고객 이탈 직전까지 미래의 최종 거래 기간을 예측할 수 있고, 이를 바탕으로 해당 고객의 최종 고객 생애 가치를 추정하게 된다.

앞서 가정한 바와 같이, 고객의 평균 구매 수익(M_i)과 예측된 고객의 생애 기간 동안 할인된(Discounted) 예상 구매 수익의 총합과 해당 기간 동안 미래 구매 빈도의 곱은 결국 고객 생애 가치 부분으로 추정되게 된다. 물론 현재의 설명이 지나치게 현실을 단순화한 면이 존재하지만, 고객 행동 확률 모형을 바탕으로 한 고객 생애 가치 추정 과정의 개념적 이해에는 부족하지 않다. 하지만 실질적인 고객 생애 가치 측정을 위해서는 산업의 특성, 데이터 가용성(Availability) 그리고 모형과 분석의 전문성에 따라 좀 더 현실적 모형의 활용이 필요하다. 요약하면, 기본적으로 주어진 어떤 미래 기간 동안 예상되는 구매 빈도 ($Y(t \parallel T)$)와 그 기간 동안 구매가 된다면 각 구매마다 평균 수익(M_i)의 할인된 총합의 곱으로 부분 고객 생애 가치(pCLV)로 이해할 수 있다. 이 부분 고객 생애 가치를 바탕으로 해서 주어진 t 기간, 또는 어떤 고객이 이탈하지 않고 고객으로 존재하는 기간 동안의 총합이 최종적인 고객 생애 가치(CLV)로, 다음과 같이 측정된다.

$$pCLV_T(t) = E(Y(t)|T) \times \sum_0^x \left(\frac{M_i}{x+1} \right)$$

→ M_i: 특정 고객의 $(i+1)$번째 구매에서의 기업 마진

$$CLV = \sum_{i=1}^{\infty} pCLV(t_i)$$

→ $t_1 = \Delta t$

→ $t_{i+1} = t_i + \Delta t$

P(active) 기반 고객 생애 가치(CLV)의 추정

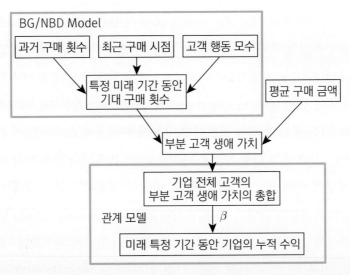

[그림 5-18] P(active) 기반 고객 생애 가치의 총합과 기업의 누적 수익 비교

마지막으로, 각 고객의 고객 생애 가치 총합을 바탕으로 해서 미래 특정 기간 동안의 기업 누적 순익과 비교해 볼 수 있다. 각 고객의 고객 생애 가치 총합은 일반적으로 고객 자산(Customer Equity: CE)으로 볼 수 있지만, 정의상 다소 차이가 있어 명확한 고객 자산에 대한 설명

은 다음 장에서 자세히 하기로 하고 여기서는 단순히 고객 생애 가치의 총합으로 이해하도록 하자. 기업의 수익과 고객 생애 가치 총합을 비교하는 프레임을 간단히 살펴보자. 일단 지금까지 중점적으로 설명한 BG/NBD 모형과 고객의 평균 구매 금액을 바탕으로 추정된 부분적인 고객의 생애 가치, 그리고 이를 바탕으로 기업의 전체 고객들에 대한 각 부분 시점별로의 고객 생애 가치 총합을 추정해 왔다. 이렇게 추정된 모든 고객의 미래 생애 가치의 총합과 이 기업의 누적 수익을 비교해 봄으로써 측정한 고객 생애 가치 마케팅 성과 지표로서의 가능성을 확인해 볼 수 있다. 이를 위해 고객 생애 가치의 총합과 기업 수익 두 변수를 회귀 분석을 하여 회귀 계수(β)를 활용하여 간단히 비교한다. 회귀 분석의 결과는 추정한 부분 고객 생애 가치와 기업의 누적 수익을 비교함으로써 부분 고객 생애 가치가 마케팅 성과 지표로서 타당한지 확인할 수 있을 것이다.

분석 결과 제시된 그래프를 통해 고객 생애 가치 지표의 타당성을 확인해 볼 수 있다. 그래프에서 점선은 부분 고객 자산이라고 할 수 있

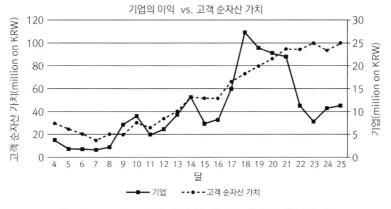

[그림 5-19] 고객 생애 가치 지표의 타당성 확인의 예

는 부분적인 고객 생애 가치 총합을 의미하고, 직선은 기업의 실제 수익을 의미한다. 분석의 대상이 된 기업의 두 지표를 비교한 결과, 이 기업의 고객 생애 가치와 기업의 수익은 전반부 부분에서는 상당히 유사하지만 후반부에서는 상대적으로 상관관계가 높지 않음을 알 수 있다. 그 이유는 분석 대상 기업의 외적 환경 요소가 큰 영향을 주었다. 따라서 비록 고객 생애 가치와 기업의 수익은 서로 높은 관계가 있는 것이 사실이지만, 외적 환경에 따라 그 관계의 정도는 달라질 수 있다는 점도 간과할 수 없다. 하지만 전반적으로는 분석 결과에서 볼 수 있듯이 고객 생애 가치가 기업의 수익성 평가를 위한 사전 지표로서 충분한 역할을 할 수 있음을 알 수 있다.

　이번 장에서는 기본적인 고객 행동의 미래 행동을 확률적 모형을 바탕으로 예측을 하는 과정을 알아보았다. BG/NBD 모형을 통해 P(active), 즉 활동 고객의 확률을 예측하고, 제공된 실습 데이터를 바탕으로 해서 실제 모수 추정, 그리고 Excel Solver를 활용하여 모형의 모수를 추정한 결과를 바탕으로 해서 미래의 구매 기대 빈도를 추정하였다. 미래 구매 기대 빈도와 다소 강한 가정이지만 고객의 평균적인 구매 수익을 활용해서 부분적인 고객 생애 가치 역시 추정하였고, 이를 바탕으로 고객 생애 기간 동안의 고객 생애 가치를 산출하였다. 마지막으로, 특정 기업의 실제 수익과 모든 고객의 고객 생애 가치 총합을 비교함으로써 고객 생애 가치의 마케팅 성과 지표의 가능성도 검토해 보았다. 이 장에서 다룬 고객 생애 가치의 개념과 제공된 실습 데이터와 Excel 파일을 활용하여 실제 비즈니스 상황에 적용해 본다면, 비즈니스 성과와의 비교를 통해 그 차이와 원인을 분석하고 비즈니스 미래 전략에 대한 시사점들을 도출해 낼 수 있을 것이다.

1. 고객 자산 추정 방법과 예시

고객 생애 가치의 개념을 기업 수준의 고객 자산 개념으로 확장시킬 수 있다. 고객 생애 가치의 개념을 이해했다면, 사실 고객 자산의 개념은 상대적으로 간단하다. 다음의 고객 자산 모형을 살펴보자.

$$\text{고객 자산(Customer Equity, CE)} = \sum_{i=1}^{C} CLV_i$$

i: 고객

C: 기업의 모든 고객(현재 고객과 미래 잠재 고객 모두 포함)

CLV_i: 고객 i의 고객 생애 가치

고객 자산 모형이 기술하고 있는 바와 같이, 기업의 모든 고객의 고객 생애 가치 총합을 고객 자산(Customer Equity: CE)이라고 한다. 고객 자산의 추정은 모든 고객을 대상으로 할 수도 있지만, 특별한 목적과 함께 특정 고객 집단을 대상으로 추정할 수도 있다. 여기서 모든 고객은 해당 기업의 현재 고객은 물론 미래 잠재 고객을 모두 포함한다. 사실, 미래 잠재 고객은 미래에 획득될 고객도 포함되지만 이탈될 고객도 함께 반영하게 된다. 정의에 따라 고객 자산은 개념적으로 모든 고객의 관점에서 기업의 경제적 가치를 의미하며 기업의 고객 관계 관리에 대한 노력의 총 결과물로 해석할 수 있다.

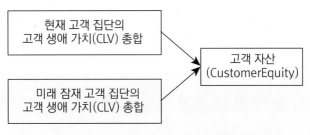

[그림 6-1] 고객 생애 가치와 고객 자산

고객 자산이 고객 생애 가치를 기반으로 추정되기 때문에 평균적 고객 수준에서 수익과 비용을 할당하여 고객의 평균 고객 생애 가치를 계산하고, 평균 고객 생애 가치의 총합을 통해 고객 자산을 추정함으로써 이러한 제약 조건을 완화시킬 수 있다.

고객 자산을 활용하여 경쟁 브랜드 간의 성과를 비교하기 위한 고객 자산 점유율의 활용도 가능하다. 고객 자산 점유율(Customer Equity Share: CES)은 고객 자산의 개념을 시장 점유율 개념에 적용한 지표이다. 고객 자산 점유율은 시장 점유율과 유사하게 분모는 산업 내 모든 브랜드의 고객 자산의 총합이고, 분자는 대상 브랜드의 고객 자산의 비율로 다음과 같이 정의한다.

$$CES_i = \frac{CE_i}{\Sigma_{k=1}^{K} CE_k}$$

i: 대상 브랜드

K: 산업 내 모든 브랜드

CE_i: 브랜드 i의 고객 자산

고객 자산은 기업의 모든 고객의 총 가치를 의미하기 때문에 기업의 주주 가치와 개념적으로 연결될 수 있다. 고객 자산에 영향을 미치는 중요한 요소로 고객 생애 가치의 핵심 요소 외에도 수익성 있는 고객 과 수익성 없는 고객의 비율 등의 다양한 지표들이 고려될 수 있다. 즉, 고객 자산을 증가시키기 위해서는 수익성이 높은 고객의 수를 늘리 는 동시에 수익성이 낮은 고객의 수를 줄이는 것이 중요하기 때문이다.

〈표 6-1〉 5년의 고객 생애 기간 동안 총 고객 자산 추정 예(최초 고객 수 1,000명 기준)

고객 획득 이후 기간 (단위: 년)	고객당 구매액	고객당 제공 원가	고객당 마진	고객당 마케팅 비용	유지율	생존율	예상 고객 수 (최초 고객 수: 1,000명)	고객당 수익	고객 수 수익 현재 가치	총수익 현재 가치
1	100	70	30	20	0.5	0.5	500	10	10	5,000
2	100	70	30	20	0.7	0.35	350	10	8.77	3,070
3	100	70	30	20	0.8	0.280	280	10	7.69	2,153
4	100	70	30	20	0.85	0.238	238	10	6.75	1,607
5	100	70	30	20	0.85	0.202	202	10	5.92	1,196

총 고객 자산(5년의 고객 생애 기간 동안)　　　　　　　　　　13,026

특정 시점에 획득된 1,000명의 고객 집단에 대한 고객 자산을 추정 하는 예를 생각해 보자. 우선, 특정 시점에 획득된 고객 집단의 평균 고객당 판매액과 평균 제공 원가를 차감하여 고객당 마진을 추정할 수 있다. 기간이 경과함에 따라 획득된 고객은 이탈하게 된다. 이탈의 정 도, 이탈률 또는 유지율을 각 기간별로 알고 있다고 가정하자. 예를 들 어, 기간 구분을 연간으로 한다면 획득된 직후 1년간 유지율은 50%이 지만, 2년차 유지율은 70%, 3년차 유지율은 80%, 4년차 유지율은 85%

이다. 이는 연차가 올라갈수록 유지된 고객들은 충성 고객일 가능성이 높아 유지율이 점차적으로 증가하기 때문이다. 이 유지율을 활용하여 획득 시점 이후 각 시점별로 누적 유지율 또는 생존율을 산정할 수 있다. 1년차의 경우 고객 집단은 유지율과 동일하게 생존율은 50%이지만, 획득 2년차 고객 집단은 획득 시점 유지율 70%와 2년차 유지율의 곱인 35%의 누적 유지율을 산정할 수 있다. 획득 3년차 고객 집단은 다시 80%를 곱해서 누적 유지율 28%를 얻을 수 있다. 유지율 또는 생존율을 활용하면 모든 기간별 고객 집단의 누적 각 기간별 기대 고객 수를 쉽게 산정할 수 있다. 최초 획득 시점의 고객 수를 1,000명으로 하여 계산해 보면, 각각 500명, 350명, 280명, 238명, 202명으로 유지 고객 수가 계산된다. 마지막으로, 고객의 평균 수익으로 계산된 기대 가치를 각 시점에 따라 현재 가치화한다. 14% 할인율을 가정할 때, 1년차의 가치는 할인율을 적용할 필요 없이 10, 2년차는 1년의 할인율을 적용하여 $10/(1+0.14)$로 8.77이 되고, 2년차는 2년의 할인율을 적용하여 $1/(1+0.14)^2$로 7.69가 된다. 이를 반복적으로 적용하여 모든 기간의 할인된 현재 가치를 추정할 수 있다. 각 기간의 현재 가치와 고객 수의 곱은 각 기간의 총 가치가 된다. 1년차는 10×500을 해서 5,000, 2년차는 8.77×350을 해서 30,070 등으로 계산된다. 이들의 총합을 통해 총 고객 자산은 13,026으로 추정되게 된다.

마케팅의 핵심 개념인 고객 관계 관리의 개념을 고객 자산까지 발전시킴으로써 마케팅에 대한 중요한 개념적 변화를 만들었다. 현재의 재무제표는 마케팅 활동을 비용의 관점에서 다루고 있다. 하지만 이론적으로나 현실적으로 마케팅 활동은 그 활동을 통해 유형, 무형의 효과를 창출하고 있다. 이를 경제적 가치로 환산한 가치가 고객 자산임을 이해할 수 있다. 따라서 마케팅 활동을 고객 자산에 대한 투자의 개념으로 그 영역을 확장할 수 있는 가능성을 만들었다. 이러한 변화된 관점에 따르면 마케팅 활동을 단순히 기업의 비용적 측면으로 보는 단기적 관점을 넘어 고객 가치 또는 고객 자산을 높이기 위한 장기적 투자 활동으로서 마케팅 활동의 전략적 가치를 평가할 필요가 있다. 마케팅 활동의 회계 재무적 책임성은 다음 장에서 좀 더 자세히 다루도록 하겠다.

고객 자산을 측정하기 위해서는 여러 다양한 방법이 존재한다. 기업에서 가장 일반적으로 떠올릴 수 있는 방법은 기업이 가지고 있는 내부 고객 거래 자료를 직접 활용하는 것이다. 물론 고객 행동을 직접 관찰한 자료이기 때문에 정확성이 높은 장점이 있지만, 오히려 고객 행동을 제한적으로 관찰한 결과로서 한계를 가질 수 있다. 게다가 고객 자산 추정 시 경쟁 관계를 고려할 수 없다는 단점도 있다. 경쟁사의 고객 거래 행동을 관찰할 수 없기 때문이다. 내부 데이터 활용의 한계를 보완하기 위해 설문 조사를 활용하는 방법도 있다. 고객 행동을 직접 관찰한 고객 거래 데이터와 달리 설문 조사는 고객의 의도를 관찰하는 방법이다. 설문 조사가 가지는 단점을 그대로 가지는 한계가 있지만, 고객 정보를 알 수 없는 경쟁 관계까지 고려할 수 있다는 장점이 있다. 다음으로, IR(Investor Relations) 보고서처럼 기업이 공개하는 실적 데이터를 활용하여 고객 자산을 추정할 수도 있다. 하지만 공개 자료는 제한적이기 때문에 고객 자산 추정에 많은 한계가 있다. 하지만 개략적인 흐름을 파악하기에는 가성비가 높은 방법이다.

2. 기업 공개 자료를 활용한 고객 자산 측정 개념

앞서 비계약적 상황에서 개별 고객들의 고객 가치를 실제 확률적 모형을 바탕으로 추정하는 과정에 대해 이론과 함께 실습해 보았다. 이번에는 기업의 전체 고객을 대상으로 고객 자산을 측정하는 과정을 실습과 함께 알아보도록 하자. 앞에서 개별 고객들을 대상으로 고객 생애 가치를 추정하는 것에 초점을 맞춘 것과 달리, 이번 장에서는 기업의 공개 자료를 활용해서 고객 자산 전체를 추정하는 과정에 집중한다. 기업의 공개 자료로 보통 IR 보고서로 알려진, 정확히는 투자자 기업 설명서(Investor Relations) 또는 투자 설명서 자료와 기업이 주기적으로 분기 또는 반기별로 공개하는 기업 재무제표 자료를 바탕으로 합리적 가정과 분석을 통해 개별 고객의 고객 생애 가치가 아닌 전체 고객에 대한 고객 자산을 측정한다. 이전에 다룬 개별 고객의 고객 생애 가치를 바탕으로 한 접근은 고객의 개별 자료, 특히 고객 거래 데이터를 확보할 수 있는 경우 고객 자산의 측정을 위해 먼저 개별 고객의 고객 생애 가치를 측정하고 이들 개별 고객 생애 가치 측정의 전체 총합으로 고객 자산을 추정한다면, 이번 장에서 다룰 방법은 고객의 개별적인 자료를 전혀 알 수가 없는 상황에서 고객 자산을 추정하는 방법으로 볼 수 있다. 대표적으로 외부에서 특정 기업에 대한 고객 자산을 평가한다거나 또는 자신들의 기업이 아닌 경쟁 기업의 고객 자산을 측정하고자 하는 경우에 내부 데이터가 없는 상황에서 역시 고객 자산의 측정이 필요한 예라고 볼 수 있다. 일반적으로 고객과의 거래 데이터는 상당히 민감한 자료로서, 그것을 기업 외부에서 확보한다는 건 사실상 상당히 어려운 것이라고 볼 수 있다. 그래서 이런 경우에 고객 자산을 측정하기 위한 간접적인 방법으로서 기업이 외부에 공개하는 공개 자료를 활용한 방법이 제안되어 왔다. 이 방법이 얼마나 정확할 것인가에 대한 고민들은 많은 연구를 통해 보완되어 왔고 그 정확성에 대해서도 상당 부분 타당성이 확보되었다. 다만 공개된 기업의 자료는 세분화된 개인 정보를 제공하지 않고 총합된 전체 정보를 제공하기 때문에, 이를 활용하여 고객 생애 가치를 추정하기 위해서는 총합된 전체 정보를 고객 생애 가치 구성 요소로 분리 추출하는 방법이 필요하다. 여러 연구에서 다양한 방법이 제시되었고, 주로 가입자를 유치하는 계약적 상황의 산업(예: Amazon, Netflix)을 대상으로 분석과 연구가 이루어진다.

이 접근법에 대한 타당성 검토는 이 장의 마지막 부분에서 별도로 언급할 예정이다. 먼저, 기업 공개 자료를 활용해서 고객 자산을 측정하는 방법에 대해 설명하고, 이 방법에 따라 제공된 샘플 데이터를 바탕으로 고객 자산을 측정하는 과정을 실습해 보도록 하자.

그 첫 번째 단계로 기업의 공개 자료에 대한 이해가 필요하다. 일반적으로 국내외 대부분의 상장 기업들은 기업의 현황과 성과를 재무적 방법과 회계적 방법으로 공시함으로써 해당 기업의 투자자와 이해 관계자들에게 정보를 제공한다. 기업이 제한된 범위에서 자신의 내부 자료를 공개하는 것은 투명한 기업 운영을 표방하고 기업의 소유권자로서 현재의 투자자와 미래의 투자자들에게 적절한 정보 제공의 의무를 다하기 위함이다. 다양한 기업의 외부 공개 자료들 중 대표적인 것이 기업 IR 자료이며, 한국의 경우 전자공시 시스템에 공시하는 분기/반기 보고서가 있다. 일반화된 이들 공개 자료 외에도 산업의 특성에 따라 조금 더 구체적인 실적 및 성과가 포함된 실적 자료(Fact Sheet)

나 투자자 모집 또는 관리를 위해 정기적으로 간행하는 투자 설명서들도 공개 자료에 해당한다. 예를 들어, 통신 산업과 같은 구독 기반 (subscription base), 즉 계약과 관련 형태로 이루어지는 산업인 경우에 고객 수가 상당히 중요하기 때문에 넷플릭스와 같은 OTT 산업, 이동 통신, 인터넷 등의 산업에서는 공시 시점의 고객 수 관련 정보를 포함해서 공시하는 경우도 있다. 이렇게 기업들이 외부에 정기적 또는 일부 비정기적으로 발행하는 성과 자료나 현황 자료들을 기업 공개 자료로 이해할 수 있다. 기업의 재무적 투자 관점에서 발행되는 자료 이외에도 기업이 법적 규제와 형식에 따라 분기별 또는 반기별 등의 정기적으로 공시하는 회계 자료들도 기업 공개 자료로 활용할 수 있다. 이번 장에서는 영업적 현황과 성과를 포함하는 실적 자료의 경우 고객 획득률과 유지율과 같은 고객 수 변동 추정에 주로 사용을 하고, 회계 자료는 일반적으로 유지 비용, 획득 비용 그리고 수익과 같은 기업 회계 재무에 관련된 요소들 추출에 활용한다. 특히 이번 장에서는 이 두 가지 종류의 기업 공개 자료들이 아주 다양하게 공시가 되고 있는 통신 산업을 대상으로 고객 자산을 추정하는 과정을 설명하고 샘플 데이터를 통해 직접 고객 자산 추정 실습을 해 보도록 한다. 통신 산업의 경우 매월 실적 보고서(Fact Sheet) 형태로 월별 영업 및 고객 실적 데이터를 상당히 자세히 공개해 오고 있으며, 동시에 분기별로 IR 보고서에 해당 기간의 실적을 요약 공시하고 있다. 물론 법적 의무로서 기업 회계 자료를 전자공시 시스템(Data Analysis, Retrieval and Transfer System: DART) 등을 통해 공개하고 있다. 기업이 다양한 형태로 자료들을 공개하기 때문에 이를 활용하여 내부의 세부 자료 없이 고객 자산 또는 고객 생애 가치의 핵심 요소들을 합리적 가정하에 추출하고 종합 집계

수준(Aggregate Level)에서 고객 자산을 추정하여 전략적 수준에서 활용할 수 있다.

〈표 6-2〉 이동통신 산업의 기업 공개 자료에서 확보할 수 있는 고객 자산 측정 핵심 요소

자료명	포함된 정보
매출 자료	서비스 매출액, 단말기 매출액, 영업 이익, 가입비 매출, 매출 할인 등
원가 자료	단말기 보조금, 가입비, 모집 수수료, 고객 유지 수수료, 광고선전비 등
고객 관련 자료	신규 가입 고객 수, 총 고객 수

가장 쉽게 접근할 수 있는 자료는 매출과 관련된 자료이다. 통신 산업 기업에서 활용되는 매출의 유형은 서비스 매출액, 단말기와 상품 매출이 있다. 제공된 샘플 데이터는 한국의 대표적 통신 기업이며 이 기업은 정기적으로 통신 서비스와 관련된 매출액과 단말기와 관련된 상품 매출액, 서비스 영업 이익, 가입비 매출, 매출 할인 등의 정보를 공개한다. 매출 할인이라 함은 일회성 비용의 한 종류이다. 포함된 매출 자료는 고객 생애 가치와 고객 자산을 추정할 때 첫 번째로 필요한 정보인 판매 금액에 해당한다. 따라서 판매 금액을 알기 위해서 이와 같은 매출 자료를 활용할 수 있다.

다음으로, 실제 가치 추정의 핵심 요소인 수익의 구성을 살펴볼 필요가 있다. 일반적으로 수익(Profit) 또는 마진(Margin)으로 혼용하여 사용하기도 하지만 두 용어에는 개념적인 차이가 존재한다. 본격적으로 수익을 계산하기 위해 단말기와 관련된 보조금, 가입비, 모집 수수

료, 고객 유지 활동에 대한 수수료, 마케팅 비용 중 하나인 광고선전비 등에 대한 고려가 필요하다. 단말기 보조금이나 가입비는 일종의 서비스 원가 또는 서비스 비용으로 볼 수 있고, 모집 수수료, 광고 유지 수수료, 고객 유지 수수료, 광고선전비는 마케팅 비용으로 간주할 수 있다. 모집 수수료의 경우 이전에 설명한 획득비와 상당히 연관된 비용으로 간주할 수 있고, 고객 유지 수수료는 유지비와 연관된 비용으로 간주할 수 있다. 실무적인 이슈 중 하나로 광고선전비에 대한 이슈가 있다. 광고선전비는 회계 처리 과정에서 제시되지는 않지만 획득 활동에 투입된 비용이 있는가 하면 유지 활동에 투입된 비용이 있을 수 있고, 심지어 두 가지 활동에 동시에 관여된 비용이 있을 수 있다. 즉, 광고선전비 전체 중에서 획득에 포함되는 비용이 있을 수 있고, 획득과 관련된 전략의 실행을 위해 집행된 비용 또는 획득 고객의 반응에 영향을 줄 수 있는 활동에 투입된 비용이 있을 수 있다. 유사하게 고객 유지와 관련된 관점에서 본다면, 유지 고객이 어떤 특정한 광고에 대해서 반응한다면 이는 고객 유지 활동에 관한 비용으로 간주할 수 있고 또는 광고 내용에 고객 유지와 관련된 전략이 포함되었거나 그와 관련된 메시지가 포함되었을 수도 있다. 따라서 광고선전비는 고객 획득과 고객 유지의 두 가지 활동 모두를 포함하고 있기 때문에, 고객 관계 관리와 고객 생애 가치 추정에서 핵심적인 활동으로 분리 또는 분해하는 것은 실무적으로 상당히 중요한 이슈일 뿐만 아니라, 현실적으로 이 둘의 구분은 불가능한 경우도 많아 현실적이고 합리적인 가정의 수립이 반드시 필요하다. 만약 기업의 공개 자료가 아닌 구체적인 세세한 내부 정보가 포함된 자료라면 이러한 과정이 필요 없지만, 기업 외부에서 내부의 상태와 환경을 추정하는 상황이라는 것을 명확히 이해할 필요가 있다. 실습 데이터 기업의 경우, 다행히 전반적으로 다행히 고객 관계 관점에서 상당히 자세한 회계 및 성과 자료를 공개하고 있다. 예를 들어, 이 샘플 데이터에는 모집비와 유지비가 구별되기 때문에 전반적인 두 요소 간의 비를 가정할 수 있다는 것은 상당히 큰 진전이라고 볼 수 있다. 이들 요소의 비(모집비 vs. 유지비)가 광고선전비에도 유지된다는 합리적 가정하에 유지 비용과 혜택 비용을 산출할 수 있다. 일반적으로 기업들의 외부 공개 자료에는 이와 유사하게 모집 수수료와 유지 수수료의 추정에 관한 정보가 존재하는 경우는 드물고 영업 비용의 총합 형태로 공개하기 때문에 모집 수수료나 모집비, 획득비와 유지비를 구분하는 것도 하나의 큰 도전이라 볼 수 있다.

다음으로 살펴볼 자료는 고객 관련 자료이다. 고객 생애 가치와 고객 자산 추정에 있어 실질적인 고객의 수, 획득된 고객의 수, 유지된 고객의 수는 상당히 중요하고 필요한 수치이다. 통신 산업의 경우, 대부분이 고객의 수를 상당히 정확하고 자세하게 공지하는 산업적 특성이 있다. 통신 산업의 경우, 고객 생애 가치와 고객 자산의 개념과 별개로 고객의 규모가 상당히 경제적, 사회적 그리고 법적으로 중요하고 민감한 부분이기 때문에 고객 수를 회계 또는 실적 자료에 포함하여 공개하고 있다. 제공된 샘플 데이터 자료에서 이번 기의 신규 가입 고객 수와 전 기와 이번 기의 총 고객 수를 먼저 확인할 수 있어 자연스럽게 이탈 고객 수는 다음과 같이 계산된다.

이번 기의 이탈 고객 수
＝전 기의 총 고객 수+이번 기의 신규 가입 고객 수−이번 기의 총 고객 수

전 기에서의 총 고객 수에서 이번 기의 총 고객 수로의 변화 중에 신규 가입한 고객 수에 대한 변동을 제외하면 이탈된 고객의 수를 계산할 수 있다. 유사하게, 고객 관련 자료를 바탕으로 다양한 형태의 고객 수와 비율을 추정해 볼 수 있다.

〈표 6-3〉 샘플 데이터의 고객 획득 비용 추정을 위한 요소

필요 요소	추정에 필요한 정보
획득 총비용	모집 수수료, 단말기 보조금, 광고선전비(시장 점유율 비례), 가입비(상계 처리)
일인당 고객 획득 비용	획득 총비용/신규 가입 수

다음으로, 고객 획득 비용의 추정에 대해 살펴보자. 먼저, 현재 실습 데이터에 대해 결론부터 살펴보면 모집 수수료, 단말기 보조금, 광고선전비의 일부, 가입비 할인을 고객 획득비로 간주하여 획득 총비용을 산출할 수 있고, 앞의 고객 수 데이터에 제시된 신규 고객 수를 활용하여 1인당 고객 획득 비용을 〈표 6-3〉과 같이 추정할 수 있다. 각 시점별 획득 총비용에서 각 시점별 신규 가입 고객 수로 나누면 1인당 고객 획득 비용을 산출할 수 있다.

고객 획득 비용 추정에 있어서 고객 획득에 투입된 비용의 범위를 어떻게 정할 것인지에 대한 논의는 획득 비용 산정에 있어서 상당히 중요하고 어려운 과정 중 하나이다. 즉, 회계 자료와 마케팅 자료라는 이종의 자료에서 고객 가치를 추정하기 위한 요소의 추출 과정에 개념적 차이가 존재하는 마케팅 개념과 회계 개념의 적용에는 일부 상충되는 부분도 있고 상이한 부분도 존재하게 된다. 특히 획득 비용의 추정 과정에서는 일반적 회계 개념으로 정리된 자료에서 마케팅적 회계 개

념을 적용하여 마케팅의 세부적인 비용을 분리하는 것이 필수적이지만, 현대의 일반적 회계 개념에서는 마케팅 활동 전체를 하나의 비용으로 보고 자료를 공시하기 때문에 마케팅 내부 부서에서는 세부적인 마케팅 기능별 비용의 분리가 충분히 가능하지만, 공개 자료를 정리하는 회계 부서에서는 실질적으로 불가능한 부분이 존재한다. 실제 내부 마케팅 부서에서는 마케팅 활동에 사용하는 예산 내역과 지출 비용을 상세히 알고 있기 때문에 이를 바탕으로 상세히 마케팅 비용을 분해할 수 있지만, 외부에 공개된 기업 공개 자료에는 이러한 상세한 내역이 제시되는 경우가 거의 존재하지 않는다. 따라서 기업이 처한 상황 그리고 산업의 특성에 따라 고객 획득 비용에 포함되는 회계적 비용의 범위가 다를 수 있으며, 해당 산업 전문가에 의해 산정에 적용되는 비용의 범위를 결정할 필요가 있다. 예를 들어, 현재의 샘플 데이터에서는 통신 산업의 특성을 고려할 때 모집 수수료, 단말기 구매 보조금은 기본적으로 획득 비용으로 간주할 수 있으며, 신규 가입 시에 적용되는 가입비를 상계 처리(가입비 대체, 가입비 면제 및 할인 등이 포함)하는 과정을 획득 비용 산정에 포함할 수 있다. 여기서 가입비 할인이나 면제는 실무적으로는 고객의 가입비를 할인해 주는 개념이지만, 고객 생애 가치 추정에서는 개념적으로 획득 비용에서 가입비의 일부 금액을 제외하여 비용을 상계 처리하는 과정으로 이해할 수 있다. 마케팅 비용 분해에 있어서 가장 복잡하고 어려운 부분은 바로 광고선전비이다. 이 광고선전비를 어떻게 획득비와 유지비로 구별할 수 있는가에 대하여 몇 가지 대안들이 있지만, 현재 실습 데이터에서는 시장 점유율의 비례만큼 광고선전비를 분해하는 형태를 적용했다. 물론 이러한 가정이 타당한가의 여부도 중요한 이슈이고 이에 대한 평가도 반드시 필요하다. 이에 타당성 평가는 이 가정과 함께 추정된 고객 자산과 실제 기업 가치를 비교한 고객 자산의 타당성 평가를 통해 검증해 볼 수 있을 것이다.

$$AC = \frac{(C_r + C_s + C_A \cdot (1 - MS) - F_m)}{NN} \quad \cdots\cdots\cdots\cdots(1)$$

→ AC: 일인당 고객 획득 비용　　　　→ C_A: 광고선전비

→ Cr: 모집 수수료　　　　　　　　　→ MS: 시장 점유율

→ Cs : 단말기 보조금　　　　　　　　→ F_m: 가입비

　　(단말기 매출 원가에서　　　　　　→ NN: 신규 가입 고객 수

　　단말기 매출을 제외한 금액)

〈1인당 고객 획득 비용의 추정〉

지금까지 설명한 고객 획득 비용의 추정을 수식으로 표현해 보자. 먼저, 분모에 신규 가입 고객 수가 있다. 분자에는 획득 비용에 포함되는 모집 수수료, 단말기 보조금, 광고선전비에서 획득에 해당하는 부분을 전체 고객 획득 비용에 포함하고, 가입비를 통해 확보되는 수익을 전체 고객 획득 비용에서 상계한다. 특히 광고선전비의 경우 공개된 광고선전비 중에서 시장 점유율에 해당하지 않는 부분으로 현재 시장 점유율만큼을 고객 유지비로 가정을 한다. 예를 들어, 시장 점유율이 크면 클수록 많은 고객 수로 인해 고객 유지 비용이 증가하게 된다. 이 개념을 반대로 적용하면 시장 점유율을 제외한 비율만큼이 고객 획득비로 산정된다. 시장 점유율을 바탕으로 한 이 방법의 단점은 현재 고객 수가 많은 경우 1인당 고객 유지 비용이 적게 산정되는 반면, 상대적으로 신규 고객 수가 적기 때문에 1인당 고객 획득 비용이 과대 산

정될 가능성이 높다는 점이다. 이러한 단점에도 불구하고 사용상의 편의와 향후 실제 추정 결과의 타당성에 큰 저해 요인이 아니라는 점에서 충분히 활용 가능한 방법 중 하나이다. 샘플 데이터에서 이 방법을 적용하여 진행한 추정 결과와 실제 기업 가치의 비교에서 어떤 중요한 고려 사항들이 있는지를 향후 검토해 볼 필요가 있다. 다음 고려 요소는 가입비이다. 가입비는 초기에 고객이 기업의 서비스에 가입하면서 제출하는 비용이기 때문에 일종의 전체 획득 비용의 반대 개념으로 고려하여 이 가입비를 상계시킬 수 있다. 따라서 1인당 고객 획득 비용은 수식 (1)과 같은 형태로 최종 산출하게 된다.

그럼 다음 단계로 고객 유지 비용의 추정을 살펴보도록 하겠다. 고객 유지 비용은 앞서 살펴본 원가 비용 개념, 즉 원가 항목들 중에서 고객 유지 수수료와 매출 할인이 주요 요소가 된다. 여기서 매출 할인은 현재 이동통신 서비스에서 흔히 사용하는 약정 할인이라고 보면 되겠다. 최근에는 이 약정 할인율이 대략 25% 정도이지만 이전에는 여러 형태의 약정 할인들이 있었는데, 서비스 기간 동안 오랫동안 사용하면 할수록 할인율이 커지는 형태였다. 이 약정 할인은 이동통신 산업에서 고객 유지 과정의 전형적인 비용으로 매출 할인을 하나의 요소로 본다. 다음으로, 앞서 고객 획득 비용으로 광고선전비의 고객 획득 비용 부분을 제외한 부분을 고객 유지 비용으로 간주하고 시장 점유율의 비례만큼으로 산정한다. 따라서 고객 유지 비용은 이 세 가지 요소로 산출된다.

〈표 6-4〉 샘플 데이터의 고객 유지 비용 추정을 위한 요소

필요 요소	추정에 필요한 정보
일인당 고객 유지 비용	고객 총 유지 비용/유지된 기존 고객 수
고객 총 유지 비용	고객 유지 수수료, 매출 할인(약정 할인 등 할인 금액), 광고선전비(시장 점유율 비례)

　1인당 고객 획득 비용과 동일하게 1인당 고객 유지 비용은 고객 총
유지 비용에서 유지된 기존의 고객 수, 즉 유지된 현재의 고객 수로 나
누어 산출될 수 있다.

$$RC = \frac{(C_m + C_{ds} + C_A \cdot MS)}{RN} \quad \cdots\cdots\cdots\cdots\cdots\cdots\cdots (2)$$

→ RC: 일인당 고객 유지 비용

→ C_m: 고객 유지 수수료

→ C_{ds}: 매출 할인(약정 할인 등 계약에 의한 할인 금액)

→ C_A: 광고선전비

→ MS: 시장 점유율

→ RN: 유지된 기존 고객 수

〈1인당 고객 유지 비용의 추정〉

　지금까지 설명한 고객 유지 비용의 추정을 수식으로 표현해 보자.
고객 획득 비용의 추정과 유사하게 1인당 고객 유지 비용의 산정을 위
해 분모는 유지된 기존 고객 수가 된다. 분자에는 전체 고객 유지 비용
을 산정한다. 먼저, 고객 유지 수수료와 매출 할인, 그리고 광고선전비
를 바탕으로 시장 점유율에 비례한 고객 유지 활동으로서의 광고선전

비를 산출하여 적용함으로써 전체 고객 유지 비용이 산정된다. 물론
앞서 광고선전비에 대한 고객 획득 활동과 고객 유지 활동에 대한 전
제에 따라 광고선전비에서의 고객 획득 활동과 고객 유지 활동에 대한
비용 가정은 변경될 수 있다.

〈표 6-5〉 샘플 데이터의 고객 마진 추정을 위한 요소

필요 요소	추정에 필요한 정보
조정 매출	실매출－가입비＋매출 할인
조정 원가	매출 원가－상품 원가－모집 수수료－고객 유지 수수료－광고선전비
일인당 예상 수익(마진)	(조정 매출－조정 원가)/전체 고객 수

　다음으로, 기업 공개 자료를 활용해서 고객들의 생애 가치 또는 고
객 자산의 산출에 필수적 요소로서 매출과 관련된 부분을 산정할 필요
가 있으며 회계 장부상의 매출액에 대한 일부 조정 과정이 수반된다.
매출 조정 과정이 필요한 이유는 기존의 회계 장부, 예를 들어 대차대
조표나 손익계산서에서 보는 매출과 수익의 관점은 영업 비용 자체를
단기적으로 제외하거나 상계하는 방식으로 접근하기 때문에 손익계산
서나 대차대조표 작성 과정에서는 비용의 장기적 추계를 지속적으로
고려하지 않지만 마케팅, 특히 고객 관점에서 고객 관계 관리 비용은
일회성 비용인 획득 비용과 장기적 반복 비용인 유지 비용으로 분해가
필요하다. 따라서 회계적 관점에서 매출과 수익의 개념과 마케팅, 고
객 관점에서 매출과 수익의 개념에는 차이가 발생하고, 고객 가치 산
정을 위해 필수적으로 개념 차이에 대한 조정 과정이 필요하게 된다.

먼저, 수익과 마진의 두 가지 개념을 명확하게 구분하여 정립할 필요가 있다. 특히 앞서 고객 획득 비용과 고객 유지 비용 산정 과정에서 적용된 원가 산정의 결과를 바탕으로 상품 또는 서비스 원가를 다시 재정산하고 이에 따라 조정된 원가를 바탕으로 매출 역시 재정산하게 된다. 이렇게 조정된 원가와 매출이 적용되는 과정을 통해서 고객 생애 가치 또는 고객 자산을 추정하기 위한 기본적 요소로서 새로운 형태의 수익 또는 마진이 산정되게 된다. 첫 번째로, 조정된 매출로 제시된 바와 같이 실매출에서 이미 고객 획득 비용 산정 과정에서 적용된 가입비와 고객 유지 비용 산정 과정에서 적용된 매출 할인의 중복 계상을 피하기 위해 각각 조정을 해 준다. 즉, 획득 비용에 상계시킨 가입비는 매출에서 제외하고 유지 비용으로 별도로 적용하기 위해 매출 할인은 실매출에 포함시킨다. 이 과정을 통해 원가에 포함되었지만 마케팅 및 고객 관계 관리 비용 산정에 포함된 가입비, 매출 할인, 모집 수수료, 고객 유지 수수료, 광고선전비 등의 비용을 조정하기 위해 우선 매출을 다음과 같이 조정한다. 수식 (3)과 같이, 조정된 매출(Rev)은 회계 장부상의 매출(Sales)에서 앞서 설명했던 가입비(F_m)와 매출 할인(C_{ds})을 조정해 준다. 즉, 회계 장부상의 매출에서 마케팅 비용으로 계상되는 가입비는 제외하고, 마케팅 비용으로 상계되는 매출 할인은 추가하여 재조정을 함으로써 마케팅 비용의 처리 과정에서 중복 계상 또는 상계되는 것을 방지한다.

1인당 예상 수익 또는 마진을 마케팅 및 고객 관계 관점에서 산정하기 위해 앞서 제시한 조정 매출에서 조정 원가를 제외하는 과정을 거쳐야 한다. 회계 장부상의 원가에는 마케팅 비용이 세부적으로 고려되지 않는다. 하지만 고객 가치를 산정하기 위한 마진에서는 마케팅 세

$$Rev = Sales - F_m + C_{ds} \quad \dots\dots\dots\dots\dots\dots\dots\dots\dots\dots(3)$$

→ Rev: 조정된 매출

→ $Sales$: 매출

→ F_m: 가입비

→ C_{ds}: 매출 할인

부 비용들의 역할에 따라 적절하게 제외시키는 과정이 필요하다. 1인당 예상 수익은 이에 따라 조정 매출에서 조정 원가를 제외하고 전체 고객 수로 나눠 줌으로써 별도로 적용된 세부 마케팅 비용이 포함되지 않은 최종적인 1인당 예상 수익, 최종 마진이 추정된다. 여기서 마진을 수익의 개념과 비교해 본다면, 수익은 모든 비용을 단기적으로 고려하여 일시에 상계하는 것을 의미하지만 마진에서는 특정한 역할을 하는 마케팅 비용은 상계하지 않은 상태로, 이 경우에는 장기적으로 반복될 수 있거나 특정한 역할을 하는 마케팅 비용을 상계하지 않은 상태를 마진의 개념으로 이해할 수 있다. 예를 들어, 판매자는 판매 금액에서 단순 판매 금액을 제외하고 추가적으로 투입된 부대 비용, 예

$$Cost = Expenses - Exprenses_p - C_r - C_m - C_A \quad \dots(4)$$

→ $Cost$: 조정된 원가

→ $Expenses$: 매출 원가

→ $Expenses_p$: 상품 원가

→ C_r: 모집 수수료

→ C_m: 고객 유지 수수료

→ C_A: 광고선전비

컨대 영업 또는 마케팅 비용들은 여전히 마진의 내역에 포함한다. 따라서 마진이라는 표현은, 결국 마케팅 비용을 제외하지 않는 상태를 표현한다.

조정된 원가($Cost$)는 기본적으로 회계 장부상의 매출 원가($Expenses$)에서 상품 원가($Expenses_p$), 모집 수수료(C_r), 고객 유지 수수료(C_m), 광고선전비(C_A)를 제외한다. 여기서 제외된 모집 수수료, 고객 유지 수수료, 광고선전비는 앞서 살펴봤던 고객 획득 비용, 고객 유지 비용에서 별도로 고객 관계 관점에서 지속적인 비용으로 상계하기 때문에 중복된 상계를 피하기 위해 회계 장부상 원가에서 제외시키는 것으로 이전의 논리 구조와 동일하다.

$$MG = \frac{Rev - Cost}{TN} \quad \cdots\cdots\cdots\cdots\cdots\cdots\cdots\cdots\cdots\cdots (5)$$

→ MG: 일인당 고객 마진
→ Rev: 조정된 매출
→ $Cost$: 조정된 원가
→ TN: 전체 고객 수

따라서 최종적으로 조정된 마진은 지금까지 앞서 조정된 매출에서 조정된 원가, 다시 말하면 마케팅 비용 부분을 별도로 계상 또는 상계 처리한 마진을 조정하여 이를 전체 고객 수로 나눠 주면 1인당 고객 마진이 된다. 지금까지 매출, 원가와 비용을 분해하여 조정하는 과정을 소개하였다. 이 과정에서 왜 이런 조정을 하는지, 원가를 분해하여 재조정하는 이유에 대한 명확한 이해가 향후 다른 실제 사례 적용 시 필수적일 것이다. 요약하면, 마케팅과 고객 관계 관리 개념에서 향후 지속적인 미래 기간 동안 반복적으로 발생하는 고객 유지와 고객 획득 비용의 상계 처리를 위해서는 일반적인 회계 방식으로 처리가 불가능하기 때문에, 비용 부분에서 이에 해당하는 부분들을 별도로 계상 또는 상계 처리하여 고객 유지와 획득 비용이 고려되지 않은 원점 상태로 환원을 시킨 후, 이 환원된 구조에서 다시 고객 관계 관리 개념인 고객 유지와 고객 획득 비용을 적절하게 적용하여 고객 생애 가치와 고객 자산의 추정을 시도하는 것이다.

- 평균 CLV
  - 일인당 고객 마진−일인당 고객 유지 비용
  - 고객 유지율과 고객 생애 기간으로 기대 가치 추정
  - 할인율로 현재 가치로 환산

평균 고객 생애 가치(Average Customer Lifetime Value)는, 먼저 1인당 고객 마진에서 1인당 고객 유지 비용을 제외하여 순수 고객 수익을 산정하고, 고객 유지율과 고객 생애 기간 동안 이를 반복적으로 적용하여 향후 미래 기대 가치를 추정한다. 이 추정된 기대 가치에 할인율(Discount rate)을 적용하여 현재 가치를 환산한다. 이 세 가지 과정을 단계적으로 자세히 살펴보면서 고객 생애 가치 추정 과정을 이해해 보도록 하자.

평균 고객 생애 가치 추정에 앞서 검토해 봐야 할 하나의 중요한 이슈는 고객 생애 기간이다. 고객 생애 기간은 생애(Lifetime)라는 용어로 인해 간혹 오해를 받는 경우가 있다. 일반적으로 생애라는 의미는 사람의 일평생을 일컫기 때문이다. 하지만 고객 생애 기간은 일반적인 생애 기간을 의미하기보다는 마케팅 상황에서 적절하게 정의된 기간을 의미한다. 고객 가치 또는 고객 생애 가치 몰이해의 시작점 중 하나로서 고객 생애 가치의 개념에 대해 상당히 비판적인 시각은 "어떻게 고객이 평생 동안 활동할 수 있는가?" 그리고 "어떻게 그들의 평생 동안의 활동을 예측할 수 있겠는가?"이다. 이 비판적 시각은 마케팅 상황에서 발현된 고객 생애 기간을 일반적 생활 용어로 이해하는 과정에서 발생한 것이다. 그러나 거듭 설명하지만, 고객 생애 기간은 특정 마케팅 상황에서의 적절한 거래 기간으로, 인간의 평생 기간이라는 개념과는 거리가 멀다. 즉, 고객이 일반적으로 어떤 기업과 어느 정도의 기간 동안 거래를 또는 관계를 할 수 있는 기간으로 고객 생애 기간을 이해하도록 하자. 고객은 기업과 관계를 맺는 것을 전제로 하기 때문에 고객 생애 기간은 고객이 기업과 관계되는 기간으로 이해하고, 따라서 산업의 특성에 따라 차이가 존재할 수 있다. 평균적 계약 기간 또는 거래 기간이 3년 또는 5년일 수도 있고, 상당히 오랫동안 지속적인 관계를 유지하고 거래하는 산업의 경우 20년 또는 그 이상의 고객 생애 기간이 되는 산업 또는 기업이 존재할 수 있다. 산업의 특성을 고려하여 다양한 형태의 고객 생애 기간 또는 최대 고객 생애 기간을 전제할 수 있으며, 이 전제를 바탕으로 적절한 고객 생애 기간에 대한 고객 생애 가치 또는 고객 자산을 추정한다. 예를 들어, 실습을 위한 샘플 데이터로서 통신 산업 같은 경우에는 10년 이상 그 이상의 거래 기간을 갖는 고객들이 상당히 많이 있기 때문에 후자의 형태가 더 적절할 것이다. 하지만 아주 단기적인 소비재 제품 같은 경우에는 고객 생애 기간이 상대적으로 상당히 짧을 수 있다.

따라서 다양한 산업별 특징과 유형에 따라 고객 생애 기간을 적용한다면 충분히 적절하고 합리적인 수준에서 고객 생애 가치(CLV)를 추정할 수 있다. 물론 고객 생애 기간이 늘어난다는 것은 고객 생애 가치 또는 고객 자산이 증가하는 것을 의미하며, 고객 생애 가치와 고객 자산의 규모 역시 새로운 형태의 산업적 특성으로 이해할 수 있다.

$$RCLV = (MG - RC) \times \left[1 - \frac{\left(\dfrac{1-CR}{(1+d)} \right)^{k \times 12}}{\left(1 - \dfrac{1-CR}{1+d} \right)} \right] \quad \cdots\cdots(6)$$

→ $RCLV$: 유지 고객의 CLV

→ MG: 일인당 고객 마진

→ RC: 일인당 고객 유지 비용

→ CR: 고객 유지율

→ d: 할인율

→ k: 고객 생애 기간(년)

지금까지 설명한 요소들, 일인당 고객 마진, 일인당 고객 유지 비용, 고객 생애 기간 그리고 고객 유지율을 바탕으로 1인당 고객 생애 가치를 산정할 수 있다. 다만, 이 경우 현재 고객으로 유지되고 있는 고객의 고객 생애 가치만을 산정하는 점에 유의하자. 먼저, 앞서 계산된 1인당 평균 고객 마진(MG)과 1인당 평균 고객 유지 비용을 통해 가치의 기준이 되는 평균 수익을 계산한다. 추정을 쉽게 하기 위해 이 평균 수익($MG - RC$)은 미래에도 고정되어 불변한다고 가정한다. 하지만 이 가정은 현실을 좀 더 반영하기 위해, 그리고 실제 근거 데이터와 모형이 있는 경우 가정을 완화할 수도 있다. 예를 들어, 나이와 수입의 상관관계가 존재하고 수입에 따른 마진과 수익의 변화 관계가 관찰된다면, 이 관계를 실증적으로 파악하여 미래의 상태 변화를 예측함으로써 완화된 가정 또는 합리적 예측을 적용하여 평균 수익을 산정할 수도 있다. 현재의 예에서는 개념의 쉬운 이해를 위해 가장 단순화한 형태를 유지할 수 있는 강한 가정을 그대로 활용하기로 한다. 평균 수익의 지속적인 미래 변동을 예측하기 위해 고객 유지율(CR)과 고객 생애 기간, 특히 평균 고객 생애 기간(k)을 활용하여 유지된 고객의 미래 기간별 고객 가치를 추정한다. 마지막으로, 미래의 추정된 가치를 현재 가치로 환산하기 위해 현금 할인율(d)을 활용하여 비교 가능한 현재 가치화된 고객 생애 가치를 추정한다. 여기서 고객 유지율(CR)과 현금 할인율(d)은 기간별로 규칙적이고 반복적으로 반영되는 비율과 같은 형태로서 수학적 수열의 형태가 되며, 결국 계산 과정에서 일종의 급수 또는 승수 형태로 대치되어 수식 (6)의 대괄호로 표시된 부분과 같이 승수 형태로 간략하게 정리할 수 있다. 제공된 실습 데이터에서는 고객 생애 기간을 월 단위 기준으로 적용하고 있기 때문에 현금 할인율(d) 역시 월간 할인율이 된다. 이 경우, 일반적으로 할인율은 연간으로 제시되기 때문에 이를 월간 할인율로 전환하는 과정이 필요할 수 있다. 이렇게 유지 고객의 평균 유지 고객 생애 가치($RCLV$)를 추정할 수 있다. 여기서 유의할 점은 현재의 고객 생애 가치 추정 방법은 기업 공개 자료를 활용하기 때문에 개별 고객의 생애 가치를 직접적으로 추정하는 것이 불가능할 뿐만 아니라, 고객 자산 추정 자체가 목표이기 때문에 개별 고객의 고객 생애 가치 추정에 대해 직접적 관심이 없다는 점이다.

- 유지 고객 자산
  - 평균 CLV × 유지된 고객 수
  - 추정 시점에서 획득비가 상계되지 않은 경우 획득비 상계 처리

내부 자료 접근이 어렵기 때문에 개별적인 고객 거래 데이터와 세부적인 비용 데이터를 알 수가 없는 상황에서 기업의 공개 자료를 바탕으로 기업의 전반적인 평균 CLV를 간접적으로 추정한다. 이러한 접근 방식의 경우 간접적으로 추정된 평균 CLV가 상당히 중요한 역할을 하며, 각 기업의 경쟁 상황을 정확하게 보여 줄 수 있다. 예를 들어, 현재의 매출액 규모 또는 시장 점유율이 비슷한 경쟁 기업 A, B의 평균 CLV를 산출해 본 결과 기업 A의 평균 CLV가 상당히 높게 산출된다면, 기업 A의 고객군이 기업 B의 고객군보다 더 잠재력이 크다고 판단할 수 있다. 평균 CLV를 바탕으로 기업 간 비교, 특히 경쟁사와의 비교, 예를 들어 우리 기업이 갖고 있는 평균 CLV와 상대방 기업이 갖고 있는 평균 CLV를 비교함으로써 고객 기반(Customer base)이 얼마나 강한지 약한지 또는 수익성이 높은지 낮은지에 대한 비교 등을 통해 필요한 고객 전략과 마케팅 전략을 고민할 수 있다. 평균 CLV를 바탕으로 고객 자산 중 유지 고객에 대한 자산을 추정해 볼 수 있다. 즉, 평균 CLV와 추정 시점의 유지된 고객 수를 곱하면 추정 시점에서 유지 고객 자산(RCE)을 계산할 수 있다. 물론 이 과정에서 신규로 가입한 지 얼마 안 된 고객들의 경우, 기존에 투입된 획득비가 회수가 안 된 경우, 즉 적절한 기간 동안 지속적으로 상계 처리를 함으로써 비로소 회수될 고객 획득비가 완전히 상계 처리되지 않은 경우가 존재할 수 있다. 이러한 고객들의 규모를 파악해서 전체 평균 CLV에서 이를 상계 처리하여 조정해 주는 과정이 필요하다.

$$RCE_t = (RCLV_t - RAC_t) * RN_t \ (\text{if } t \le AC0T)$$
$$RCE_t = RCLV_t * RN_t \ (\text{if } t > AC0T) \ \cdots\cdots\cdots\cdots(8)$$

→ RCE_t: t 시점에서의 유지 CE

→ $RCLV_t$: t 시점에서 유지 고객의 CLV

→ RAC_t: t 시점에서 상계되지 않은 획득 비용

→ RN_t: t 시점에서 유지된 기존 고객 수

→ $AC0T$: 획득비 상계 기간

이 과정을 정리하면 유지 고객 자산은 수식 (8)과 같이 추정할 수 있다. 기본적으로 RCEt는 RCLV, 즉 현재 시점에서의 평균 고객 생애 가치에 전체 유지 고객 수(RN)를 곱하여 추정한다. 그런데 새로 신규 가입된 고객 중에 획득비가 아직 완전히 상계되지 않은 경우가 존재할 수 있다. 예를 들어, 평균적인 획득비 상계 기간이 12개월 정도라면 신규 획득 고객의 경우 획득 이후 최소 12개월간 고객이 지속적으로 유지 관계를 유지해야 획득비가 상계되어 투입된 획득비가 완벽하게 제거되는 상황인데 그렇지 않은 고객들이 있을 수 있다. 예를 들어, 가입한 지 10개월인 경우 전체 12개월 중 10개월간 획득비가 회수되었지만, 아직 2개월의 잔여 기간이 존재한다. 이 잔여 기간인 2개월간의 획득비 미상계분을 고려할 필요가 있다. 이를 위해 현재 시점에서 획득비 상계 기간을 넘지 않은 고객들의 획득비 미상계분을 추정하여 유지 고객 자산에서 상계시킨다. 이 경우에는 유지 고객의 생애 가치에서 획득비를 제거하고 획득비 미상계분이 남은 유지 고객의 수를 곱하여 유지 고객 자산을 산정한다. 여기서 RAC는 획득비의 미상계분으로, 유지 고객 자산 추정 시점에서 아직 상계되지 않은 획득 비용을 의미

한다. 그래서 유지 고객 자산은 기본적으로는 평균 유지 고객 생애 가치에서 현재의 유지 고객 숫자를 곱하는 것이지만, 그 과정에서 일부 상계되지 않은 획득 비용을 고려하는 과정을 포함시키는 것으로 이해할 수 있다.

- 신규 고객의 CLV
  - 평균 CLV－고객 획득 비용
  - 현재 가치 환산
- 신규 고객의 고객 자산
  - 신규 고객의 CLV × 신규 고객 수

다음은 신규 고객의 고객 생애 가치(NCLV)를 추정해 보자. 이를 위해 앞으로 신규 가입할 고객들의 평균 CLV를 추정하거나 가정하고, 여기서 고객 획득 비용(평균적으로 고객 획득을 위해 필요한 비용)을 제외한 후 이 가치를 현재 가치로 환산한다. 신규 고객의 고객 생애 가치 추정식은 수식 (9)와 같고, 여기서는 추정의 편의를 위해 향후 유입된 신규 고객의 평균 고객 가치는 현재 유지 고객들의 평균 고객 가치와 동일하다는 가정을 하여 유지 고객의 고객 생애 가치(RCLV)를 신규 고객의 평균 CLV로 간주하였다. 즉, RCLV가 현재와 미래에 계속해서 변하지 않는다는 가정하에서 획득 비용(AC)을 제외하고, t 시점에서 고객이 들어왔기 때문에 t부터의 어떤 기간 동안에 고객 생애 기간에 대한 할인율을 적용하여 현재 가치로 환산한 후 신규 고객의 고객 생애 가치(NCLV)를 추정한다.

$$NCLV_t = \frac{RCLV_t - AC}{(1+d)^{k \times 12}} \quad \cdots\cdots\cdots\cdots\cdots\cdots\cdots\cdots\cdots\cdots(9)$$

→ $NCLV_t$: t 시점에서 신규 고객의 CLV

→ $RCLV_t$: t 시점에서 유지 고객의 CLV

→ AC: 일인당 고객 획득 비용

→ d: 할인율

→ k: 고객 생애 기간(년)

NCLV가 어떤 주어진 기간 동안에 고객 생애 가치라면, 다음과 같이 신규 고객의 고객 생애 가치(NCLV)와 신규 고객 수를 활용하여 신규 고객의 고객 자산(NCE)을 추정할 수 있다.

$$NCE_t = \sum^{k \times 12} NCLV_t \times NN_j \quad \cdots\cdots\cdots\cdots\cdots\cdots\cdots\cdots(10)$$

→ NCE_t: t 시점에서 신규 CE

→ $NCLV_t$: t 시점에서 신규 고객의 평균 CLV

→ NN_j: j 시점에서 신규 고객 수

→ k: 고객 생애 기간(년)

마지막으로, 총 고객 자산은 지금까지 추정해 온 두 가지 고객 자산, 즉 유지 고객 자산(RCE)과 신규 고객 자산(NCE)을 활용하여 다음과 같이 추정한다. 개념상으로 전체 고객의 고객 자산은 기존에 유지된 고객들의 자산과 새로이 가입한 고객의 자산을 모두 합한 것으로 이해할 수 있다.

• 총 고객 자산
  − 유지 고객 자산 + 신규 고객 자산

　총 고객 자산이 각 측정 시점에 따라 고객의 가입 형태와 고객 유지의 형태가 변하기 때문에 총 고객 자산 역시 시계열적 변동이 중요하게 된다. 수식 (11)과 같이 매 시점별로 고객 자산을 추정하여 그 변화를 지속적으로 추적하면 기업에 대한 성과와의 영향 관계도 파악할 수 있다.

$$CE_t = RCE_t + NCE_t \quad \cdots\cdots\cdots\cdots\cdots\cdots\cdots\cdots\cdots\cdots\cdots\cdots (11)$$

→ CE_t: t 시점에서 총 CE
→ RCE_t: t 시점에서 유지 CE
→ NCE_t: t 시점에서 신규 CE

3. 설문 조사를 활용한 고객 자산 측정 개념

　고객 자산의 측정을 위해 기업 공시 자료와 실적 자료의 활용이 가능하지만, 기업 공시 자료의 형태가 다양하고 고객 자산 측정의 필수 요소(유지율, 획득률, 유지 비용, 획득 비용 등)의 분류가 공시되는 자료만으로는 한계가 존재한다. 따라서 다양한 가정이 필요하며, 세부적 실적 자료가 같이 공시되는 산업은 고객 수의 공시가 중요한 몇몇 산업(예: 통신 산업) 외에는 많지 않은 것도 사실이다. 고객의 구매/이용 데이터를 활용한 직접적 측정 방법과 기업이 공개하는 각종 공시 자료를 활용한 간접적 측정 방법이 공통적으로 직접적인 고객 데이터 활용의 한계를 극복할 수 있는 방법으로, 고객의 행동을 직접적으로 측정하는 것이 아닌 고객 설문을 통해 인지적으로 고객 생애 가치와 고객 자산을 측정하는 방법이 있다.

Rust, Lemon과 Zeithaml(2004)에 의해 처음 제안되었으며, 고객 생애 가치 측정을 위한 데이터 확보의 어려움을 해결하는 대안으로 많이 활용되어 왔다. 전체 고객 모집단으로부터 표본을 추출하여 표본 고객에게 최근 구매 브랜드, 여러 브랜드의 구매 확률, 평균 구매 금액, 평균 구매 횟수 등을 설문을 통해 확인하여 고객 생애 가치를 측정한다. 구체적으로, 표본 고객은 최근 구매한 브랜드는 무엇인지 묻는 설문 항목과 다음에 구매할 예정인 브랜드는 무엇이며 해당 브랜드를 이용할 확률을 묻는 항목에 응답한다. 이는 브랜드 간 시장 점유율과 브랜드 전환 확률(transition probabilities)을 추정하는 데 활용된다. 고객 현황을 설문 조사를 통해 직접 요청하여 측정하고, 유지 비용이나 획득 비용과 같은 고객 관리 비용은 기업 공시 자료 또는 전문가 견해를 통해 측정하여 고객 생애 가치와 고객 자산을 추정한다. 이 방법은 다른 추정 방법과 달리 경쟁 브랜드 대비 특정 브랜드의 구매 확률을 측정할 수 있기 때문에, 브랜드 간의 이동 확률을 적용한 고객 생애 가치를 측정할 수 있는 장점이 있다. 다른 측정 방법에서 고려하기 어려운 시장 경쟁 관계를 고려할 수 있는 장점이 존재한다. 비록 자기보고(Self-report)이며 직접적 행동 조사가 아닌 인지 조사라는 측면에서 그 한계는 분명히 존재하지만, 이 측정 방법 역시 실제 기업의 마케팅 성과와 비교함으로써 그 측정의 타당성이 확보될 수 있다. 또한 다른 측정 방법들에 비해 자료 수집이 용이하고 고객 관계 특성에 따른 측정 방법의 형태도 일관되기 때문에 그 활용이 용이한 것이 장점이다. 뿐만 아니라 고객 생애 가치의 구성 요소와 함께 표본 고객의 다양한 동기와 태도를 측정할 수 있어 고객 생애 가치와의 영향 관계를 직접적으로 조사할 수 있는 장점이 있다.

제7장

고객 자산의 측정 실습

1. 기업 공개 자료를 활용한 고객 자산 측정 실습
2. 설문 조사를 활용한 고객 자산 추정 모형

1. 기업 공개 자료를 활용한 고객 자산 측정 실습

앞서 기업 공개 자료를 활용한 고객 자산 측정에서의 중요한 요소들을 알아봤다. 물론 설명했던 다양한 요소, 특히 비용의 추계와 상계 처리 과정은 기업의 특성, 데이터의 특성 또는 기업이 공시하는 자료의 특성, 산업적 특성에 따라서 상당히 달라질 수 있다. 기본적으로 이러한 비용의 분해 과정에서 정확한 원칙을 세우고 이를 일관되게 적용하여 고객 생애 가치 추정에 필요한 요소들을 분해하고 재조정하느냐는 실제 각 상황에서 분석 담당자의 역할이라고 볼 수 있으며, 분석 담당자는 충분히 타당성 있는 원칙과 과정을 적용해야 할 것이다. 이 책의 실습 데이터는 지금까지 설명했던 내용을 바탕으로 실습 데이터 대상 기업의 평균적인 고객 생애 가치와 고객 자산을 추정할 수 있도록 구성하였다. 제공된 실습 데이터를 활용하여 지금까지 설명한 평균 고객 생애 가치와 유지 고객 자산, 신규 고객 자산 그리고 총 고객 자산의 추정을 실습해 보도록 하자.

제공된 예제 실습 데이터는 통신 기업 A의 실적과 재무 자료가 조합된 자료이다. 통신 기업 A가 공시하는 분기 보고서와 월별 실적 자료가 활용되었다. 첫 번째 행 부분은 12개월간의 총 가입자 수와 신규 가입자 수, 순증 가입자 수, 해지자 수이다. 또한 재무 자료, 매출액, 영업

이익, 가입비 매출, 매출 할인, 모집 수수료, 관리 수수료, 유지 수수료, 기타 수수료, 광고선전비는 분기별로 포함되어 있다.

	Jan-02	Feb-02	Mar-02	Apr-02	May-02	Jun-02	Jul-02	Aug-02	Sep-02	Oct-02	Nov-02	Dec-02
가입자 (천명)	15,340	15,578	16,001	16,052	16,297	16,463	16,616	16,791	16,997	17,105	17,150	17,220
WCDMA (천명)												
Net New Customer	161	239	423	51	246	165	153	175	206	109	44	70
New Customer	340	416	761	249	438	327	472	429	394	494	263	190
해지	179	177	338	198	192	161	318	254	188	385	219	120
획득율	2.21%	2.67%	4.75%	1.55%	2.69%	1.99%	2.84%	2.56%	2.32%	2.89%	1.54%	1.10%
해지율(%)	1.2%	1.1%	2.1%	1.2%	1.2%	1.0%	1.9%	1.5%	1.1%	2.3%	1.3%	0.7%
전체 ARPU (원)	42,826	40,596	43,508	42,668	45,436	42,295	44,320	44,439	43,767	45,537	45,606	46,501
가입비	1,064	1,285	2,314	718	1,309	962	1,364	1,238	1,131	1,439	760	529
ARPU (가입비 제외)	41,762	39,311	41,193	41,950	44,127	41,334	42,956	43,201	42,636	44,098	44,847	45,972
기본료 & 음성통화료	31,095	29,054	32,208	32,201	33,067	30,132	31,598	31,668	31,479	32,438	32,219	32,290
부가서비스 및 기타	1,360	1,394	1,625	1,358	1,914	2,327	1,881	1,923	1,919	1,922	2,127	2,536
무선인터넷	2,680	2,625	3,061	3,055	3,423	3,389	3,716	3,935	3,934	4,335	5,029	5,569
K사가입자	9,611	9,769	9,953	9,926	10,012	10,132	10,082	10,128	10,378	10,490	10,497	10,333
L사가입자	4,285	4,323	4,355	4,291	4,256	4,292	4,311	4,406	4,705	4,729	4,783	4,790
전체가입자	29,236	29,670	30,308	30,268	30,565	30,887	31,009	31,326	32,080	32,325	32,429	32,342
순증전체가입자		434	638	-40	297	322	122	316	755	244	105	-87
MS	52.5%	52.5%	52.8%	53.0%	53.3%	53.3%	53.6%	53.6%	53.0%	52.9%	52.9%	53.2%
매출액		1932				2113						2366
영업이익		663				705						582
가입비매출		67				48						47
매출할인		192				222						321
모집수수료		118				55						125
관리수수료		98				103						128
유지수수료		71				86						125
기타수수료(로밍 및 단말 채권)		0				0						0
광고선전비		70				108						155

[그림 7-1] 예제 실습 데이터

	Jan-02	Feb-02	Mar-02	Apr-02	May-02	Jun-02	Jul-02	Aug-02	Sep-02	Oct-02	Nov-02	Dec-02
평균고객생애가치 (5년=60개월)	541,084	519,480	448,561	516,034	546,722	539,638	442,610	486,778	529,146	391,259	460,178	528,282
평균고객생애가치 (10년=120개월)	692,148	666,932	518,162	654,815	697,841	708,516	520,806	596,813	682,420	447,541	580,641	724,818
획득비상계전 유지고객자산(5년=60개월) (십억)	8,300	8,093	7,179	8,283	8,910	8,884	7,354	8,174	8,994	6,693	7,892	9,097
획득비상계전 유지고객자산(10년=120개월) (십억)	10,617	10,390	8,291	10,511	11,373	11,664	8,654	10,021	11,599	7,655	9,958	12,481
획득비/마진(획득비를 상계할 수 있는 기간(월))	4	3	4	3	3	3	3	3	3	7	9	11
남은 획득비용 총액	49	52	62	44	32	38	32	34	36	237	226	231

[그림 7-2] 평균 고객 생애 가치

특히 통신사 재무 자료는 마케팅 수수료들이 세분되어 획득비와 유지비 분류가 필요한 고객 가치 추정에 가장 적합한 자료이다. 분기별로 추정된 재무 자료를 매출액 대비 비율로 월별 재무 자료로 단순 변환하는 등 여러 다양한 변환 방법을 고려해 볼 수 있으며, 내부 자료가 활용 가능한 경우 변환 없이 내부 자료를 활용한다.

	Jan-02	Feb-02	Mar-02	Apr-02	May-02	Jun-02	Jul-02	Aug-02	Sep-02	Oct-02	Nov-02	Dec-02
월별추정매출(ARPU*가입자)	641	612	659	673	719	680	714	725	725	754	769	792
월별추정마익(추정매출비율)			1,912			2,073			2,164			2,315
Estimated Monthly Acquisition Cost	222	212	229	229	245	231	238	242	242	190	193	199
월별관리수수료	11	14	26	2	3	2	4	4	3	41	22	16
Estimated Monthly Retention Cost	32	33	33	34	34	35	34	34	35	43	43	43
월별광고비	23	24	24	28	29	29	34	34	35	42	42	42
	23	23	23	36	36	36	36	36	36	52	52	52
마진	312	306	335	329	347	333	346	350	350	366	351	351
획득비용	23	25	37	19	20	19	21	20	20	65	46	40
유지비용	67	68	70	61	82	83	87	88	88	111	112	112
1만당 마진	20,348	19,628	20,942	20,488	21,274	20,253	20,808	20,843	20,609	21,399	20,467	20,382
1만당 획득비용	66,286	60,273	48,118	74,889	45,264	58,340	43,600	47,073	51,105	131,553	174,715	209,313
1만당 유지비용	4,554	4,562	4,694	5,206	5,253	5,192	5,499	5,447	5,383	6,866	6,697	6,532
할인율	0.95%	0.95%	0.95%	0.95%	0.95%	0.95%	0.95%	0.95%	0.95%	0.95%	0.95%	0.95%

[그림 7-3] 고객 자산 추정에 필요한 요소들

1) CE 추정 실습: 요소 추정

변환된 월별 자료를 바탕으로 마진, 획득 비용, 유지 비용을 분류한다. 광고비의 경우, 시장 점유율에 따라 비율 변환한다. 전체 고객 수, 획득 고객 수와 유지 고객 수에 따라 1인당 마진, 획득 비용, 유지 비용을 산출한다. 할인율 0.95%를 단순 적용하여 일반적으로는 가중 평균 자본 비용(WACC)으로 활용한다.

2) CE 추정 실습 : 평균 CLV 추정

고객 생애 가치의 추정을 위해 고객 생애 기간을 5년과 10년으로 임의 선택하고 실무적으로 고객 생애 기간을 추정해서 사용할 수 있다. 1인당 마진, 1인당 유지 비용 그리고 할인율을 활용하여 5년=60개월의 평균 고객 생애 가치와 10년=120개월의 평균 고객 생애 가치 추정을 한다. 평균 고객 생애 가치와 유지 고객 수를 활용하여 획득비를 고려하지 않은 유지 고객 자산을 추정하고, 획득비와 마진 비율과 신규 고객 수를 활용하여 상계가 필요한 남은 획득 비용 총액을 추정한다.

획득비를 상계하여 현재의 유지 고객 자산을 추정하고, 향후 동일한 신규 고객이 지속적으로 획득된다는 단순 가정하에 신규 고객 자산을 추정한다.

2. 설문 조사를 활용한 고객 자산 추정 모형

설문 조사를 활용한 고객 자산의 추정은, 먼저 해당 산업의 모든 또는 일부 브랜드에 대한 현재 구매(이용) 비율을 조사하고, 향후 미래 구매(이용) 예정 비율을 조사한다. 이들 설문 응답을 활용하여 고객 이동 확률 행렬과 각 시점의 미래 구매 확률 행렬을 추정하고, 이를 바탕으로 고객 획득률과 유지율을 추정한다.

먼저, J개의 브랜드가 시장에 있는 경우 특정 시점에서 고객의 각 브랜드별 구매 확률은 다음과 같이 표현될 수 있다(간명한 수식 표현을 위해 고객을 구분하는 첨자 i는 생략함).

$$\pi_t = \begin{bmatrix} p_{0t} & p_{1t} & \cdots & p_{J-1,t} & p_{J,t} \end{bmatrix}$$

$p_{j,t}$: t 시점에서 브랜드 j($<= J$, 최대 J개의 브랜드)의 구매(이용) 확률

[t 시점에서 $1 \times J$ (총 J개의 브랜드가 존재) 구매 확률 행렬]

예를 들어, J개의 브랜드 중 첫 번째 브랜드를 현재 구매(이용)하고 있다면 초기 시점($t=0$) 고객의 각 브랜드별 구매 확률은 다음과 같다.

$$\pi_0 = \begin{bmatrix} 1 & 0 & \cdots & 0 & 0 \end{bmatrix}$$

[$1 \times J$ 초기 구매 확률 행렬 예: 현재 첫 번째 브랜드 사용 중]

각 고객의 향후 미래 구매 예정 비율에 대한 응답을 바탕으로 고객 이동 확률 행렬은 다음과 같이 추정될 수 있다.

$$M = \begin{pmatrix} m_{11} \cdots\cdots m_{1J} \\ \vdots & \ddots & \vdots \\ m_{J1} \cdots\cdots m_{JJ} \end{pmatrix}$$

$m_{kj} = F_j$: 현재 구매(이용) 중인 브랜드가 k인 경우, 미래 구매(이용) 예정 비율(F_j) 적용

$m_{kj} = \overline{F_j}$: 현재 구매(이용) 중인 브랜드가 k가 아닌 경우, 평균 미래 구매(이용) 예정 비율($\overline{F_j}$) 적용

[고객 이동 확률 행렬]

여기서, 현재 구매(이용)중인 브랜드가 아닌 경우의 고객 이동 확률의 추정은 고객 평균, 다항 로지스틱 분석(Rust et al., 2004), 유사성 분석 등의 방법을 활용할 수 있으나, 이 연구에서는 고객 자산 측정 방법의 교차 비교가 목적이기 때문에 세부 고객 이동 확률의 추정 방식은 비교의 단순화를 위해 고객 평균 방식을 일관되게 적용하였다.

고객 이동 확률 행렬을 활용한 t 시점에서의 고객 구매 확률 행렬, 고객 유지율, 고객 획득률, 고객 구매 확률은 다음과 같이 추정된다.

$$\pi_t = \pi_{t-1} \cdot M = \pi_{t-2} \cdot M^2 = \pi_0 \cdot M^t$$

$$r_{jt} = p_{j,t-1} \cdot m_{jj}$$

$$a_{jt} = \Sigma_{k \neq j}^{J} \; p_{k,t-1} \cdot m_{k,j}$$

π_t: t 시점에서 1× J (총 J개의 브랜드가 존재) 구매 확률 행렬

m_{kj}: 브랜드 k 구매(이용) 이후 브랜드 j 구매(이용)할 확률

[브랜드 j에 대한 t 시점의 고객 이동: 확률 행렬(π_t), 유지율(r_{jt}), 획득률(a_{jt})]

결국 특정 시점에서 각 브랜드의 고객 구매 확률은 고객 유지율과
고객 획득률로 구성된다.

$$p_{jt} = \Sigma_{k=1}^{J} p_{k,t-1} \cdot m_{kj} = r_{jt} + a_{jt}$$

m_{kj}: 브랜드 k 구매(이용) 이후 브랜드 j 구매(이용)할 확률

[브랜드 j에 대한 t 시점의 유지율(r_{jt}), 획득률(a_{jt}) 그리고 구매 확률(p_{jt})과의 관계]

다음으로, 고객 마진을 추정하기 위해 설문 응답과 기업 공시 자료
를 활용한다. 각 응답 고객별 고객 매출(ARPU)을 기업 공시 자료와 비
교를 통해 자기보고 형태의 설문 응답과 공시 자료 간의 오차를 조정
한 후, 이를 각 브랜드의 연령별 평균 마진으로 환산하여 향후 미래 고
객의 마진을 연령에 따라 단순 추정한다. 미래 고객 마진에 대한 추정
방식도 다양하게 적용할 수 있으나, 측정 방식에 대한 비교의 목적에
초점을 맞추기 위해 일관된 단순 추정 방식을 적용하였다.

$$MG_{ij} = ARPU_{ij} \times \frac{arpu_j}{\overline{ARPU_j}} \times mg_j$$

MG_{ij}: 설문 응답 고객 i에 대한 브랜드 j의 마진

$ARPU_{ij}$: 설문 응답 고객 i에 대한 브랜드 j의 일인당 매출

$\overline{ARPU_j}$: 브랜드 j의 설문 응답 고객의 일인당 평균 매출

$arpu_j$: 브랜드 j의 기업 공시 고객 일인당 평균 매출

mg_j: 브랜드 j의 기업 공시 고객 평균 마진율

[현재 시점에서의 고객 i의 마진]

$$MG_{ijt} = \tilde{\alpha} + \tilde{\beta} * age_{ijt} + \epsilon_{ij}$$

age_{ijt}: t 시점에서 브랜드 j를 구매(이용)한 고객 i의 예상 연령

[t 시점에서의 고객 i의 보정된 마진]

　고객 관계 관리 비용, 즉 고객 획득 비용과 고객 유지 비용은 앞서 기업 공시 자료를 바탕으로 추정된 일인당 평균 유지 비용(RC), 일인당 평균 획득 비용(AC)을 동일하게 사용한다. 따라서 측정의 교차 비교 시 복잡한 비용 처리에 따른 영향은 자연스럽게 배제된다.

　지금까지 추정한 고객 생애 가치 요소들을 바탕으로 설문 응답자별 고객 생애 가치를 다음과 같이 추정할 수 있다. 이 경우, 대상 산업이 계약적 상황이기 때문에 특정 계약 기간(τ)마다 고객 이동이 가능하다고 가정한다.

$$CLV_{ij} = \sum_{t=0}^{(T_i)} \left[\frac{(MG_{ijt} - RC) \cdot R_{ijt} + (MG_{ijt} - RC - AC) \cdot A_{ijt}}{(1+d)^t} \right]$$

$$R_{ijt} = \begin{cases} r_{ijt}, & t \equiv 0 \,(\mathrm{mod}\ \tau_i) \\ 1, & otherwise \end{cases}$$

$$A_{ijt} = \begin{cases} a_{ijt}, & t \equiv 0 \,(\mathrm{mod}\ \tau_i) \\ 1, & otherwise \end{cases}$$

MG_{ijt}: t 시점에서 설문 응답 고객 i에 대한 브랜드 j의 마진

RC: 일인당 평균 유지 비용

AC: 일인당 평균 획득 비용

T_i: 고객 i의 생존 기간

τ_i: 고객 i의 계약 기간

r_{ijt}: t 시점에서 고객 i의 브랜드 j 유지율

a_{ijt}: t 시점에서 고객 i의 브랜드 j 획득률

d: 할인율

[설문 응답 고객 i의 브랜드 j에 대한 고객 생애 가치]

비록 초기에 하나의 브랜드를 구매(이용)한 고객의 경우에도 고객 이동 확률 행렬의 순차적 적용에 따라 다른 브랜드의 구매(이용) 가능성이 존재하게 되어, 각 고객은 결국 모든 브랜드에 대해 각각의 고객 생애 가치를 가질 수 있다. 고객 자산은 측정된 고객 생애 가치를 활용하여 설문 응답 고객에 대한 각 브랜드별 평균 고객 생애 가치에 전체 고객 수를 곱하여 다음과 같이 추정한다.

$$CE_j = \overline{CLV_j} \cdot N_j$$

$\overline{CLV_j}$: 브랜드 j에 대한 평균 고객 생애 가치

N_j: 브랜드 j의 초기 전체 고객 수

[브랜드 j에 대한 고객 자산]

Rust, Lemon과 Zeithaml(2004)의 연구는 총 5개 산업(항공사, 전자 제품 매장, 얼굴용 티슈, 식료품, 렌터카)을 대상으로 고객 설문 조사를 활용하여 고객 생애 가치를 측정하였다. 설문 조사에는 5개 산업 내 주요 브랜드에 대한 고객의 쇼핑 행동 및 평가와 관련된 질문이 포함되었다. 항공사 산업(아메리칸 에어라인)의 예를 살펴보자.

〈표 7-1〉 항공 산업을 대상으로 한 설문 문항의 예

항목	문항
최근 구매 브랜드	다음 중 가장 최근에 탑승한 항공사는 어디입니까?
전환 확률	다음에 항공사를 이용하게 된다면, 아래의 항공사들을 각각 이용할 확률은? (합산 100%)
구매 금액	비행기를 탈 때 항공권의 평균 가격은 얼마입니까?
구매 빈도	평균적으로 얼마나 자주 항공사를 이용하십니까?

〈표 7-1〉에 제시된 것과 같이, 분석 대상 산업 내 모든 또는 일부 브랜드에 대해 표본 고객의 최근 구매 브랜드, 여러 브랜드의 구매 확률, 평균 구매 금액, 평균 구매 횟수 등을 설문을 통해 확인하여 고객 생애 가치를 측정한다. 추가적으로, 고객 생애 가치와 고객 자산을 추정하기 위해서는 기업 공시 자료 또는 전문가 견해를 바탕으로 추정할 수 있다.

[그림 7-4]는 아메리칸 에어라인의 고객 생애 가치 분포를 보여 준다. $0-$99 범주에는 고객의 60% 이상이 포함되고 $500 이상 범주에는 고객의 11.6%만 포함되어 아메리칸 에어라인 고객 대부분의 고객 생애 가치는 낮은 것으로 나타났다. [그림 7-5]는 지갑 점유율의 개념

을 적용하여 아메리칸 에어라인의 고객 생애 가치 분포를 보여 주는 결과이다. 고객의 거의 절반이 지갑 점유율 20% 이하 범주에 포함된다. 단 10.5%만이 80% 이상의 지갑 점유율을 가졌다. 이 비율은 아메리칸 에어라인 고객의 대다수가 충성도가 낮음을 보여 주며, 연구자들은 아메리칸 에어라인 고객들을 '변덕스럽다'고 표현하였다. 마지막 [그림 7-6]에 따르면 고객 생애 가치가 $0-$99 범주에 해당하는 고객들이 아메리칸 에어라인 고객 자산의 10% 미만을 구성한다. 해당 범주의 고객 규모가 전체 고객의 60% 이상으로 가장 크지만 고객 자산에 기여하는 비율이 적다는 것을 알 수 있다. 이와는 대조적으로 $500 이상의 고객 생애 가치를 가지는 고객은 전체 고객의 11.6%에 불과하지만 아메리칸 에어라인 고객 자산의 약 50%를 차지한다.

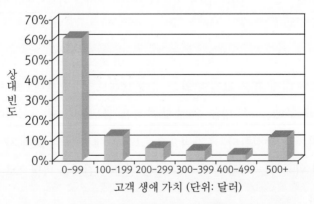

[그림 7-4] 아메리칸 에어라인의 고객 생애 가치 분포

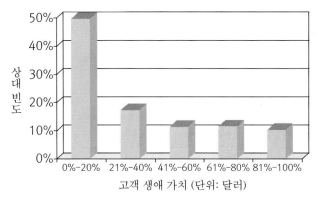

[그림 7-5] 아메리칸 에어라인의 고객 생애 가치 범주별 지갑 점유율 분포

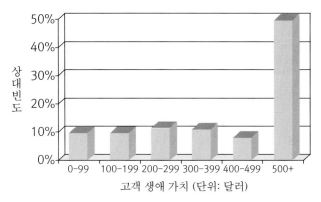

[그림 7-6] 아메리칸 에어라인의 고객 생애 가치 범주별
고객 자산에 대한 기여 비율

〈표 7-2〉는 각 산업별로 투자된 마케팅 비용이 고객 자산에 미치는 영향과 투자 수익률을 보여 준다. 아메리칸 에어라인에 대한 분석 결과만 살펴보면, 7천만 달러의 마케팅 투자는 고객 자산에 긍정적인 영향을 미쳐 결과적으로 1억 달러 이상의 고객 자산을 증가시켰고 투자 수익률 또한 40% 이상으로 나타났다. 이는 해당 마케팅 투자가 크게

성공적이었음을 정량적으로 보여 준다.

〈표 7-2〉 마케팅 투자에 대한 예상 투자 수익률(ROI)

기업명 (산업)	투자 영역	투자 금액 (단위: 만 달러)	고객 자산 증가율 (단위: %)	고객 자산 증가액 (단위: 만 달러)	예상 ROI (단위: %)
아메리칸 에어라인 (항공사)	승객실 (좌석) 개선	7천	1.39	1억 130	44.7
Puffs (얼굴용 티슈)	광고	4천5백	7.04	5천810	29.1
델타 (항공사)	기업윤리	5천	1.68	8천550	71.0
B&C (식료품)	로열티 프로그램	10	7.04	8	−12.5

　　모든 기업 또는 산업에서 마케팅 투자의 성과가 높지는 않았지만, 해당 연구 결과를 통해서 마케팅 활동을 비용(cost)이 아닌 투자(investment) 활동으로서 바라봐야 할 필요성을 확인할 수 있다. 고객 생애 가치 또는 고객 자산을 높이기 위한 장기적 투자 활동으로서 마케팅 활동의 전략적 가치를 알 수 있다.

1. 고객 자산과 기업 수익성의 관계 분석 사례 1[1]

첫 번째 사례는 고객 자산과 기업의 실제 수익을 직접적으로 비교 분석하여 기업 수익성을 추정된 고객 자산으로 예측할 수 있는지, 즉 고객 자산의 기업 성과 예측 활용도에 관한 것이다. 현재 분석의 목적을 달성하기 위해서는 두 가지 모형의 개발이 필요하다. 먼저, 현재 분석의 궁극적 목적인 고객 생애 가치와 기업 수익성의 관계를 밝히기 위한 모형이 필요하다. 다음으로, 고객 생애 가치와 기업 수익성의 관계를 밝히기 위한 모형의 독립 변수인 고객 생애 가치의 측정을 위한 모형이 필요하다. 현재 분석에서는 첫 번째 모형을 관계 모형, 두 번째 모형을 측정 모형이라 칭하도록 한다. 체계적인 모형을 도출하기 위해, 먼저 고객 생애 가치 측정 모형 구현 후 고객 생애 가치와 기업 수익성의 관계 모형을 구현하도록 하겠다.

중소 규모의 온라인 인터넷 쇼핑몰의 고객 거래 데이터를 사용하여 분석 모델을 실증 분석하였다. 온라인 쇼핑몰의 주요 거래 물품은 전자 제품을 포함한 일반 생활용품으로서 일반 고객을 대상으로 제품을

---

1) 이 사례는 [송태호, 김상용, 이장혁(2009). 고객 자산과 기업 수익성 간의 관계. 마케팅연구, 24(4), 35-65.]의 연구를 발췌 요약하였음.

판매하는 사업을 하고 있다. 또한 데이터를 제공한 온라인 쇼핑몰은 직접적인 물품의 거래에는 관여하지 않고, 다양한 공급업자와 고객을 연결해 주고 판매 마진을 얻어 수익을 올리는 마켓플레이스와 쇼핑몰의 형식을 모두 지니는 특징을 가지고 있다.

〈표 8-1〉 분석 데이터의 기술 통계

항목	값
기간	2002. 11.~2004. 11.
전체 거래 수	107,640건
거래당 평균 매출	161,984원
거래당 평균 수익	7,293원
거래당 평균 수익률	4.50%
전체 등록 고객 수	26,831명
등록 고객의 전체 거래 수(당일 거래)	31,300건
등록 고객의 거래당 평균 매출(당일 거래)	348,012원
등록 고객의 거래당 평균 수익(당일 거래)	20,141원
등록 고객의 거래당 평균 수익률	5.79%
고객당 평균 거래 수(당일 거래)	1.17건
고객당 평균 매출	405,977원
고객당 평균 수익	23,495원
고객당 평균 수익률	5.79%

분석에 사용된 데이터는 2002년 11월부터 2004년 11월까지 25개월($k=25$)간 26,831명의 회원 고객과 그 외 비회원 고객에 의한 10만 건 이상의 거래 데이터가 사용되었다. 고객 거래 데이터에는 26,831명(회

원 고객) 외에 신원을 알 수 없는 더 많은 고객의 거래 데이터가 포함되어 있으며, 이 고객들의 고객 생애 가치는 제한적 정보로 인해 측정이 불가능하였다. 고객 거래 데이터에는 고객 아이디(회원 고객인 경우), 거래 시점, 거래 금액, 거래 마진 등이 포함되어 있다.

〈표 8-1〉을 살펴보면, 회원 고객(등록 고객)에 의한 거래의 매출, 수익, 수익률이 전체 거래에 대한 매출, 수익, 수익률에 비해 전반적으로 높음을 알 수 있다. 따라서 회원 고객이 일반 고객에 비해 수익성이 높다는 것을 알 수 있다. 또한 회원 고객의 거래 수가 전체 거래 수의 약 30% 정도로, 회원 고객의 거래량이 그리 많지 않음을 알 수 있다. 즉, 회원 고객의 거래량만으로 전체 거래를 대표한다고 보기 어렵다. 또한 거래당 평균 수익률이 4.5~5.7%로 상당히 낮지만, 해당 기업이 인터넷 저가 유통 업체인 점을 감안할 때 충분히 납득이 가는 수익률이다.

〈표 8-2〉 구매 횟수별 구성 비율

구매 횟수	고객 수	구성 비율	재구매율
1	24,019	89.50%	
2	2,233	8.32%	8.51%
3	374	1.39%	14.35%
4	90	0.34%	19.40%
5	36	0.13%	28.57%
6	12	0.05%	25.00%
7	8	0.03%	40.00%
8	10	0.04%	55.56%
9	7	0.03%	41.18%
10회 이상	42	0.16%	85.71%

또한 고객과 해당 기업 간의 거래 건수가 고객당 1.17건은 상당히 낮은 것으로 대다수 고객이 기업과 한 번의 거래만을 한다는 것을 의미하며, 해당 기업에 충성도를 가진 고객은 상당히 적다는 것을 알 수 있다.

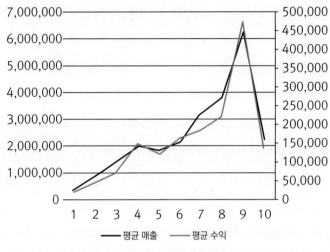

[그림 8-1] 구매 횟수별 매출과 평균 수익

〈표 8-2〉를 통해 반복 구매를 하는 고객이 극히 드물다는 것을 알 수 있다. 첫 번째 구매를 하고 두 번째 구매를 하는 고객 비율이 8.5%로 재구매 비율이 아주 낮음을 알 수 있다. 지금까지의 데이터 기술적 통계를 볼 때 염려스러운 것은 고객 생애 가치와 기업 수익성의 관계에 대한 조사에 그리 적합한 데이터가 아닐 수도 있다는 점이다. 그럼에도 불구하고 기업의 고객과 매출 데이터를 모두 확보하는 일이 쉽지 않은 것이 현실일 때, 완벽하지는 않지만 현재의 데이터를 가지고 고객 생애 가치와 기업 수익성의 관계를 조사하는 것도 상당히 의미 있

다고 생각되며, 고객 유지율이 아주 낮은 상태에서 고객 생애 가치가 적용 가능한지에 대한 문제도 함께 검증해 볼 수 있는 긍정적인 면이 있다고 판단된다.

[그림 8-1]은 각 구매 횟수별 고객의 평균 매출과 평균 수익을 보여 준다. 구매 횟수가 증가할수록 고객의 평균 매출과 평균 수익은 증가한다. 즉, 구매 횟수가 증가할수록 고객의 수익성이 점점 증가하게 되며, 따라서 구매 횟수가 해당 고객의 수익성을 판단할 수 있는 선행 지표일 수도 있음을 보여 준다. 그러나 구매 횟수가 10회 이상인 경우, 오히려 고객의 수익성이 떨어지게 되는 현상을 확인할 수 있다.

1) 모형의 모수 추정

〈표 8-3〉 추정된 월별 r_k, α_k, a_k, b_k

k	r_k	α_k	a_k	b_k	$\frac{r}{\alpha}(\lambda)$	$\frac{\alpha}{r}$	$\frac{a}{a+b}(p)$
1	0.037	6.081	1.295	0.512	0.006	163.462	0.717
2	0.027	3.526	1.526	0.424	0.008	130.411	0.783
3	0.023	2.652	1.118	0.265	0.009	117.441	0.808
4	0.021	2.221	1.236	0.278	0.009	107.684	0.817
5	0.019	1.927	1.248	0.288	0.010	101.680	0.813
6	0.018	1.702	1.427	0.308	0.011	94.883	0.822
7	0.017	1.597	1.169	0.257	0.011	94.658	0.820
8	0.018	1.606	1.274	0.289	0.011	91.472	0.815
9	0.018	1.648	1.226	0.313	0.011	90.700	0.797
10	0.018	1.603	1.303	0.337	0.011	90.392	0.795

11	0.018	1.662	1.295	0.363	0.011	93.835	0.781
12	0.019	1.794	1.284	0.366	0.010	95.578	0.778
13	0.019	1.782	1.248	0.350	0.011	91.749	0.781
14	0.021	1.924	1.236	0.372	0.011	92.333	0.769
15	0.021	1.945	1.208	0.376	0.011	93.029	0.763
16	0.021	1.804	1.134	0.359	0.012	86.115	0.760
17	0.021	1.653	1.254	0.392	0.013	78.400	0.762
18	0.021	1.640	1.302	0.405	0.013	76.858	0.763
19	0.021	1.502	1.279	0.392	0.014	71.293	0.766
20	0.021	1.490	1.252	0.391	0.014	70.062	0.762
21	0.021	1.456	1.225	0.381	0.014	68.966	0.763
22	0.021	1.419	1.248	0.396	0.015	68.197	0.759
23	0.020	1.377	1.255	0.399	0.015	67.362	0.759
24	0.021	1.408	1.256	0.405	0.015	67.732	0.756
25	0.021	1.449	1.172	0.387	0.015	68.210	0.752

Fader, Hardie와 Ka Lok(2005)이 밝혔듯이 BG/NBD 모형의 특성상 모형의 모수를 Excel을 이용하여 추정할 수 있으나, 본 분석에서는 25개 시점 각각에서 모수 및 고객 생애 가치를 추정해야 하고 각 시점별로 적지 않은 데이터 처리(계산)가 필요하기 때문에 Excel로 데이터 분석을 수행하기에는 무리가 있었다. 따라서 이러한 일련의 데이터 처리 과정의 자동화를 위해 프로그래밍이 가능한 통계 패키지를 사용하였고, 다양한 프로그래밍 통계 패키지 중 행렬 처리 능력이 뛰어나고 다양한 통계 라이브러리를 제공하는 R 프로그래밍 언어를 이용하여 데이터 분석을 수행하였다.

우선, 모수 추정에는 전체 $25(k=25)$개의 월별 거래 데이터가 사용되었다.

〈표 8-3〉은 추정된 월별 r_k, α_k, a_k, b_k을 보여 주고 있다. r은 고객 간의 구매 빈도 λ의 이질성을 의미한다. 따라서 전반적으로 작은 r값은 고객 간의 구매 빈도 차이가 상당히 큰 것을 보여 준다. 즉, 자주 구매하는 고객이 있는 반면 전혀 자주 구매하지 않는 고객, 즉 한 번 구매하고 다시는 구매하지 않는 고객이 골고루 넓게 분포한다고 생각할 수 있다는 것을 암시하며, 시간이 경과할수록 r값이 점점 작아지기 때문에 λ의 이질성이 점점 커짐을 알 수 있다. 또한 감마 분포의 기댓값에 해당하는 $\dfrac{r}{\alpha}$는 구매 빈도 λ의 평균을 의미하며, 이 분석에서 단위 시간을 1일 사용하였기 때문에 $k=1$일 때 약 168일마다 고객이 반복 구매를 한다고 볼 수 있다. 또한 a는 고객 간의 이탈 확률 p의 이질성을 의미하고, r에 비해 상대적으로 큰 값을 가지고 있다. 이는 해당 기업 고객들의 이탈 확률은 다소 비슷하다는 것을 의미하며, 따라서 해당 기업 고객들의 이탈 행동이 상당한 동질성이 있다는 것을 의미한다.

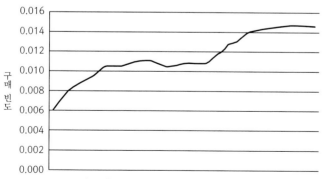

[그림 8-2] 일 평균 구매 빈도

또한 베타 분포의 기댓값인 $\dfrac{a}{a+b}$ 는 이러한 이탈 확률 p 의 평균값으로서, $k = 1$ 일 때 약 72%의 신규 고객이 이탈을 한다고 볼 수 있다.

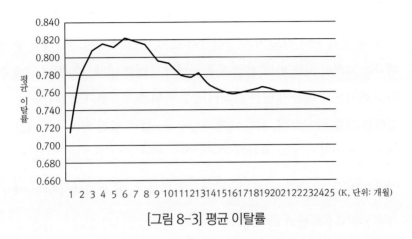

[그림 8-3] 평균 이탈률

[그림 8-2]와 [그림 8-3]은 각각 일 평균 구매 빈도와 평균 이탈률의 변화 추이를 보여 준다. 일 평균 구매 빈도는 점점 증가하고 있으며, 고객의 반복 구매 횟수가 증가하고 있다고 볼 수 있다. 초기에 평균 이탈률이 증가하나 $k = 6$ 이후로는 평균 이탈률이 감소하여 사업 초기에 발생했던 고객들의 이탈률이 증가했지만, 사업 후기 안정화 국면에서 고객 이탈률이 감소한다고 해석할 수 있다.

2) 고객 생애 가치의 추정

[그림 8-4]와 [그림 8-5]는 제안된 분석 모형을 통해 추정된 고객 자산과 기업의 실제 수익 변화 추이를 보여 준다. 전반적으로 고객 자산의 증감과 기업 수익의 증감이 동일한 방향성을 보여 주고 있음을 알

수 있고, 이를 통해 고객 자산과 기업 수익 간 양의 상관관계를 예측할 수 있다. 또한 기존 고객 자산이 전체 고객 자산의 상당 부분을 설명하고 있으며, 신규 고객 자산은 기존 고객 자산이 전반적인 증가 추세인 것과 대조적으로 지속적으로 불안정하게 변화하고 있음을 알 수 있다. 따라서 단기적인 기업 수익의 변화는 신규 고객 자산과, 그리고 장기적인 기업 수익의 변화는 기존 고객 자산과 관련이 있음을 예상할 수 있다.

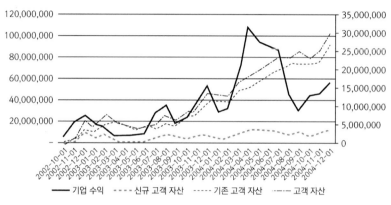

[그림 8-4] 고객 자산과 기업 수익

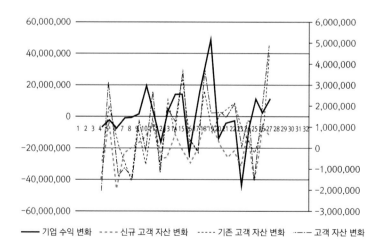

[그림 8-5] 고객 자산 변화와 기업 수익 변화

3) 고객 생애 가치와 기업 수익성의 관계 추정

〈표 8-4〉 분석 결과

Model	R^2	독립 변수	λ, β
$PROFIT_k = \beta_0 + \beta_1 \cdot CE(k) + \epsilon$	0.430	고객 자산	2.374 *** (0.543)
$PROFIT_k = \beta_0 + \lambda \cdot PROFIT_{k-1}$ $+ \beta_1 \cdot CE(k) + \epsilon$	0.655	전기 기업 수익	0.672 *** (0.168)
		고객 자산	0.706 (0.593)
$PROFIT_k = \beta_0 + \lambda \cdot PROFIT_{k-1}$ $+ \beta_1 \cdot NCE(k)$ $+ \beta_2 \cdot RCE(k) + \epsilon$	0.718	전기 기업 수익	0.489 *** (0.169)
		신규 고객 자산	11.972 ** (4.661)
		기존 고객 자산	0.022 (0.605)
$PROFIT_k = \beta_0 + \beta_1 \cdot NCE(k-1)$ $+ \beta_2 \cdot RCE(k-1) + \epsilon$	0.378	전기 신규 고객 자산	11.101 * (5.811)
		전기 기존 고객 자산	1.197 (0.892)
$PROFIT_k = \beta_0 + \beta_1 \cdot NCE(k-2)$ $+ \beta_2 \cdot RCE(k-2) + \epsilon$	0.225	전전기 신규 고객 자산	2.382 (6.609)
		전전기 기존 고객 자산	2.049 * (1.061)

* ( ) 안은 Standard Error임.
*$p < 0.10$, **$p < 0.05$, ***$p < 0.01$

제안된 관계 모형을 모두 5개의 모델로 분석하였다. 〈표 8-4〉는 분석 결과를 보여 주고 있다. 먼저, 첫 번째 모델을 통해 고객 자산과 기업 수익성 사이 양의 상관관계가 있음을 알 수 있다. 그러나 고객 자산의 이월 효과를 검증하는 모델의 경우, 고객 자산의 효과가 나타나지 않았다. 따라서 고객 자산을 두 개의 요소로 구분하여 이월 효과를 검증하여 보았다. 세 번째 모델에서는 신규 고객 자산의 이월 효과를 확인할 수 있었다. 이월 계수는 0.489($p=0.009$)로 나타났으며, 약 6개월 간 효과가 지속된다고 해석할 수 있다. 따라서 고객 자산의 이월 효과가 부분적으로 검증되었다. 다음으로, 전기의 신규 고객 자산과 기존 고객 자산이 기업 수익에 미치는 영향을 조사하는 네 번째 모델을 통해 신규 고객 자산의 단기적 효과를 검증하였다. 예상대로, 결과는 전기의 신규 고객 자산이 기업 수익에 유의한 영향을 주는 반면, 기존 고객 자산은 기업 수익에 유의한 영향이 없음을 알 수 있다. 그러나 좀 더 장기적인 효과를 조사하기 위해 전전기의 신규 고객 자산과 기존 고객 자산이 기업 수익에 미치는 영향을 다섯 번째 모델에서 검토했다. 신규 고객 자산은 유의하지 않은 반면, 기존 고객 자산은 유의한 것으로 나타났다. 또한 3기 전 또는 4기 전의 신규 고객 자산과, 기존 고객 자산과 기업 수익에 관한 모델을 추가적으로 분석한 결과도 동일한 결과를 보여 주었다. 따라서 신규 고객 자산의 경우 단기간(1개월) 후의 기업 수익에 직접적 영향을 주지만, 기존 고객 자산은 상대적으로 중장기(2~4개월) 후의 기업 수익에 직접적 영향을 준다고 해석할 수 있다. 게다가 놀랍게도 본 분석의 결과는 전체 거래 데이터의 30%를 분석한 결과로, 이는 기업 전체 수익의 상당 부분을 설명 또는 예측할 수 있다는 결론을 내릴 수 있다.

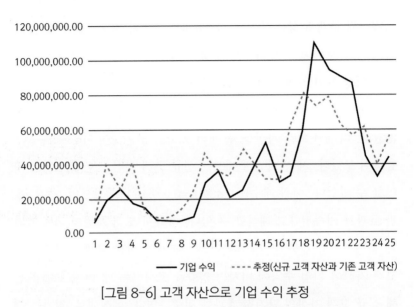

[그림 8-6] 고객 자산으로 기업 수익 추정

또한 데이터에 극소수의 반복 구매 고객이 포함되어 있음에도 불구하고, 분석 모형에서 예상한 대부분의 예상을 모두 검증하였다는 점은 고객 생애 가치 또는 고객 자산 개념이 단지 고객 유지율이 높은 기업에게만 유용한 툴이 아님을 시사한다. 따라서 고객이 있는 어떤 기업이든 고객 생애 가치의 개념을 기업 수익의 선행 지표로서 활용할 수 있다고 해석할 수 있다.

[그림 8-6]은 추정된 전기의 고객 자산으로 다음 기의 기업 수익을 추정한 결과를 보여 주며, 다음 기의 기업 수익과 변화가 잘 예측된 것으로 볼 수 있다. 따라서 고객 자산 또는 고객 생애 가치가 기업의 미래 성과 평가 또는 예측의 주요한 선행 지표로서 활용 가능함을 확인할 수 있다.

2. 고객 자산과 기업 수익성의 관계 분석 사례 2[2)]

두 번째 사례도 첫 번째 사례와 마찬가지로 고객 생애 가치 및 고객 자산이 기업의 성과를 예측, 판단하는 지표로서 활용될 수 있는지에 관한 것이다. 이 사례는 고객과의 관계가 계약적 상황인 보험 산업에 대한 연구 사례이다.

이 연구는 2017년부터 2020년까지 매출액과 계약 건수 기준, 상위 3개 국내 손해 보험사의 고객 자산을 측정하였다. 보험 개발원에서 제공하는 상세 보험 계약 정보(영업 비용, 신규 계약 건수, 계약 유지율 등)와 재무제표의 세부 정보(매출액, 영업 수수료, 광고선전비 등)를 활용하여 분석을 진행하였다. 보험 산업은 계약 기반 산업이므로 이 연구는 계약 한 건의 가치를 평가하고자 하였다. 이에 고객 한 명의 가치를 평가한 기존의 고객 생애 가치의 개념을 확장하여 고객 계약 생애 가치 및 고객 계약 자산의 측정을 시도하였다.

1) 비용의 추정

고객 계약 생애 가치의 추정을 위해 다음의 두 가지 식을 통해 유지 비용과 획득 비용을 추정하였다. 획득 비용 추정에서 신계약비는 인건비 및 계약 조달비를 포함하는 비용으로 재무제표를 통해 확인할 수 있다.

---

2) 이 사례는 [박다은, 김원필, 송태호(2021). 보험 산업에서 계약 단위 고객 가치 분석: 한국 3 대 손해 보험사 사례. 서비스마케팅저널, 14(2), 5–18.]의 연구를 발췌 요약하였음.

$$AC = \frac{C_N}{NN} \quad \cdots\cdots\cdots\cdots\cdots\cdots\cdots\cdots\cdots\cdots\cdots\cdots \text{(1)}$$

AC: 계약 건당 신규 계약 획득 비용

C_N: 신계약비 NN: 신규 계약 건수

유지 비용의 경우, 기업 A는 나머지 두 개의 기업과 달리 수수료가 하나의 계정으로 제시되었다. 따라서 기업 B와 C의 전체 수수료 대비 고객 유지를 위한 수수료의 평균 비율을 적용하여 기업 A의 유지 비용을 추정하였다.

[기업 B, 기업 C]

$$RC = \frac{C_B + C_C}{RN} \quad \cdots\cdots\cdots\cdots\cdots\cdots\cdots\cdots\cdots\cdots \text{(2)}$$

RC: 계약 건당 계약 유지 비용

C_B: 공동보험 수수료

C_C: 지급 대리 업무 수수료

RN: 유지된 기존 계약 건수

2) 조정 매출과 예상 거래 기간의 산정

계약 한 건당 마진을 계산하기 위해 조정 매출을 추정한다. 총 매출에서 영업 비용을 제하고 획득 비용과 유지 비용을 다시 더해 준다. 앞서 비용 추정에서 언급한 것처럼 기업 A와 나머지 두 기업의 조정 매출 도출 과정에는 차이가 있다.

[기업 A]

$$Rev = Sales - E_A + C_N + C_A \times Rate \quad \cdots\cdots\cdots\cdots (3)$$

Rev : 조정된 매출 $Sales$: 매출

E_A : 영업 비용 C_N : 신계약비

C_A : 수수료 $Rate$: 평균 유지 비용 비율

[기업 B, 기업 C]

$$Rev = Sales - E_B + C_N - (C_B + C_C) : \text{조정된 매출}$$

$$\cdots\cdots\cdots\cdots (4)$$

$Sales$: 매출 E_B : 영업 비용 C_N : 신계약비

C_B : 대리점 수수료 C_C : 수재보험 수수료

계약 기반 산업인 보험 산업에서 고객과의 거래 지속 여부는 명확하다. 그래서 보유 고객과 이탈 고객의 비율을 확인할 수 있다. 연간 고객의 계약 해지율 데이터를 바탕으로 고객 유지율을 도출하였다. 해당 유지율을 적용하여 여러 생애 기간(5년, 10년 등)에 따른 고객 계약 생애 가치를 산출한 결과, 10년 생애 기간을 기준으로 고객 계약 생애 가치가 거의 변화하지 않음을 확인하였다. 또한 고객 유지율을 토대로 최대 계약 유지 기간이 30년임을 확인하였다. 이에 이 연구는 생애 기간 10년과 30년의 고객 계약 생애 가치를 모두 추정하였다.

3) 고객 계약 생애 가치와 고객 계약 자산의 추정

유지 고객과 신규 고객을 구분하여 고객 계약 생애 가치 및 자산을 추정하였다. 유지 고객 계약 생애 가치를 추정하는 다음의 식에서 할

인율은 보험 산업의 가중 평균 자본 이용의 평균값을 적용하였다.

$$RCCLV = (MG - RC) \times \left[1 - \frac{\left(\frac{1-CR}{1+d} \right)}{\left(1 - \frac{1-CR}{1+d} \right)^{k \times 12}} \right]$$

·················· (5)

$RCCLV$: 유지 계약의 CCLV

MG: 보유 계약 건당 마진

RC: 보유 계약 건당 유지 비용

CR: 계약 유지율 d: 할인율 k: 고객 생애 기간(년)

이를 토대로 신규 고객 계약 생애 가치를 다음 식과 같이 추정하였다.

$$NCCLV_t = \sum_{j=1}^{k} \frac{RCCLV_t - AC}{(1+d)^j}$$ ·················· (6)

$NCCLV_t$: t 시점에서 신규 계약의 CCLV

$RCCLV_t$: t 시점에서 유지 계약의 CCLV

AC: 신규 계약 건당 획득 비용

d: 할인율 k: 고객 생애 기간(년)

각각의 고객 계약 자산은 고객 계약 생애 가치에 유지 또는 신규 획득된 계약 건수를 곱해 줌으로써 도출하였다.

4) 분석 결과

3대 보험사에 대한 분석 결과, 비용의 경우 3사 모두 획득 대비 유지 비용이 10% 수준으로 나타나 기존 고객 유지보다는 고객 획득, 즉 신규 계약 획득에 중점을 두는 것을 알 수 있다. 마진의 경우, 고객 계약 생애 가치 추정 과정에서 3개 기업의 평균을 살펴보면 영업 이익과 동일한 순으로 마진이 높게 나타났다. 구체적으로 A, B, C사 순으로 계약 한 건당 마진이 높았다.

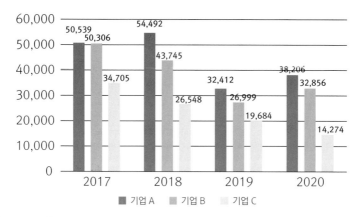

[그림 8-7] 3대 보험사의 고객 계약 생애 가치(생애 기간: 30년/단위: 원)

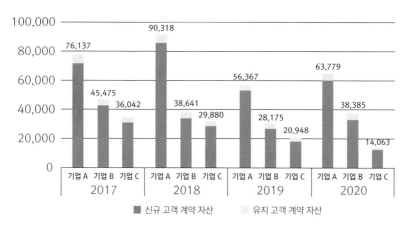

[그림 8-8] 3대 보험사의 유지 및 신규 고객 계약 자산
(생애 기간: 30년/단위: 백만 원)

유지 고객 계약 생애 가치는 [그림 8-7]과 같이 앞서 마진 추정 결과와 유사한 형태를 보였다. 생애 기간을 10년으로 추정한 결과도 비슷한 수준으로 나타났다.

[그림 8-8]은 전체 고객 계약 자산 대비 유지 고객 계약 자산과 신규 고객 계약 자산의 비중을 보여 준다. 앞서 비용 분석 결과에서 언급한 것처럼 보험사들이 신규 계약 획득에 집중하고 있음을 알 수 있다. 마지막으로, 각 기업의 시가 총액과 고객 계약 자산을 비교하였다.

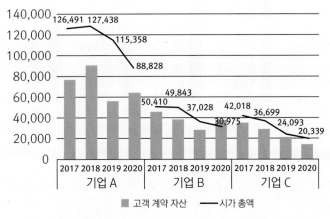

[그림 8-9] 3대 보험사의 고객 계약 자산과 시가 총액의 비교
(생애 기간: 30년/단위: 백만 원)

비교 분석 결과, [그림 8-9]와 같이 공통적으로 3사의 시가 총액이 줄어드는 추세가 확인되었다. 보험 산업 자체의 전망이 어둡다고 할 수 있지만 일부 기업의 고객 계약 자산 규모는 회복세를 보였다. 이러한 결과는 계약 유지 및 획득에 대한 비용 관리의 차이에 기인한다고 볼 수 있다. 일부 기업의 경우, 고객 계약 자산과 시가 총액 규모의 차

이가 존재하였으나 그 추세는 유사한 형태를 보였다. 따라서 이 연구를 통해 계약 기반 산업에서 고객 생애 가치 및 고객 자산이 기업의 성과를 예측, 판단하는 지표로서의 가치가 있음을 알 수 있다.

3. 경쟁 상황에서 고객 자산이 기업 성과에 미치는 동적인 효과[3)]

이 사례는 고객 생애 가치의 변화와 기업 수익성 변화의 관계에 대해 직접적이고 실증적인 검증을 수행함을 목적으로 진행되었다. 구체적으로, 한국의 대표적인 통신회사의 시계열 고객 거래 데이터를 대상으로 계약적 상황에서 고객 생애 가치의 실증적인 추정을 시도하고, 기업의 경쟁 상황에 따른 고객 생애 가치와 기업의 수익성과의 관계를 조사하기 위한 분석 모형을 제안하는 것을 분석의 목적으로 한다. 분석의 목적을 달성하기 위해, 먼저 기존의 모델들을 바탕으로 고객 자산 및 생애 가치를 추정하고 기업 전체의 고객 자산을 추정하였다. 다음으로, 고객 자산과 기업 수익성 간의 관계를 기업별로 조사하였다. 고객 거래에 대한 시계열 데이터를 기반으로 각 시기별 고객 자산의 변화 형태와 기업 수익의 변화 형태의 관계에 대한 시계열 분석(time-series analysis)을 통해 고객 자산의 변화와 기업 수익성과의 관계를 조

---

3) 이 사례는 [송태호, 김지윤(2016). 고객 자산이 기업 성과에 미치는 동적인 효과: 경쟁 상황의 역할. 상품학연구, 34(2), 1-10.]의 연구를 발췌 요약하였음.

사하였다.

본 분석은 마케팅의 원천 대상이라 할 수 있는 고객의 가치와 기업의 수익성과의 관계에 대한 조절 변수인 기업의 상대적 위치(기업의 크기)를 제안하고, 이를 바탕으로 각 개별 고객의 생애 가치 추정을 통해 고객 자산이 기업의 미래 수익성에 어떠한 영향을 미치는지 알아보았다. 이러한 결과는 기업의 고객에 대한 마케팅 활동이 기업의 수익성에 미치는 영향을 경쟁 상황을 고려하여 좀 더 직접적으로 설명할 수 있는 토대를 마련해 줄 것으로 기대된다. 또한 고객 생애 가치와 기업 수익성의 관계에 영향을 줄 수 있는 조절 변수를 제안함으로써 고객 생애 가치를 기업 수익성에 대한 지표로 활용 시 기업의 상황에 따라 적절히 사용하도록 지침을 제시하였다는 점에서 그 의의가 있다.

1) 경쟁 관계에서 고객 자산과 기업 성과 간의 관계

경쟁은 어느 곳에서나 존재하고, 모든 조직에서 존재한다. 경쟁은 기업 운영에 있어 매우 중요한 용어인데, 미국의 마케팅협회(AMA)는 경쟁을 "판매자 간에 목적을 달성하기 위해 하는 행위(예: 마케팅의 4p 믹스를 활용하여 이윤 극대화, 시장 점유율 극대화, 판매량을 극대화하는 행위)"로 정의하였다. 경쟁은 조직으로 하여금 고객의 필요와 욕구를 만족시킴으로써 시장에서 경쟁자보다 더 뛰어난 성과를 올릴 수 있도록 자극시킨다. 그래서 고객에게 보다 더 다양한 선택을 할 수 있도록 도와주며 경쟁력 있는 조직을 구성하게 하여 더 좋은 선택안을 제공할 수 있게 한다.

기존 연구들은 경쟁이 고객 충성도의 동인이라고 하며, 경쟁 지향성이야말로 조직의 장기적인 성공을 위해 가장 결정적인 요소라고 설명하고 있다(Naver and Slater, 1990). 변화하는 경쟁적 상황에 대한 조직적인 대응과 경쟁에 대한 반응은 고객에게 대안 선택을 하게 하고 고객의 구매 전환 행동을 가져온다. 또한 종업원의 경쟁 지향적인 행동들은 기업과의 관계 지속성과 연관이 있는 것으로 알려져 있다. 따라서 경쟁은 기업들로 하여금 고객 충성도를 지향하도록 하게 하는 좋은 방안이 될 수 있다.

게다가 과거의 연구들은 고객 가치가 고객을 유혹하고 경쟁자로부터 우리 제품을 선택할 수 있도록 만드는 중요한 요인임을 제안했다. 고객 가치는 긍정적인 고객 경험을 유발시키고, 이는 고객과 종업원들 간의 상호작용을 통해 형성됨을 보였다. 고객 가치의 종류는 다양하다. 경쟁적인 대안적 경험을 창출하게 하고, 이러한 여러 경쟁적인 대안 가운데에서 고객은 자신에게 가장 큰 만족을 주는 제품을 구매하게 된다. 이렇게 기존의 여러 연구는 고객 유지가 기업 수익성을 높이기 위한 전략이라고 제안하고 있다.

이처럼 기존 고객 자산에 대한 연구들은 동적인 상황하에서 고객 자산이 기업 성과에 미치는 영향에 대해 의문을 제기해 왔으나, 실제로 이러한 동적인 상황하에서 고객 자산이 기업 성과에 미치는 영향을 다룬 연구는 드물다. 경쟁 상황하에서의 기업 성과에 미치는 영향을 조사한 연구는 프로모션 관련 연구들에서 진행되어 왔다. 고객 관계 관리와 관련하여 고객 유지와 신규 고객 유치 등의 관점으로 접근해 왔다. 특히 기존 고객 관계 관리는 주로 고객 유지에 초점을 맞추어 주장을 해 왔다. 예를 들면, Hart, James와 Sasser(1990), Reichheld와 Sasser(1990)는 고객과의 관계 기반 자산에 투자하여 고객 유지에 초점을 맞출 것을 주장하고 있다. 하지만 이러한 고객 유지가 모든 회사에게 항상 최적의 전략이 될 수는 없다. 그 이유는 경쟁자에 의한 고객의 이탈이 실제 위험 요소가 될 경우에만 고객 유지가 의미 있는 전략이 되기 때문이다. 실제로 McGahan와 Ghemawat(1994)은 2단계 게임 모델을 사용하여 기업이 단기적으로 촉진을 시행할 시에 규모가 큰 기업만이 실질적으로 고객 유지에 중점을 두며, 작은 기업의 경우에는 고객 전환에 초점을 두어야 함을 검증한 바 있다. 따라서 단기 프로모션 상황 하에서 큰 기업의 경우 고객 유지 활동이 더 유리하고, 작은 기업의 경우는 고객 획득 활동이 더 유리함을 제안하였다. Fader와 Schmittlein (1992)은 높은 시장 점유율을 지닌 브랜드는 낮은 시장 점유율의 브랜드에 비해 고객의 재구매 의도가 더 높아짐을 나타냈다.

Fruchter와 Zhang(2004)은 기업의 최적의 타게팅 전략이 적극적이든 방어적이든 상관없이 기업의 실제 시장 점유율에 달려 있음을 제안하였다. 결국 고객 유지에 대한 강조는 모든 기업에게 최적의 전략이 될 수 없음을 검증하였다. 이들 연구에서 큰 시장 점유율을 가진 기업은 고객 유지에 초점을 맞추고, 작은 시장 점유율을 가진 기업은 고객 획득에 초점을 두어야 함을 검증하였다.

이렇게 표적화된 촉진 활동(Targeted promotion)에 관한 연구에서, 고객 획득 활동인 공격적인 촉진 활동(offensive promotion)과 고객 유지 활동인 방어적인 촉진 활동(defensive promotion) 모두가 환경에 따라 최적의 전략이 되지 않음을 보여 주었다. 또한 Shaffer와 Zhang (1995)의 연구에서는 죄수의 딜레마같이 항상 최선의 전략이 아님을 보여 주고 있다. Reinartz, Thomas와 Kumar(2005)는 기업의 성과는 고객의 종류나 기업 특성 요인들(예: 기업 크기, 기업의 상대적 위치, 기업의 명성, 기업의 성장률 등)과 같은 요인에 의해 기업의 성과가 달라질 수 있음을 제안하였다.

따라서 이 연구에서는 기업의 상대적인 위치를 고려함으로써 고객 자산과 기업 성과 간의 관계가 달라질 수도 있는 가능성에 대해 분석해 보고자 한다. 이는 같은 고객 자산이라 할지라도 기업의 특성이나 상황에 따라 기업 성과에 미치는 영향이 다를 수 있는 가능성을 의미하는 것이다. 따라서 기업 특성 변수들을 고려하여 고객 자산과 기업의 성과를 분석하게 되면 기업 특성에 맞는 최적화된 전략을 제안할 수 있다는 점에서 효율적인 고객 관계 전략을 관리할 수 있게 된다. 이 연구에서는 국내 이동통신사 자료를 토대로, 고객 자산이 기업 성과에 미치는 영향이 통신회사의 경쟁 상황에서 상대적 위치에 따라 달라질 것임을 실증 분석하여 기업의 특징에 따른 고객 자산이 기업 성과에 미치는 영향을 알아보고자 한다.

2) 모형

본 분석의 목적을 달성하기 위해 두 개의 모델이 제안되었다. 첫 번째 모델은 개별 고객 생애 가치를 추정하기 위한 추정 모델의 개발이다. 이 추정된 고객 생애 가치는 다른 모델에서 종속 변수로 사용될 예정이다. 다른 모델에서는 고객 자산과 기업 성과 간의 관계를 파악하는 관계 모델을 제안하였다.

(1) 고객 생애 가치의 측정과 고객 자산의 추정

개인별 고객 생애 가치를 측정하기 위해 Berger와 Nasr(1998)를 사용하여 개개인별 고객 생애 가치를 추정하였다. Berger와 Nasr(1998)는 고객 생애 가치를 '기업과 거래하는 기간 동안에 고객에게서 얻는 수익 혹은 손실'로 정의하면서, 이는 고객의 평생에 걸쳐 얻어지는 전체 수익에서 고객 확보, 판매 및 서비스 소요 경비를 제한 다음 돈의 시간적 가치 개념을 추가함으로써 계산될 수 있다고 주장하였다. 그들은 수익과 비용이 시간의 흐름에 따라 변화하는 것을 고려하여 고객 생애 가치 산출 모형을 제시하였다. 또한 고객의 이탈 확률을 계산에 추가함으로써 고객의 변동성을 감안하였다. 그들의 분석에서는 상황에 따라 가입과 이탈이 명확한 경우인 연속적 상황과 일반적 구매 상황인 이산적 상황으로 구분하였다. 따라서 본 분석에서는 이동통신회사의 고객 데이터인 점을 감안하여 계약적 상황에서의 고객 자산을 추정하였다. 고객의 거래 정보 데이터의 각 기업별 고객 가입율, 해지율, 획득 비용, 유지 비용, 할인율, ARPU(Average Revenue Per Unit)의 정보를 바탕으로 Berger와 Nasr(1998)가 제시한 계약적 상황에서 고객 생애 가치 추정 방법을 활용하여 개별 기업의 1인당 평균 고객 생애 가치를 추정하였다. 고객 자산의 경우, 측정된 개별 기업의 1인당 평균 고객 생애 가치에 각 기업의 현재 유지 고객의 수와 신규 고객의 수를 적용한 총합으로 추정하였다.

다음으로, 고객 생애 가치의 측정 모델은 다음과 같다. 기존의 분석들에서 제안된 방법을 바탕으로 식 (1)을 통해 다음과 같이 개인별 고객 생애 가치를 추정하였다.

$$CLV_{jk} = \left[\sum_{t=0}^{T} \frac{(V_{jk} - R_{jk})*r_{jk}^{t}}{(1+d)^{t}} \right] + (V_{j0} - R_{j0} - A_{j0})*a_{j0} \ \cdots\cdots\cdots (1)$$

CLV_{jk}: k 시점에 브랜드 j의 고객 생애 가치

V_{jk}: k 시점에 브랜드 j의 마진 (ARPU * 마진율)

R_{jk}: k 시점에 브랜드 j의 유지비용

A_{jk}: k 시점에 브랜드 j의 획득비용

r_{jk}: k 시점에 브랜드 j의 유지율

a_{jk}: k시점에 브랜드 j의 획득률

d: 할인율

T: 예상 거래 기간

식 (1)을 통해 추정된 1인당 평균 고객 생애 가치를 활용하여 식 (2)와 같이 고객 유지율과 획득률을 바탕으로 추정된 신규 고객 수와 유지 고객 수를 곱하여 신규 고객 자산(NCE)과 유지 고객 자산(RCE)을 추정하고, 이를 바탕으로 기업의 전체 고객 자산(CE)을 추정하였다.

$$RCE_{jt} = \sum_{k=0}^{t-1} CLV_{jk} \times N_{jk}$$

$$NCE_{jt} = CLV_{jt} \times N_{jt}$$

$$CE_{jt} = RCE_{jt} + NCE_{jt} \ \cdots\cdots\cdots(2)$$

RCE_{jk}: k 시점에 브랜드 j의 유지 고객 자산

NCE_{jk}: k 시점에 브랜드 j의 신규 고객 자산

CE_{jk}: k 시점에 브랜드 j의 전체 고객 자산

N_{jk}: k 시점에 브랜드 j의 고객 수

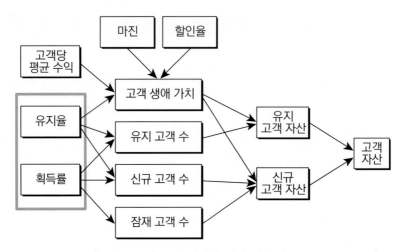

[그림 8-10] 고객 자산 측정의 개념적 구조

[그림 8-10]은 고객 자산의 추정 흐름을 요약하여 보여 주고 있다. 먼저, ARPU, 마진, 할인율을 바탕으로 Berger와 Nasr(1998)의 모형을 활용하여 고객 개개인의 특정 미래 기간까지의 평균 고객 생애 가치를 추정한다. 다음으로, 고객 유지율과 획득률을 고려하여 유지 고객 수, 획득 고객 수, 미래 잠재 고객 수를 예측한다. 평균 고객 생애 가치와 고객 수를 기반으로 고객 자산을 추정한다. 또한 기업의 고객 자산은 각 추정 시점별(k)로 존재하며, 추정된 k 시점에서의 고객 자산과 k 시점에서의 기업의 실제 미래 수익과의 관계를 뒤에 설명될 관계 모형을 이용하여 실증적으로 검증한다.

(2) 고객 자산과 기업 성과 간의 관계(동적인 분석 모델)

기업의 수익성은 그 성과를 측정하는 변수로 간주될 수 있다. 이러한 가정하에 일반 지연 모형(general distributed lag model)과 코익(Koyck distribution) 모형을 사용하여 고객 자산의 장기적인 효과와 동적인 효과를 동시에 고려하였다. 일반 지연 모형과 코익 모형은 주로 매출에 대한 광고의 단기 및 장기 효과, 이월 효과를 추정하기 위해 주로 사용된다(Bass and Clarke, 1972). 본 분석은 고객 자산이 기업 수익성에 미치는 장기 효과 분석을 목적으로 한다는 점에서 이 모형들이 본 분석에 적합하다고 판단하였다. 또한 고객 자산의 동적인 효과를 파악하기 위해 sliding window regression technique(Mahajan, Bretschneider and Bradford, 1980; Wildt, 1976)을 사용하였다. 다음의 식 (3)은 최종 모델식을 나타낸다.

$$\pi_t^{(k)} = \alpha_0^{(k)} + \lambda^{(k)} \pi_{t-1}^{(k-1)} + \sum_{l=0} \beta_l^{(k)} \cdot CE_{t-l}^{(k)} + \epsilon_t^{(k)} \quad \cdots\cdots\cdots\cdots(3)$$

식 (3)에서 종속 변수는 t기의 기업의 성과를 나타낸다. 식 (3)은 k기에 전체 CE를 추정한 식이다. 이 식은 전체 구간 중에서 특정 구간을 나타낸다. 본 분석에서 이렇게 여러 구간으로 나누게 되면 슬라이딩 윈도우(sliding window)를 통해 추정할 수 있는 충분한 서브 샘플을 확보하게 된다. 게다가 각 식은 지연 모수를 지니고 있다. 모델 적합성을 바탕으로 지연 lag(l)을 결정하게 된다.

3) 분석 결과

한국을 대표하는 2개의 이동통신회사(SKT vs. KT) 데이터를 사용하여 분석 모델을 실증 분석하였다. 데이터는 2002년 2월부터 2009년 3월까지 총 87개월간의 월별 자료이다. 자료에는 기존 가입 고객 수,

신규 고객 수, 이탈 고객 수, 회당 평균 수익(Average Revenue Per Unit: ARPU) 등이 포함되어 있다.

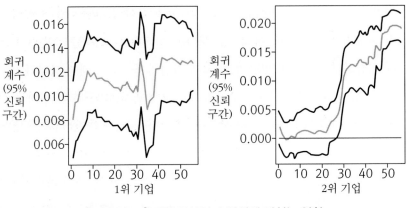

[그림 8-11] 고객 자산이 수익성에 미치는 영향

[그림 8-11]에서 나타난 것처럼 1위 기업과 2위 기업 각각에게 고객 자산이 수익성에 미치는 영향의 정도는 다름을 알 수 있었다. 1위 기업은 고객 자산이 수익성에 긍정적 영향을 주며 그 효과가 상당히 안정적이다. 이에 비해 2위 기업은 고객 자산이 수익성에 큰 영향을 주지 못한다. 그러나 시장에서 경쟁 환경의 변화는 고객 자산과 수익성의 관계에 영향을 주는 것으로 보인다. 특히 2위 기업의 경우, 경쟁 환경의 변화(번호이동 정책) 이후 고객 자산이 수익성에 긍정적 영향을 주는 것으로 변화하였다. 그러나 1위 기업은 이런 시장 경쟁 체제의 변화에 의한 영향이 상대적으로 덜함을 알 수 있었다.

2위 기업의 경우, 번호이동 정책(NMP 정책) 이전에는 고객 자산의 효과가 제한적(0)이었다가 번호이동 정책(NMP 정책) 이후 그 효과가 긍정적으로 나타남을 통해 시장 또는 고객의 유동성 정도가 결국 고객 자산의 효과에도 영향을 줄 수 있음을 나타내고 있다. 본 분석을 통해 기업의 상황에 따른 고객 자산과 기업 수익성 간의 관계가 달라질 수 있는 가능성을 확인할 수 있었다. 특히 번호이동 정책과 같은 시장의 환경 변화에 대해 고객 자산과 기업의 수익성의 관계가 다르게 나타날 수 있음을 알 수 있었다.

기존 분석에서는 고객 자산이 높으면 기업 수익성에 긍정적인 영향을 미칠 것이라고 제안하였는데, 본 분석에서는 이러한 긍정적 상관관계가 기업의 특성이나 시장의 경쟁 환경에 따라서 제한적일 수도 있는 가능성을 밝혔다는 점에서 의미 있는 분석이다.

4. 고객 관계 관리 활동의 전략적 효과[4)]

기존의 개념적 연구나 분석적 연구를 통해, 장기적 성과 지향 전략과 단기적 성과 지향 전략의 최적성에 대한 논란에 경쟁 환경이 중요한 역할을 함을 알 수 있다. 본 분석에서는 고객과의 관계를 관리하기 위해 기업들이 고객 획득과 고객 유지 활동을 하는 상황에서 장기적 성과 지향 전략과 단기적 성과 지향 전략 간의 경쟁 우위에 대한 경쟁 환경의 영향을 규명하고자 한다. 이를 위해, 첫째, 장기적 성과 지향 전략으로서 고객 관계 관리를 통한 장기 수익 극대화 전략이 단기적

---

4) 이 사례는 [송태호, 김상용(2019). 경쟁 시장 환경이 장기적 성과 지향 전략의 수익 극대화에 미치는 영향: 고객 관계 관리 관점에서. 마케팅연구, 34(1), 75-95.]의 연구를 발췌 요약하였음.

성과 지향 전략인 단기 수익 극대화 전략에 비해 장기적 성과에 있어서 경쟁 상황에서도 경쟁 우위에 있는지, 둘째, 단기적 성과 지향 전략이 경쟁 우위인 환경은 어떤 조건인지, 마지막으로, 장기적 성과 지향 전략이 장기 수익을 극대화해야 함에도 불구하고 단기적 성과 지향 전략이 장기적 성과 지향 전략에 비해 우월한 전략이 되는 원인을 조사하였다.

1) 모형과 가정

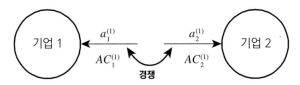

[그림 8-12] 첫 번째 기간에서 두 기업의 경쟁

이 연구에서는 동일한 시장(잠재 고객을 포함한 동일 고객 집단)을 대상으로 연속하는 두 기간 동안 복점 기업들(기업 1과 기업 2)의 고객 획득 노력과 고객 유지 노력 경쟁을 모형화하였다. 첫 번째 기간의 경쟁은 잠재 시장에서 고객을 획득하기 위한 경쟁을 하게 되고, 두 번째 기간의 경쟁은 상대방의 고객을 뺏어오기 위한 획득 경쟁과 자신의 고객을 지키기 위한 유지 경쟁을 하게 된다.

[그림 8-12]는 첫 번째 기간의 두 기업의 경쟁을 보여 주고 있다. $AC_i^{(1)}$는 첫 번째 기간에서 기업 $i(=1, 2)$의 획득 노력을 의미한다. 첫 번째 기간에 각 기업은 고객이 없는 상태에서 시작하기 때문에 유지 노력이 존재하지 않는다. 이러한 획득 노력 투자 결과, 경쟁 상황에서

기업 $i(=1, 2)$는 첫 번째 기간에서 획득률$(a_i^{(1)})$ 얻게 된다. [그림 8-12]를 바탕으로 경쟁의 첫 번째 단계의 모형화는 다음과 같다. 첫 번째 기간에서 각 기업에 대한 고객들의 효용은 식 (1)과 같이 표현될 수 있다.

$$AU_i^{(1)} = AV_i^{(1)} + a\epsilon_i^{(1)} = \ln(\alpha_i + \beta_i \cdot AC_i^{(1)}) + a\epsilon_i^{(1)} \quad \cdots\cdots(1)$$

〈기업 i가 첫 번째 기간에 고객에게 주는 효용〉

첫 번째 기간에 고객들은 기업 i에게는 모두 신규 고객이고 기업 i는 획득 활동만을 하기 때문에, 고객들은 기업 i에게서 획득 효용$(AU_i^{(1)})$만을 얻을 수 있게 된다. 식 (1)의 획득 효용 함수는 획득 노력에 대한 한계 효용을 반영하기 위해 자연 로그 함수를 사용하였다. 식 (1)의 획득 효용 함수에는 3개의 추가적인 계수가 등장하는데, α_i는 기업 i에 대한 고객의 기본 선호도를 표현하고, β_i는 기업의 마케팅 활동 특히 고객 획득 노력 또는 고객 유지 노력에 대한 효과성을 표현하며, 마지막으로 $a\epsilon_i^{(1)}$는 오류 요인을 표현한다. 주목할 점은 기업 i의 획득 노력$(AC_i^{(t)})$과 기업 $(3-i)$의 획득 노력$(AC_{3-i}^{(t)})$이 경쟁한다는 사실이다. 이 경쟁 특징을 고려하면, 첫 번째 기간에는 두 기업의 획득 노력에 의해 발생하는 획득 효용의 경쟁 속에서 고객이 한 기업(또는 제품)을 선택하게 되며, 고객의 이 선택 확률이 곧 각 기업의 획득률$(a_i^{(t)})$이 된다. 이 연구에서는 이를 모형화하기 위해 일반적으로 가장 많이 사용되는 Extreme Value 분포를 오류 요인의 분포로 사용하도록 하였고(Guadagni and Little 1983), 그 결과 식 (2)와 같은 첫 번째 기간의 획득률을 얻게 된다.

$$a_i^{(1)} = \frac{e^{A\,V_i^{(1)}}}{e^{A\,V_i^{(1)}} + e^{A\,V_{3-i}^{(1)}}} \quad \text{\dotfill(2)}$$

〈첫 번째 기간에서 기업 i의 획득률〉

식 (2)의 획득률로부터 첫 번째 기간에 획득된 고객 수($n_i^{(1)} = tn \cdot a_i^{(1)}$, tn은 시장 내 전체 고객 수이며, 분석의 편의를 위해 1로 가정), 기업 i는 첫 번째 기간에 m_i의 공헌 마진을 얻게 된다. 이를 바탕으로 첫 번째 기간의 전체 수익을 추정하면 식 (3)이 된다.

$$\pi_i^{(1)} = (tn \cdot a_i^{(1)}) \cdot m_i - A\,C_i^{(1)} \quad \text{\dotfill(3)}$$

〈첫 번째 기간에서 기업 i의 수익〉

이때 각 기업의 공헌 마진 m_i는 그 기간의 매출액에서 마케팅 비용, 즉 획득 비용 또는 유지 비용을 제외한 모든 비용을 상계한 후의 마진을 의미한다.

[그림 8-13]은 두 번째 기간의 두 기업의 경쟁을 보여 주고 있다. 첫 번째 기간의 경쟁을 표현하는 [그림 8-12]와 다르게 두 번째 기간에서는 두 기업의 획득 노력과 유지 노력이 동시에 경쟁하게 된다. $A\,C_i^{(2)}$는 두 번째 기간에서 기업 i(=1, 2)의 획득 노력을 의미하고, $RC_i^{(2)}$는 유사하게 두 번째 기간에서 기업 i(=1, 2)의 유지 노력을 의미한다. 이러한 획득 노력과 유지 노력의 투자 결과, 경쟁 상황에서 기업 i(=1, 2)는 두 번째 기간에서 획득률($a_i^{(2)}$)과 유지율($r_i^{(2)}$)을 얻게 된다. 첫 번째 기간과 다르게 두 번째 기간에서는 첫 번째 기간에 획득된 고객에 대한 고객 관계 관리의 결과를 고려한다. 즉, 첫 번째 기간에서 기업 i는 획

득된 고객들로부터 수익을 얻을 수 있을 뿐만 아니라, 획득된 고객과의 관계를 발전시킬 수 있는 기회도 얻게 된다. 기업과 고객의 관계 기간이 길어질수록 고객의 선호도, 마케팅 활동의 효과성 그리고 고객의 수익성이 증가될 수 있다. 따라서 두 번째 기간에서는 이미 기업 i에 획득된 고객의 기업 i에 대한 선호도, 마케팅 노력의 효과성, 기업의 공헌 마진도 증가할 가능성이 높다(Musalem and Joshi, 2009). 이 연구에서는 이 증가된 선호도, 증가된 마케팅 노력의 효과성, 그리고 증가된 공헌 마진을 각각 $\widetilde{\alpha}_i(>\alpha_i)$, $\widetilde{\beta}_i(>\beta_i)$, $\widetilde{m}_i(>m_i)$로 표현하였다.

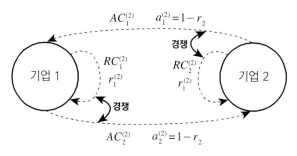

[그림 8-13] 두 번째 기간에서 두 기업의 경쟁

 발전된 고객 관계를 반영하여, 각 기업에게서 얻게 되는 고객 효용은 두 가지 종류가 있다. 기업 i의 고객이 기업 i로부터 얻게 되는 효용과 기업 $(3-i)$로부터 얻게 되는 효용이다. 전자를 기존 고객들이 얻는 효용이라는 점에서 유지 효용이라고 정의하고, 후자를 경쟁자의 고객 또는 신규 고객들이 얻는 효용이라는 점에서 획득 효용이라고 정의한다. 식 (4-1)과 식 (4-2)는 두 번째 기간에서 고객들이 얻을 수 있는 획득 효용과 유지 효용을 표현하고 있다.

$$AU_i^{(2)} = AV_i^{(2)} + a\epsilon_i^{(2)} = \ln\left(\alpha_i + \beta_i \cdot AC_i^{(2)}\right) + a\epsilon_i^{(2)} \quad \cdots(4-1)$$

〈두 번째 기간에서 획득 효용〉

$$RU_i^{(2)} = RV_i^{(2)} + r\epsilon_i^{(2)} = \ln\left(\widetilde{\alpha}_i + \widetilde{\beta}_i \cdot RC_i^{(2)}\right) + r\epsilon_i^{(2)} \quad \cdots\cdots(4-2)$$

〈두 번째 기간에서 유지 효용〉

　획득 효용의 구조는 앞서 첫 번째 기간에서의 획득 효용의 구조와 동일하다. 유지 효용의 경우, 앞서 설명한 발전된 고객 관계를 반영하기 위해, 증가된 고객 선호도($\widetilde{\alpha}_i$)와 증가된 마케팅 활동 효과성($\widetilde{\beta}_i$)이 적용되어 있다. [그림 8-13]에서 주목할 점은 기업 i의 유지 노력($RC_i^{(t)}$)과 기업 $(3-i)$의 획득 노력($AC_{3-i}^{(t)}$)이 경쟁한다는 사실이다. 이 경쟁 특징을 고려하면, 두 번째 기간에는 기업 i의 유지 노력에 의해 발생하는 유지 효용과 기업 $(3-i)$의 획득 노력에 의해 발생하는 획득 효용의 경쟁 속에서 고객이 한 기업(또는 제품)을 선택하게 되며, 이때 기업 i의 고객이 기업 i를 선택할 확률이 곧 기업 i의 유지율($r_i^{(t)}$)이 되고, 기업 $(3-i)$를 선택하지 않을 확률이 곧 기업 i의 획득률($1-r_{3-i}^{(t)}$)이 된다. 따라서 첫 번째 기간과 동일한 형태로 오류 요인의 분포($a\epsilon_i^{(2)}$, $r\epsilon_i^{(2)}$)를 Extreme Value 분포로 가정하면, 두 번째 기간에서의 유지율($r_i^{(2)}$)을 식 (5)와 같이 얻을 수 있다.

$$r_i^{(2)} = \frac{e^{RV_i^{(2)}}}{e^{RV_i^{(2)}} + e^{AV_{3-i}^{(2)}}} \quad \cdots\cdots\cdots\cdots\cdots\cdots\cdots\cdots(5)$$

〈두 번째 기간에서 기업 i의 유지율〉

　식 (5)의 유지율로부터 두 번째 기간에 기업 i의 유지된 고객 수

$(nr_i^{(2)} = n_i^{(1)} \cdot r_i^{(2)})$와 획득된 고객 수$(na_i^{(2)} = n_{3-i}^{(1)} \cdot (1 - r_{3-i}^{(2)})$: 기업 $(3-i)$의 이탈된 고객 수와 같음)를 얻을 수 있다. 또한 앞서 설명했듯이 기존 고객의 발전된 관계를 고려하여, 두 번째 기간에서 기업 i의 고객 마진은 신규 고객의 고객 마진(m_i)과 기존 고객의 증가된 고객 마진$(\widetilde{m_i})$으로 구별한다. 이를 바탕으로 두 번째 기간의 전체 수익을 추정하면 식 (6)이 된다.

$$\pi_i^{(2)} = (na_i^{(2)} \cdot m_i \quad AC_i^{(2)}) \mid (nr_i^{(2)} \cdot \widetilde{m_i} - RC_i^{(2)}) \quad \cdots\cdots\cdots(6)$$

〈두 번째 기간에서 기업 i의 수익〉

지금까지 설명한 모형의 가정을 요약하면 다음과 같다.

1) 두 기업(기업 1, 기업 2)만이 존재하며, 동일 시장(전체 고객 수=tn)에서 경쟁한다.
2) 첫 번째 기간에는 신규 시장에서 두 기업이 경쟁하기 때문에 두 기업의 고객 수는 0이다.
3) 두 번째 기간에 두 기업은 완전 포화 시장에서 경쟁하여, 경쟁자로부터 전환되는 고객 외 신규 고객은 존재하지 않는다.
4) 시장으로부터 완전 이탈하는 고객은 존재하지 않는다. 즉, 시장 내 모든 고객은 반드시 두 기업 중 한 기업의 고객이다.
5) 두 기업의 마케팅 활동은 고객 획득 활동과 고객 유지 활동으로 서로 배타적으로 완벽하게 구분할 수 있다.
6) 기존 고객의 선호도, 마케팅 활동의 효과성, 수익성은 신규 고객보다 반드시 더 높다.
7) 신규 고객의 선호도, 마케팅 활동의 효과성, 수익성은 동일하다.
8) 기존 고객의 선호도, 마케팅 활동의 효과성, 수익성은 동일하다.

2) 경쟁 환경과 게임의 규칙

경쟁 환경은 장기적 성과 지향 전략의 경쟁 환경($LTLT$)과 단기적 성과 지향 전략의 경쟁 환경($STST$)으로 구분된다. 장기적 성과 지향 전략의 경쟁 환경($LTLT$)은 두 기업이 모두 장기 수익의 최대화를 목적으로 하는 환경이며, 단기적 성과 지향 전략의 경쟁 환경($STST$)은 두 기업이 모두 단기 수익을 최대화하는 것을 목적으로 하는 환경이다. 먼저, 단기적 성과 지향 전략의 경쟁 환경($STST$)에서 두 기업은 각 기간에서의 수익을 극대화(단기 수익 극대화)하는 것을 목표로 한다. 즉, 각 기업은 해당 기간의 수익을 극대화하기 위해 고객 획득 노력과 고객 유지 노력의 경쟁을 한다. 반대로, 장기적 성과 지향 전략의 경쟁 환경($LTLT$)에서 두 기업은 전체 기간에서의 수익을 극대화(장기 수익 극대화)하는 것을 목표로 한다. 즉, 각 기업은 전체 기간에서의 수익을 극대화하기 위해 고객 획득 노력과 고객 유지 노력에 대한 투자를 하게 된다.

식 (7)과 식 (8)은 단기적 성과 지향 전략 경쟁 환경($STST$)에서의 보수 함수와 장기적 성과 지향 전략 경쟁 환경($LTLT$)에서의 보수 함수를 표현한다. 단기적 성과 지향 전략 경쟁 환경($STST$)에서의 보수 함수인 식 (7)에서는 첫 번째 기간의 수익 $\pi_i^{(1)}$과 두 번째 기간의 수익 $\pi_i^{(2)}$ 각각을 최대화한다. 반면, 장기적 성과 지향 전략 경쟁 환경($LTLT$)에서의 보수 함수인 식 (8)에서는 첫 번째 기간의 수익과 두 번째 기간의 수익을 모두 합친 전체 수익을 최대화한다. 이때, d는 할인 계수로서 시간에 의한 가치 할인을 적용한다.

$$\max(\pi_i^{(1)}),\ \max(\pi_i^{(2)}) \quad \text{..(7)}$$

〈단기적 성과 지향 전략 경쟁 환경에서의 보수 함수〉

$$L\pi_i^{LTLT} = \max(\pi_i^{(1)} + d \cdot \pi_i^{(2)}) \quad \text{..(8)}$$

〈장기적 성과 지향 전략 경쟁 환경에서의 보수 함수 및 장기 수익〉

이 사례의 목적이 장기 수익에 대한 경쟁 우위를 평가하기 위한 것이므로, 장기적 성과 지향 전략 경쟁 환경($LTLT$)의 경우 보수 함수가 장기 수익이 되지만, 단기적 성과 지향 전략 경쟁 환경($STST$)의 경우 장기 수익을 별도로 추정하여야 한다. 식 (9)는 단기적 성과 지향 전략 경쟁 환경($STST$)에서의 장기 수익을 표현한다.

$$L\pi_i^{STST} = \max(\pi_i^{(1)}) + d \cdot \max(\pi_i^{(2)}) \quad \text{...............................(9)}$$

〈단기적 성과 지향 전략 경쟁 환경에서의 장기 수익〉

결국, 각 경쟁 환경하에서 균형(Equilibrium) 상태에서의 장기 수익의 비교[식 (8) vs. 식 (9)]를 통해 이 연구의 목적인 장기적 성과 지향 전략과 단기적 성과 지향 전략 간의 경쟁 우위를 파악할 수 있다.

3) 모형의 분석과 결과

(1) 장기 수익에 대한 경쟁 우위

모형 분석의 편의를 위해, 일반성의 상실 없이(without loss of generality) 추가적으로 두 기업(기업 1, 기업 2)의 선호도, 마케팅 활동의 효과성,

수익성은 동일하다. 이 가정으로 인해 두 기업이 완전 대칭이 되어, 분석의 편의를 위해 한 기업만을 고려하여 균형을 표현하여도 무방하다. 따라서 분석의 결과에서는 기업 구분을 위한 첨자 i는 생략하도록 한다. 또한 이 사례의 모형이 Musalem과 Joshi(2009)의 모형과 동일하고 단지 경쟁 환경과 게임의 규칙만이 다르기 때문에, 균형을 도출해 가는 과정은 Musalem과 Joshi(2009)의 연구를 참고하고 생략하도록 한다.

각 경쟁 환경에서의 균형 분석 후, 단기적 성과 지향 전략 경쟁 환경($STST$)과 장기적 성과 지향 전략 경쟁 환경($LTLT$)에서 각 장기 수익을 다음과 같이 얻을 수 있다.

$$L\pi^{STST} = \frac{m}{2} + \frac{(1+d)\alpha}{\beta} + \frac{dm^3\beta^2}{(m\beta + \widetilde{m}\widetilde{\beta})^2}$$
$$+ \frac{d\{\widetilde{m}^3\widetilde{\beta}^3 + \widetilde{\alpha}(m\beta + \widetilde{m}\widetilde{\beta})^2\}}{\widetilde{\beta}(m\beta + \widetilde{m}\widetilde{\beta})^2} \quad \cdots\cdots\cdots\cdots\cdots(10)$$

〈단기적 성과 지향 전략 경쟁 환경에서의 장기 수익〉

$$L\pi^{LTLT} = \frac{m}{2} + \frac{(2+d)\alpha}{2\beta} + \frac{d}{2}\left(\frac{\widetilde{\alpha}}{\widetilde{\beta}} + \frac{m^3\beta^2 + \widetilde{m}^3\widetilde{\beta}^2}{(m\beta + \widetilde{m}\widetilde{\beta})^2}\right) \quad \cdots\cdots(11)$$

〈장기적 성과 지향 전략 경쟁 환경에서의 장기 수익〉

식 (10)과 식 (11)의 비교를 통해, Villanueva et al.(2007)의 연구와 동일하게 단기적 성과 지향 전략의 경쟁 환경에서의 장기 수익이 항상 장기적 성과 지향 전략의 경쟁 환경에서의 장기 수익보다 항상 크다 ($L\pi^{LTLT} < L\pi^{STST}$)는 것을 알 수 있었다. 또한 $L\pi^{LTLT}$와 $L\pi^{STST}$ 사이의 차는 미래 공헌 마진($\widetilde{m_i}$)이 커질수록, 기존 고객의 기본 선호도($\widetilde{\alpha_i}$)

가 높을수록 더 커지고 기존 고객에 대한 마케팅 효과성($\widetilde{\beta_i}$)과는 비선형적 관계를 가진다. [Proposition 1]과 [Proposition 2]는 이 논의를 표현한다.

- [Proposition 1] 단기적 성과 지향 전략의 경쟁 환경에서의 장기 수익은 장기적 성과 지향 전략의 경쟁 환경에서의 장기 수익보다 항상 크다 ($L\pi^{LTLT} < L\pi^{STST}$).

- [Proposition 2] $L\pi^{LTLT}$와 $L\pi^{STST}$ 간의 차는 미래 공헌 마진($\widetilde{m_i}$)이 커질수록, 기존 고객의 기본 선호도($\widetilde{\alpha_i}$)가 높을수록 더 커지고 기존 고객에 대한 마케팅 효과성($\widetilde{\beta_i}$)과는 비선형적 관계를 가진다.

[증명]

$L\pi^{LTLT}$와 $L\pi^{STST}$ 사이의 차는 다음과 같이 계산된다.

$$L\pi^{LTLT} - L\pi^{STST} =$$

$$\frac{d\left[-\beta\widetilde{\alpha}(m\beta + \widetilde{m}\widetilde{\beta})^2 + \widetilde{\beta}\{-m^2\beta^2(\alpha + m\beta) - \widetilde{m}\widetilde{\beta}(2m\alpha\beta + \widetilde{m}(\alpha + \beta\widetilde{m})\widetilde{\beta})\}\right]}{2\beta\widetilde{\beta}(m\beta + \widetilde{m}\widetilde{\beta})^2}$$

....(12)

식 (12)의 모든 문자는 양의 값을 갖기 때문에, 분모항의 경우 항상 양의 값이다. $-\beta\widetilde{\alpha}(m\beta + \widetilde{m}\widetilde{\beta})^2$와 $-m^2\beta^2(\alpha + m\beta) - \widetilde{m}\widetilde{\beta}(2m\alpha\beta + \widetilde{m}(\alpha + \beta\widetilde{m})\widetilde{\beta})$이 모두 음의 값을 갖기 때문에, 분자항은 음의 값이다. 따라서 식 (12) 전체는 음의 값이 된다. 따라서 $L\pi^{LTLT} - L\pi^{STST} < 0$가 되어, 결국 $L\pi^{LTLT} < L\pi^{STST}$가 된다.

다음으로, $dL\pi = L\pi^{LTLT} - L\pi^{STST}$로 정의하고, $\widetilde{m}$, $\widetilde{\alpha}$, $\widetilde{\beta}$로 각각

편미분하면 다음과 같이 얻어진다.

$$\frac{\partial \, dL\pi}{\partial \, \widetilde{m}} = -\frac{d\widetilde{\beta}\{m\beta(3\widetilde{m}^2\widetilde{\beta} - 2m^2\beta) + 3\widetilde{m}^3\widetilde{\beta}^2\}}{2(m\beta + \widetilde{m}\widetilde{\beta})^3} \quad\text{..................(13)}$$

$$\frac{\partial \, dL\pi}{\partial \, \widetilde{\alpha}} = -\frac{d}{2\widetilde{\beta}} \quad\text{..(14)}$$

$$\frac{\partial \, dL\pi}{\partial \, \widetilde{\beta}} = \frac{d\{\widetilde{\alpha}(m\beta + \widetilde{m}\widetilde{\beta})^3 + 2m\beta\widetilde{m}\widetilde{\beta}^2(m^2\beta - \widetilde{m}^2\widetilde{\beta})\}}{2\widetilde{\beta}^2(m\beta + \widetilde{m}\widetilde{\beta})^3} \quad\text{.....(15)}$$

먼저, 식 (13)의 경우, $\widetilde{\beta} > \beta$, $\widetilde{m} > m$ 이기 때문에 $3\widetilde{m}^2\widetilde{\beta} - 2m^2\beta > 0$ 이 되고 $\frac{\partial \, dL\pi}{\partial \, \widetilde{m}} < 0$ 이 되어, $L\pi^{LTLT} - L\pi^{STST}$ 는 $\widetilde{m}$ 에 대한 감소 함수 가 된다. 따라서 $L\pi^{LTLT} - L\pi^{STST} < 0$ 이기 때문에 $\widetilde{m}$ 가 커질수록 두 장기 수익의 차는 더 커지게 된다. 식 (14)의 경우 모든 문자가 양이기 때문에 $\frac{\partial \, dL\pi}{\partial \, \widetilde{\alpha}} < 0$ 가 되어, $\widetilde{m}$ 와 마찬가지로 $L\pi^{LTLT} - L\pi^{STST}$ 는 $\widetilde{\alpha}$ 에 대한 감소 함수가 된다. 마지막으로 식 (14)의 경우, Descartes' sign rule을 적용하여 비선형적 특성을 증명한다. 먼저, 식 (14)의 분모는 모두 양수이므로 분자만을 고려할 때 식 (15)의 분자는 $\widetilde{\beta}$ 의 3차 함수 형태이며, 이 중 3차항인 $\widetilde{\beta}^3$ 의 계수를 제외하고는 모든 다른 항의 계 수는 양수이다. $\widetilde{\beta}^3$ 의 계수는 $(\widetilde{\alpha} - 2m\beta)\widetilde{m}^3$ 가 된다. Musalem과 Joshi (2009)의 [Propositon 1]로부터 $\widetilde{\alpha} - 2m\beta < 0$ 이기 때문에 $\widetilde{\beta}^3$ 의 계수는 음이 되어, 결국 1개의 계수 부호 변화만이 존재하여 Descartes's sign rule에 의해 식 (15)는 단 하나의 양의 x 절편을 가지게 된다. 그러므

로 $\dfrac{\partial \, dL\pi}{\partial \tilde{\beta}} = 0$을 만족하는 $\tilde{\beta}$의 해($\tilde{\beta}^*$)는 단 하나가 존재하게 된다. 식 (15)로부터 $\tilde{\beta}$가 작은 경우 식 (14)는 양의 값을 갖게 되고, 큰 경우 음의 값을 갖게 됨을 알 수 있다. 결국 $L\pi^{LTLT} - L\pi^{STST}$는 $\tilde{\beta}^*$를 중심으로 왼쪽에서는 증가(차이가 작아짐), 오른쪽에서는 감소(차이가 커짐)를 하게 된다.

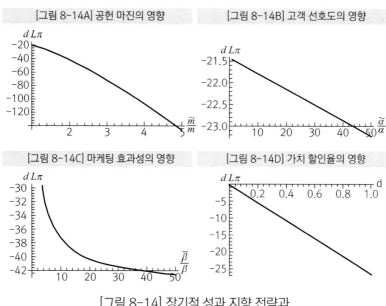

[그림 8-14] 장기적 성과 지향 전략과
단기적 성과 지향 전략의 장기 수익 ($dL\pi$) 변화

[그림 8-14]는 공헌 마진, 고객 선호도, 마케팅 효과성 그리고 가치 할인율에 따라 장기적 성과 지향 전략과 단기적 성과 지향 전략의 장기 수익 차이가 어떻게 변하는지를 보여 준다. 모든 조건에서 $dL\pi = L\pi^{LTLT} - L\pi^{STST}$가 음으로 나와 단기적 성과 지향 전략의 장

기 수익이 장기적 성과 지향 전략의 장기 수익보다 더 크다는 점을 확인할 수 있으며, 공헌 마진과 고객 선호도의 경우 그 크기가 커질수록 장기적 성과 지향 전략의 장기 수익이 악화됨을 확인할 수 있다. 또한 [그림 8-14C]는 다른 변수들과 다르게 마케팅 효과성의 비선형적인 장기 수익 차이에 대한 영향을 시각적으로 보여 주고 있다. 마지막으로, 그림 8-14D는 가치 할인율의 영향을 추가적으로 보여 주고 있는데, 흥미롭게도 가치 할인율이 낮을수록(1에 가까워질수록) 장기적 성과 지향 전략의 장기 수익이 악화됨을 볼 수 있다. 이는 미래에 대한 가치를 높이 평가할수록, 장기적 성과 지향 전략의 기업의 장기 수익이 악화된다는 것을 의미한다.

(2) 고객 획득 비용에 대한 고찰

그렇다면 이러한 현상이 일어나는 이유는 무엇인가? 이 연구의 또 다른 목적인 장기적 성과 지향 전략의 장기 수익이 단기적 성과 지향 전략의 장기 수익보다 낮아지게 되는 원인을 조사하였다. 기존의 연구들은 경쟁으로 발생하는 과대 마케팅 투자로 인하여 장기적 성과 지향 전략의 수익 악화 가능성을 제기해 왔다(Musalem and Joshi, 2009). 이 사례에서는 경쟁 상황에서 미래 고객 수익성의 과대 예측으로 인한 초기 마케팅 비용의 과대 투자의 가능성을 직접적으로 확인해 보고자 한다. 이를 위해 경쟁 상황에서 초기 마케팅 비용인 고객 획득 비용을 비교하고 미래 수익성, 고객 관계와 초기 고객 획득 비용의 관계를 조사한다.

각 경쟁 환경에서의 균형 분석 후, 단기적 성과 지향 전략 경쟁 환경($STST$)과 장기적 성과 지향 전략 경쟁 환경($LTLT$)에서 초기 고객 획득 비용을 다음과 같이 얻을 수 있다.

$$A C^{STST} = \frac{m}{2} - \frac{\alpha}{\beta} \quad \text{(16)}$$

〈단기적 성과 지향 전략 경쟁 환경에서의 초기 고객 획득 비용〉

$$A C^{LTLT} = \frac{m}{2} - \frac{\alpha}{\beta} + \frac{d}{2}\left\{\frac{\tilde{\alpha}}{\tilde{\beta}} - \frac{\alpha}{\beta} + \frac{\tilde{m}^3\tilde{\beta}^2 - m^3\beta^2}{(m\beta + \tilde{m}\tilde{\beta})^2}\right\} \quad \text{(17)}$$

〈장기적 성과 지향 전략 경쟁 환경에서의 초기 고객 획득 비용〉

식 (16)과 식 (17)을 바탕으로 다음과 같이 [Proposition 3]과 [Propositioin 4]를 얻을 수 있다.

- [Proposition 3] 장기적 성과 지향 전략 경쟁 환경에서의 초기 고객 획득 비용은 단기적 성과 지향 전략 경쟁 환경에서의 초기 고객 획득 비용보다 더 크다.
- [Proposition 4] 장기적 성과 지향 전략 경쟁 환경에서의 초기 고객 획득 비용과 단기적 성과 지향 전략 경쟁 환경에서의 초기 고객 획득 비용의 차이는 미래 공헌 마진($\tilde{m}_i$)이 커질수록, 기존 고객의 기본 선호도($\tilde{\alpha}_i$)가 높을수록 더 커지고 기존 고객에 대한 마케팅 효과성($\tilde{\beta}_i$)과는 비선형적 관계를 가진다.

[증명]
증명은 앞서의 [Proposition 1]과 [Proposition 2]의 증명과 유사하다.

$$AC^{LTLT} - AC^{STST} = \frac{d}{2}\left\{\frac{\tilde{\alpha}}{\tilde{\beta}} - \frac{\alpha}{\beta} + \frac{\tilde{m}^3\tilde{\beta}^2 - m^3\beta^2}{(m\beta + \tilde{m}\tilde{\beta})^2}\right\} \quad \cdots\cdots(18)$$

식 (18)의 모든 문자는 양의 값을 갖고 $\tilde{\alpha}_i > \alpha_i$, $\tilde{\beta}_i > \beta_i$, $\tilde{m}_i > m_i$이기 때문에 식 (18) 전체는 양의 값이 된다. 따라서 $AC^{LTST} > AC^{STST}$가 된다.

다음으로, $dAC = AC^{LTLT} - AC^{STST}$로 정의하고 $\tilde{m}$, $\tilde{\alpha}$, $\tilde{\beta}$로 각각 편미분하면 다음과 같다.

$$\frac{\partial dAC}{\partial \tilde{m}} = \frac{d\tilde{\beta}\left\{2m^3\beta^2 + \tilde{m}^2\tilde{\beta}(3m\beta + \tilde{m}\tilde{\beta})\right\}}{2(m\beta + \tilde{m}\tilde{\beta})^3} \quad \cdots\cdots\cdots\cdots(19)$$

$$\frac{\partial dAC}{\partial \tilde{\alpha}} = \frac{d}{2\tilde{\beta}} \quad \cdots\cdots\cdots\cdots\cdots\cdots\cdots\cdots(20)$$

$$\frac{\partial dAC}{\partial \tilde{\beta}} = \frac{d\left\{\tilde{\alpha}(m\beta + \tilde{m}\tilde{\beta})^3 - 2m\beta\tilde{m}\tilde{\beta}^2(m^2\beta + \tilde{m}^2\tilde{\beta})\right\}}{2\tilde{\beta}^2(m\beta + \tilde{m}\tilde{\beta})^3} \quad \cdots(21)$$

먼저, 식 (19)와 (20)의 경우 모두 양의 값을 가지기 때문에 $\frac{\partial dAC}{\partial \tilde{m}}$는 $\tilde{m}$에 대한 증가함수, $\frac{\partial dAC}{\partial \tilde{\alpha}}$는 $\tilde{\alpha}$에 대한 증가함수가 된다. 마지막으로, 식 (21)의 경우 앞서 [Proposition 1]과 [Proposition 2]와 유사하게 계산하면 식 (21)의 분자항의 경우 1개의 계수 부호 변화만 존재하여 Descartes's sign rule에 의해 식 (21)은 단 하나의 양의 x 절편을 가지게 된다. 그러므로 $\frac{\partial dAC}{\partial \tilde{\beta}} = 0$을 만족하는 $\tilde{\beta}$의 해는 단 하나 존재하게 되어 dAC와 $\tilde{\beta}$는 비선형적 영향 관계가 존재하게 된다.

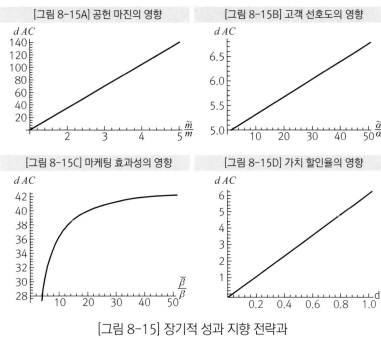

[그림 8-15] 장기적 성과 지향 전략과
단기적 성과 지향 전략의 초기 고객 획득 비용(dAC) 변화

　[그림 8-15]는 공헌 마진, 고객 선호도, 마케팅 효과성 그리고 가치 할인율에 따라 장기적 성과 지향 전략과 단기적 성과 지향 전략의 초기 고객 획득 비용이 어떻게 변하는지를 보여 주고 있다. 모든 조건에서 그 차이가 양으로 나와 장기적 성과 지향 전략의 초기 고객 획득 비용이 단기적 성과 지향 전략의 초기 고객 획득 비용보다 더 크다는 점을 확인할 수 있으며, 공헌 마진과 고객 선호도의 경우 그 크기가 커질수록 장기적 성과 지향 전략의 초기 고객 획득 비용이 더욱 과잉 투자됨을 확인할 수 있다. [그림 8-14]의 대부분 결과는 [그림 8-15]의 결과와 반대로 나타나, 장기적 성과 지향 전략의 장기 수익의 악화 원인이 초기 고객 획득 비용의 과잉 투자가 됨을 시각적으로 보여 주고 있다.

✦ 5. 설문 조사를 활용한 고객 가치 측정 사례[5]

이 연구의 목적인 고객 자산 측정 방법의 교차 비교를 위해 고객 자산 추정에 많이 활용되어 온 통신 산업을 대상으로 자료 수집 및 분석을 수행하였다. 통신 산업은 계약적 상황의 대표 산업으로서 고객 관계 관리의 핵심 개념인 고객 유지와 획득의 개념 적용과 추정이 용이하고, 다른 산업에 비해 고객 관련 정보들이 실적 정보 형태로 많이 공개되어 있어 고객 생애 가치와 고객 자산 추정에 많이 이용되었다(송태호, 김지윤, 2020). 고객 자산의 측정과 일관된 비교를 위하여 먼저 설문 조사가 진행되었고, 설문 조사 기간에 해당하는 기간 동안의 기업 공시 자료를 활용한 고객 자산이 추정되었다.

이동통신 산업을 대상으로 한 고객 설문은 2018년 12월에 2019년 1월까지 전국(서울/수도권 및 6대 광역시)의 성인 남녀를 대상으로 지역별 인구 비례 할당을 통해 1,042명이 조사되었다.

〈표 8-5〉는 1,042명의 표본 특성을 보여 주고 있다. 남/여 비율과 연령 비율 그리고 지역 비율 모두 인구 비례 할당에 따라 적절히 배분되었음을 알 수 있다. 특히 각 이동통신 서비스 기업 조사 시점의 시장 점유율(A 사 47%, B 사 32%, C 사 21%)과 상당히 유사하여 조사의 타당성을 뒷받침하고 있다.

---

5) 이 사례는 [송태호(2020). 고객 생애 가치와 고객 자산의 측정에서 경쟁 요인의 역할에 대한 탐색적 연구: 교차 측정을 통한 실증 비교. 서비스마케팅저널, 13(2), 99-109.]의 연구를 발췌 요약하였음.

〈표 8-5〉 인구 통계

		표본 수	표본 비율(%)
성별	남성	515	49.4
	여성	527	50.6
연령	19~29	211	20.2
	30~39	186	17.9
	40~49	206	19.8
	50~59	218	20.9
	60 ~	221	21.2
지역	경기	357	34.3
	광주	46	4.4
	대구	65	6.2
	대전	46	4.4
	부산	101	9.7
	서울	318	30.5
	울산	35	3.4
	인천	74	7.1
이동 통신 기업	A	516	49.5
	B	315	30.2
	C	192	18.4
	기타	19	1.8
가구 소득 (x 10,000 Won)	~ 99	38	3.6
	100~199	97	9.3
	200~399	302	29.0
	400~599	340	32.6
	600~799	160	15.4
	800	105	10.1
교육 수준	고등학교 졸업	205	19.7
	대학 졸업	74	7.1
	대학교 졸업	656	63.0
	대학원 졸업	107	10.3

〈표 8-6〉 이동통신 서비스 기업별 고객 특성

		평균(표준편차)	유의확률
계약 기간	A	2.91 (1.570)	
	B	2.85 (1.412)	0.861
	C	2.91 (1.511)	
최근 계약 시점	A	4.04 (2.249)	
	B	3.99 (2.127)	0.043
	C	3.59 (2.110)	
일인당 고객 평균 매출 (ARPU)	A	5.78 (3.128)	
	B	5.48 (3.089)	0.015
	C	6.35 (3.958)	

〈표 8-6〉은 각 이동통신 서비스 산업의 특성 변수로서 최근 계약 시점과 일인당 고객 평균 매출(ARPU)은 통신 서비스 기업별로 차이가 있는 것(최근 계약 시점: A 사/B 사: 2년 vs. C 사: 1.5년, ARPU-A 사/B 사: 5~6만 원 vs. C 사: 6~7만 원)으로 나타났지만, 이동통신 서비스의 계약 기간은 통신 서비스 기업별로 큰 차이 없이 모두 3년에 가까운 것으로 나타났다.

〈표 8-7〉은 설문 조사 기간인 2018년 말 기준 기업 공시 자료에 나타나거나 추정한 고객 자산 추정 요소들의 기술 통계량을 보여 주고 있다. 〈표 8-7〉에 표시된 기업 공시 자료를 활용하여 추정된 고객 자산(방법 1)과 〈표 8-5〉에 제시된 고객 설문과 〈표 8-7〉에 표시된 기업 공시 자료를 통합하여 추정한 고객 자산(방법 2)은 다음의 〈표 8-8〉에 요약되어 있다.

〈표 8-7〉 이동통신 서비스 기업별 기업 공시 데이터

기준 연도: 2018	A	B	C
고객 수	30,845	21,009	14,044
월별 이탈률(%)	0.97%	1.49%	2.13%
일인당 고객 평균 매출(ARPU)(원)	31,583	31,927	31,891
시장 점유율(%)	46.8%	31.9%	21.31%
시장 가치(10억 원)	20,913	7,845	7,269
매출/수익(10억 원)	2,882	5,909	3,056
거래당 마진(원)	11,232	12,136	15,006
마진율(%)	35.55%	38.01%	47.07%
거래당 획득 비용(원)	335,636	331,776	548,511
거래당 유지 비용(원)	3,761	3,359	2,108

〈표 8-8〉 추정 방법에 따른 이동통신 서비스 기업별 고객 자산 추정 결과

기준 연도: 2018	A	B	C
고객 생애 가치(고객 자산 추정 방법 1)(원)	392,566	363,021	520,739
고객 자산(고객 자산 추정 방법 1)(천 원)	12,344,962,962	6,768,669,409	9,255,750,483
고객 생애 가치(고객 자산 추정 방법 2)(원)	449,226	363,172	538,516
고객 자산(고객 자산 추정 방법 2)(천 원)	13,856,373,639	7,629,870,477	7,562,912,267
시장 가치(천 원)	20,913,000,000	7,845,000,00	7,269,000,000

1위 기업인 A 사의 경우, 전반적으로 시장 가치에 비해 고객 자산이 과소평가되는 경향을 볼 수 있다. 특히 시장 내 브랜드 간의 이동 확률을 고려함으로써 경쟁 상황을 고려할 수 있는 고객 설문을 바탕으로 한 고객 자산 추정(방법 2)보다 경쟁 상황을 전혀 고려하지 않고 단일 기업 중심으로 기업 공시 자료를 바탕으로 한 고객 자산 추정(방법 1)이 상대적으로 더 과소평가(11%)하는 경향을 보여 주고 있다. 반대로, 시장 내 위치가 가장 약한 C 사의 경우 오히려 시장 가치에 비해 고객 자산이 다소 과대평가되고 있음을 볼 수 있다. 좀 더 구체적으로 살펴보면, 1위 기업의 상황과는 반대로 시장 내 브랜드 간의 이동 확률을 고려함으로써 경쟁 상황을 고려할 수 있는 고객 설문을 바탕으로 한 고객 자산 추정(방법 2)보다, 경쟁 상황을 전혀 고려하지 않고 단일 기업 중심으로 기업 공시 자료를 바탕으로 한 고객 자산 추정(방법 1)이 상대적으로 더 과대평가(22%)하는 경향을 보여 주고 있다. 이는 1위 기업인 A 사의 경우 단일 상황으로 기업 공시 자료를 활용한 고객 자산 추정의 경우 시장 내 경쟁 우위가 적절히 반영되지 못하여 고객 자산이 과소평가되는 반면, 3위 기업인 C 사의 경우 반대로 단일 상황으로 기업 공시 자료를 활용한 고객 자산의 추정의 경우 시장 내 경쟁 열위가 적절히 반영되지 못하여 고객 자산이 과대평가되는 것으로 보인다. 이는 각각의 방법으로 추정된 평균 고객 생애 가치에서도 동일한 경향을 보이고 있다. 물론 한 번의 횡단 조사를 통해 측정에서 경쟁 요인의 역할을 통계적으로 확정할 수 없지만, 그 경향은 어느 정도 가능성이 있으며 향후 연구에서 추가 조사를 할 필요가 있다. 여기서 시장 내 위치가 중간인 2위 기업의 경우를 보면 이러한 가능성을 좀 더 명확하게 할 수 있다. 즉, 2위 기업인 B 사의 경우 두 방법 모두의 차이가 상대적으로 적을 뿐만 아니라 두 방법으로 추정된 평균 고객 생애 가치는 거의 동일하다. 따라서 1위 기업, 2위 기업, 3위 기업의 시장 내 경쟁력을 고려한다면 고객 자산 추정 방법에 있어서 경쟁 요소의 역할을 추론할 수 있다.

조사 시점에서의 고객 자산과 기업의 시장 가치를 비교해 보면, 경쟁 요소를 고려한 고객 설문 바탕의 고객 자산 추정이 기업 공시 자료를 활용한 고객 자산 추정의 정확성을 압도하고 있음을 알 수 있다. 비록 A 사의 경우 시장 가치와 고객 자산이 비교적 큰 차이를 보이지만, B 사와 C 사의 경우 5% 이내의 오차를 보여 고객 자산과 시장 가치가 유사한 것을 알 수 있다. A 사의 경우, 압도적인 시장 내 경쟁 지위가 시장 가치에 상당히 많이 영향을 주었을 수도 있으며, 외부의 시장 환경도 영향을 주었을 수도 있다.

두 가지 방식의 고객 자산 추정 방법의 비교와 시장 가치와의 비교를 통해 경쟁 요인을 고려한 고객 자산 추정 방법의 장점과 경쟁 요인을 고려하지 않은 고객 자산 추정 방법의 단점의 가능성을 동시에 조사하였다. 특히 시장 내 경쟁 지위가 다른 기업들에 대한 고객 자산의 통합적 측정의 경우, 경쟁 요인의 고려 여부가 그 측정의 타당성과 신뢰성에 대한 영향을 줄 수 있는 가능성을 간단한 횡단 분석을 통하여 제시하였다.

⟨⟨⟨ 6. 고객 가치에 영향을 미치는 요인 분석 사례[6]

이 연구는 고객 생애 가치에 영향을 미치는 3가지 요인에 대해 분석한 연구이다. Rust, Lemon과 Zeithaml(2001)은 기업의 마케팅 활동이 고객의 브랜드 선호 및 선택 확률에 영향을 미친다고 제안했다. 브랜드를 선택할 확률은 고객 자산을 결정하는 기초이며, 고객 자산은 가치 자산(Value Equity), 브랜드 자산(Brand Equity) 그리고 관계 자산(Relationship Equity)으로 구성된다고 밝혔다. 따라서 그들은 이 세 가지 자산의 동인(Drivers)을 이해함으로써 기업의 고객 자산을 증가 및 향상시킬 수 있다고 주장하였다. 하지만 고객 자산을 추정하는 것은 쉽지 않으므로, 이 연구는 상대적으로 쉽게 측정할 수 있고 이해하기 쉬운 고객 만족이라는 지표를 활용하였다. 또한 이 연구는 고객 획득 및 유지 전략의 효과에 영향을 미치는 환경적 요인으로 시장 경쟁 상황을 고려하였다.

[그림 8-16]은 브랜드 자산 동인, 가치 자산 동인, 관계 자산 동인이 고객 만족에 미치는 영향을 조절하는 시장 경쟁 상황의 영향을 가정한 연구 모형이다. 이 연구는 중국의 이동통신 산업을 대상으로 하였으며, 해당 산업 내 1위 기업과 2위 기업을 리더 기업과 추격 기업으로 구분하여 시장 경쟁 상황의 조절적 영향을 검증하고자 하였다. 구체적으로 브랜드 자산 동인은 리더 기업에서, 가치 자산 동인과 관계 자산 동인은 추격 기업에서 고객 만족에 더 큰 영향을 미칠 것으로 예상하였다.

---

6) 이 사례는 [Seo, H., Fu, L., and Song, T. H. (2022). Differential Impact of Customer Equity Drivers on Satisfaction: The Case of China's Telecommunications Industry. *Asia Marketing Journal*, 24(4), 178-189.]의 연구를 발췌 요약하였음.

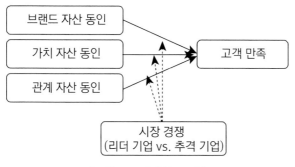

[그림 8-16] 연구 모형

〈표 8-9〉 인구 통계

		표본 수	표본 비율(%)
성별	남성	221	54
	여성	190	46
연령	20세 이하	73	17
	20~59	261	64
	60세 이상	77	19
중국 내 지역	북부	51	12
	동북	120	29
	동부	64	16
	중부	53	13
	남부	38	14
	서남	27	9
	서북	14	7
교육 수준	고등학교 졸업 미만	55	13
	고등학교 졸업	72	18
	전문대학 졸업	109	27
	종합대학 졸업	132	32
	대학원 석사 졸업	38	9
	대학원 박사 졸업	5	1

	Less than 25,000	75	18
	25,000~35,000	43	10
	35,000~45,000	85	21
연 소득	45,000~55,000	60	15
(단위: 위안)	55,000~65,000	37	9
	65,000~75,000	52	13
	Over 75,000	59	14
전체		411	100

이 연구는 2020년 중국의 인구 조사를 기반으로 성별, 연령, 지역의 실제 분포를 반영하여 표본을 선정함으로써 표본의 대표성을 향상시켰다.

리더 기업과 추격 기업 간 비교의 관점에서 세 가지 동인이 고객 만족에 미치는 영향을 분석한 결과는 다음 표와 같다. "리더*브랜드 자산

〈표 8-10〉 회귀 분석 결과

종속변수: 고객만족	B	S.E.	β	t value
상수	−.141	.089		−1.577
브랜드 자산 동인	−.005	.019	−.005	−.254
가치 자산 동인	.141	.028	.153	5.129***
관계 자산 동인	.048	.023	.051	2.106**
구전 의향	.817	.025	.801	32.832***
성별	.028	.029	.012	.966
연령	.012	.008	.019	1.540
리더 기업*브랜드 자산 동인	.166	.035	.353	4.797***
리더 기업*가치 자산 동인	−.101	.036	−.224	−2.766***
리더 기업*관계 자산 동인	−.065	.031	−.146	−2.084**

$R^2 = .942$, $F = 678,895$.

동인" 상호작용항의 값이 양(+)이므로 브랜드 자산 동인은 리더 기업의 경우 고객 만족에 유의한 영향을 미쳤다. (더미)회귀 분석에 관한 보다 자세한 설명은 부록을 참조하기 바란다. 반면, 나머지 두 개의 상호작용항은 음(−)의 값을 나타내어 추격 기업의 경우 가치 자산 동인과 관계 자산 동인이 고객 만족에 더 큰 영향을 미쳤다.

이와 같은 연구 결과는 고객 만족에 대한 고객 자산 동인의 영향을 보여 줄 뿐만 아니라 고객 관계 관리 전략의 질적인 성과로서 고객 만족의 가치를 제시한다. 고객 생애 가치 및 고객 자산과 같은 양적 성과도 중요하지만, 고객 중심의 관점에서 고객 만족과 고객 자산의 관계를 고찰하는 것도 의미가 있다고 할 수 있다.

제9장

고객 애널리틱스 활용 도구: 구글 애널리틱스

  최근 고객 애널리틱스는 웹 애널리틱스를 이용하여 진화하고 있다. 디지털 시대의 고객들은 웹사이트를 통해 제품과 서비스를 구매한다. 온라인과 모바일을 통해 이루어진 고객들의 행동은 웹 로그 기록을 통해 데이터베이스에 남아 있다. 웹 애널리틱스(web analytics)는 웹사이트 이용 현황을 이해하고 사용자 경험을 최적화하기 위해 디지털 데이터를 측정, 수집, 분석 및 보고하는 것이다. 디지털 시대의 마케팅 애널리틱스를 이해하기 위해 변화된 고객 구매 행동을 이해하고 웹 애널리틱스를 간단한 사례로 알아보자.

  디지털 시대의 온라인/모바일 애플리케이션의 고객 구매 과정은 데이브 맥클루어(Dave McClure)가 제시한 AARRR(Acquisition, Activation, Retention, Revenue, Referral) 모델로 이해할 수 있다.

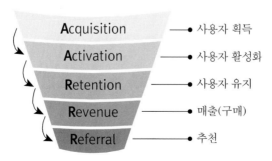

[그림 9-1] AARRR 모델 (고객 구매 과정)

고객 구매 과정(제품 판매 과정)은 [그림 9-1]과 같은 AARRR 모델로 설명된다. 이 모델에 따르면 기업의 입장에서 고객 구매 과정을 획득 (Acquisition), 활성화(Activation), 유지(Retention), 매출(Revenue), 추천 (Referral)의 다섯 단계로 구분할 수 있다. 아래로 진행될수록 이탈이 많아지기 때문에, 구매 과정은 깔때기 구조를 가진다. 영어로 깔때기 란 단어가 퍼널(funnel)이며, 디지털 마케팅에서 AARRR 모델은 마케 팅 퍼널 모델이라 부르기도 한다. 마케팅 퍼널(marketing funnel)은 고 객 구매 과정이면서, 기업이 '사용자를 고객으로 이끌어 내는 과정'을 말한다.

획득 단계에서는 사용자가 제품이나 서비스를 구매하기 위해 웹사 이트를 방문한다. 활성화 단계에서는 사용자가 웹사이트에서 제품을 살펴보고 웹의 기능을 사용한다. 유지 단계에서는 사용자가 웹을 재방 문하고 재사용한다. 매출(구매) 단계에서는 사용자가 구입을 하고 비 용을 지불한다. 마지막으로, 추천 단계에서는 사용 경험이 있는 고객 이 주변 사람들에게 추천을 한다. 디지털에서 성장 마케팅(그로스 마케 팅)의 가장 큰 목표는 AARRR의 마지막 단계까지 얼마나 많은 사용자 가 남아 있도록 마케팅 전략을 실행할 것인가에 있다. 이전 과정은 웹 로그 기록으로 남아 있으며, 이 기록을 분석하는 것이 웹 애널리틱스 이다.

디지털 마케팅에서의 분석은 웹 애널리틱스를 통해 많이 이루어진 다. 웹 애널리틱스는 웹사이트 이용 현황을 이해하고 사용자 경험을 최적화하기 위해 디지털 데이터를 측정, 수집, 분석 및 보고하는 것을 말한다. AARRR 행동을 측정하고 수집하며 분석한다. 구체적으로 어 떤 사용자들이 웹사이트에 방문하는지(잠재 고객에 관한 정보), 어떤 매체와 경로를 통해서 방문하는지(유입에 관한 정보), 웹사이트 도착한 후 어떤 행동을 보이는지(사용자 행동 정보), 실제 구매(전환)에 도달했는지 (전환 정보)에 관한 데이터를 분석하는 것을 말한다. 웹 애널리틱스는 마케팅 채널별 효과 측정, 디지털 광고 효과 측정, 사용자의 웹사이트 경험 측정 등 마케팅 전략 실행을 위한 애널리틱스 기법으로 많이 사용된다. 웹 애널리틱스에서 많이 사용되는 주요 지표는 다음 〈표 9-1〉 과 같다.

〈표 9-1〉 AARRR 모델의 단계별 성과 지표

단계	성과 지표 예시
획득	방문 수, 방문자 수, 순방 문자 수, 페이지뷰, 이탈률
활성화	종료율, 등록 수, 회원 가입 수, 구독 수
유지	참여율, 몰입도(인게이지먼트), 종료율, 유지율
매출	전환율, 장바구니 구매액, 고객 생애 가치
추천	바이럴 계수, 사용자별 리뷰 작성 수

웹 애널리틱스는 여러 지표를 통해 마케팅 전략 수립에 도움이 되는 정보를 제공한다. 웹 애널리틱스를 위한 소프트웨어들 중에서 구글 애널리틱스가 가장 많이 사용된다. 무료이며, 다양한 분석 보고서(report) 를 제공하고, 구글 서비스와 연계가 된다는 장점이 있다.

구글 애널리틱스는 자사의 기념품 쇼핑몰인 구글 머천다이즈 스토어(Google Merchandise Store)를 구글 애널리틱스에 연동하여 생성되는 자료를 웹 애널리틱스 분석을 위한 학습용으로 제공하고 있다.

[그림 9-2] 구글 머천다이스 스토어 예시

　학습자는 구글 머천다이즈 스토어에서 발생하는 실시간의 고객 행동 데이터들을 활용한 데모 계정(demo account)에 접속할 수 있으며 다음과 같은 보고서가 제공된다.

(1) Life cycle 보고서: 웹사이트에 방문한 사용자의 획득, 참여도, 수익 창출 등의 정보를 제공한다.
(2) Search Console 보고서: 사용자의 검색어와 클릭 수 등의 정보를 제공한다.
(3) User 보고서: 사용자의 다양한 속성에 대한 정보, 세분화 집단별 정보, 접속 플랫폼 등의 기술 관련 정보를 제공한다.

　먼저, User 보고서를 통해 사용자에 대한 기본적인 정보를 얻을 수 있다. '[그림 9-4] 사용자 속성 개요 예시 1'과 같이 다양한 인구 통계학적 정보가 나타난다. 사용자의 성별, 연령, 관심 분야, 사용 언어 등을 알 수 있다.

[그림 9-3] 구글 애널리틱스 데모 계정 화면

[그림 9-4] 사용자 속성 개요 예시 1

'[그림 9-5] 사용자 속성 개요 예시 2'는 Audiences 탭의 분석 결과를 보여 준다. 고객 세분화 관점에서 사용자, 구매자를 분류하고 구매 특성에 따라 더 세분화된 사용자 집단에 대해 평균 방문 시간 및 수익에 대한 정보를 제공한다.

잠재고객	+	↓ 사용자	새 사용자 수	세션수	세션당 조회수	평균 세션 시간	총 수익
		67,336 총계 대비 100%	161,992 총계 대비 100%	94,306 총계 대비 100%	28.95 평균과 동일	19분 37초 평균과 동일	$741,980.56 총계 대비 100%
1	All Users	67,336	55,142	94,306	6.48	4분 37초	$149,393.13
2	Non-purchasers	67,336	55,142	94,306	6.48	4분 37초	$0.00
3	Recently active users	47,550	35,713	69,717	8.10	5분 19초	$149,393.13
4	Engaged Users	25,753	15,278	46,549	11.09	7분 01초	$149,393.13
5	Added to cart & no purchase	5,879	17	11,749	15.08	8분 21초	$0.00
6	Likely 7-day purchasers	4,541	21	12,833	8.49	6분 19초	$65,422.68
7	Predicted 28-day top spenders	1,916	8	5,546	9.36	6분 43초	$35,822.48
8	Top spenders: Top 5% of users	1,916	8	5,546	9.36	6분 43초	$35,822.48
9	Purchasers	1,205	0	2,477	6.86	5분 12초	$149,393.13
10	Users in San Francisco	1,161	663	2,107	9.34	6분 06초	$5,545.00

[그림 9-5] 사용자 속성 개요 예시 2

Life cycle 보고서의 획득 탭을 클릭하면 다음과 같은 정보를 얻을 수 있다.

[그림 9-6] 획득 개요 예시 1

사용자 수를 총 숫자와 신규 사용자 수로 구분하여 보여 주며 실시간으로 접속 위치에 기반한 사용자 수도 보여 준다. 접속 위치뿐만 아니라 사용자의 유입 경로에 따른 구분도 확인할 수 있다.

	신규 사용자 기본 채널 그룹 ▾ +	사용자 수	참여 세션 수	참여율	사용자 당 참여 세션수	평균 참여 시간	이벤트 수 모든 이벤트 ▾	전환 모든 이벤트 ▾	총 수익
		5,142 100%	75,076 총계 대비 100%	79.61% 평균과 동일	1.11 평균과 동일	1분 47초 평균과 동일	2,134,846 총계 대비 100%	204,824.00 총계 대비 100%	$149,393.13 총계 대비 100%
1	Direct	,485	75,076	75.3%	1.15	2분 04초	1,204,738	111,504.00	$102,399.00
2	Organic Search	,333	19,825	85.73%	1.20	1분 45초	531,004	48,538.00	$29,749.71
3	Cross-network	,305	15,556	86.93%	1.01	1분 03초	240,512	28,768.00	$3,559.50
4	Email	,514	2,394	84.86%	1.38	3분 12초	77,783	9,192.00	$9,666.12
5	Referral	924	1,444	84.3%	1.30	2분 07초	45,473	3,769.00	$2,453.20
6	Organic Social	392	777	86.62%	1.38	3분 02초	29,022	2,776.00	$1,565.60
7	Affiliates	76	100	82.64%	1.32	30초	3,382	97.00	$0.00

[그림 9-7] 획득 개요 예시 2

[그림 9-7]을 보면 사용자가 유입된 경로에 따라 총수익도 제시된
다. 이는 실무적 관점에서 유입 경로별 전략의 최적화에 도움이 되는
유용한 정보이다. 그 외에 참여율, 평균 참여 시간 등 더 다양한 정보
도 얻을 수 있다.

한편, 유지 사용자에 대한 분석도 제공된다. '[그림 9-8] 유지 개요
예시'에서 재사용자 또는 사용자 유지로 표시된 사용자는 매일 재방문
하는 신규 사용자의 비율로 정의되고 있다. 따라서 구글 애널리틱스가
제공하는 정보의 구체적인 내용을 토대로 보고서를 이해하는 것에 유
의해야 한다.

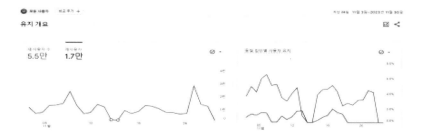

[그림 9-8] 유지 개요 예시

현재 구글 애널리틱스는 구글 애널리틱스 4 버전을 제공 중이며 이전의 버전인 Universal 애널리틱스에서 이전 중이다. [그림 9-9]의 이미지는 Universal 애널리틱스의 '잠재 고객 보고서'의 예시이며, 해당 분석 결과를 기준으로 디지털 마케팅에 관련된 지표를 살펴보고 웹 애널리틱스 활용 방안을 소개한다.

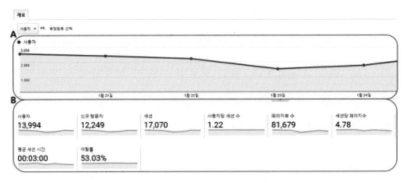

[그림 9-9] Universal 애널리틱스 버전의 잠재 고객 보고서 예시

[그림 9-9]의 잠재 고객 보고서 라인 차트(A)는 일별 사용자의 변화를 잘 보여 준다. 잠재 고객 보고서 기본 지표(B)에서는 해당 기간 내 사용자, 신규 방문자, 세션, 사용자별 세션 수, 페이지뷰 수, 세션당 페이지 수, 평균 세션 시간, 이탈률 지표를 숫자로 확인할 수 있다. [그림 9-9]의 지표를 분석하면 다음의 결과를 얻는다.

(1) 해당 기간의 사용자는 13,994명이고 신규 방문자는 12,249명이다. 재방문자는 1,745명(=13,994-12,249)으로 확인된다.
(2) 사용자들은 총 81,679 페이지를 보았고, 이탈률은 53.03%로 높다.

이탈률(bounce rate)은 웹사이트의 랜딩 페이지에서 어떠한 행동도 하지 않고 사이트를 떠나는 사람들의 비율을 의미한다. 이 지표를 해석하면 다음과 같이 사이트의 상황을 진단하고 마케팅 전략을 세울 수 있다. 첫째, 해당 기간 내 사용자 재방문이 적다. 13,994명의 사용자에 비해 재방문자는 1,745명이다. 이 지표에 의하면 방문한 사용자가 제품과 콘텐츠에 관심이 적어 다시 돌아오지 않는다고 해석된다. 활성화와 유지(재방문)를 위한 마케팅 전략(출석 이벤트, 로열티 프로그램 등)을 고민해야 한다. 둘째, 이탈률(53.03%)이 높다. 이는 홈페이지(랜딩 페이지)의 콘텐츠에 흥미가 없거나 사용자가 원하는 정보가 없다는 것을 의미한다. 따라서 사용자가 원하는 것을 찾아 사이트의 콘텐츠를 충실하게 하거나 사이트 디자인과 기능을 개선해야 한다.

〈부록〉은 올바른 측정을 위해 측정의 타당성을 확보할 수 있는 통계적 접근에 대해 다룬다. 먼저, 측정의 신뢰성과 타당성의 개념을 알아보도록 하자.

✧✧✧ 1. 측정의 신뢰성과 타당성

신뢰성은 보통 동종의 반복 측정 형태인 검증−재검증 신뢰성(Test−Retest Reliability), 이종의 교차 측정 형태인 대안 항목 신뢰성(Alternative Forms Reliability), 측정의 유사성에 대한 통계적 평가 방법인 내적 일관성 신뢰성(Internal Consistency Reliability) 등의 통계적 방법으로 평가한다.

검증−재검증 신뢰성은 동일한 대상에게 동일한 측정 도구를 가지고 다른 시간에 반복적으로 측정한 반복 측정 결과를 비교하는 방법이다. 반복적으로 측정된 측정값 간의 관계가 높거나 일치하는 비율이 높을수록 검증−재검증 신뢰성은 높다고 판단한다. 검증−재검증 신뢰성 검증은 매우 직관적이고 단순하지만, 그 실시 과정에는 몇 가지 중요한 고려 사항이 있다. 첫째, 검증−재검증 신뢰성 검정은 측정 간의 시간 간격에 상당히 영향을 받는다. 둘째, 검증−재검증 신뢰성 검정은 반복 측정의 형태로 인해 앞의 측정이 뒤의 측정에 영향을 줄 가능성이 존재한다. 마지막으로, 검증–재검증 신뢰성 검정이 사실상 불가능할 수도 있다.

대안 항목 신뢰성은 두 개의 동등한 측정 문항을 만들어 동일한 대상에게 다른 시간에 각각 다른 측정 항목으로 측정을 실시한 후, 그 상관관계를 계산하여 신뢰성을 검증한다. 그러나 이 방법은 동등한 측정 문항을 개발하는 것이 상당한 시간적·금전적 비용이 발생한다는 문제점이 있다. 또한 동등한 측정 항목을 개발하는 것 자체 역시 어려운 작업이다.

내적 일관성 신뢰성은 여러 측정 문항의 총합 형태로 구성된 측정 개념의 경우, 여러 개의 측정 문항에 대한 응답의 유사성을 평가하여 하나로 총합되어 구성된 측정 개념의 신뢰성을 평가하는 방법이다. 여기서 여러 개의 측정 문항 각각은 하나의 측정 개념을 측정하기 위한 전체 척도의 각 부분을 측정하고 각 측정 문항들 간의 일관성을 평가함으로써, 측정 항목의 내적 일관성 신뢰성을 평가한다. 가장 널리 활용하는 내적 일관성 신뢰성 방법은 Cronbach's α(alpha)이다. Cronbach's α는 측정 항목들의 분할 가능한 모든 측정 문항 집합 간 상관관계의 평균으로 정의된다. 이 값이 0.6보다 크다면 내적 일관성을 가지는 것으로 알려져 있다. 측정 항목들 중 상관관계가 낮은 측정 항목을 제거시킴으로써 전체 척도의 내적 일관성을 높일 수 있다.

측정의 타당성(Validity)은 구조적으로 측정하고자 하는 대상을 정확하게 측정하였는지를 평가하는 방법으로, 측정의 구조적 오차(체계적 오차, Systematic Error)의 정도로 확인하기 위한 다양한 종류의 타당성 분석 방법의 결합 형태로 평가된다.

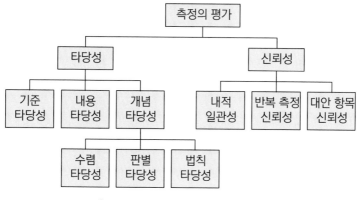

[그림 부록-1] 측정의 평가 기준

　타당성의 종류로 내용 타당성은 표면 타당성(Face Validity)이라고도 알려져 있는데, 어떤 개념을 측정하기 위해 개발된 척도나 측정 항목들이 그 개념을 구성하고 있는 모든 측면을 포괄적으로 반영하고 있는 정도를 의미한다. 예를 들어, 자동차에 대한 고객 태도를 조사하는 경우, 자동차에 대한 태도는 안정성, 경제성, 성능, 디자인의 네 가지 측면으로 구성되어 있다고 가정할 수 있고, 따라서 자동차에 대한 태도 측정 척도는 이들 네 가지 측면의 측정 지표를 포괄적으로 반영해야 내용 타당성을 확보했다고 할 수 있다. 그러나 만약 자동차의 태도를 측정하기 위해 경제성만을 중심으로 측정하는 척도를 사용하였다면, 자동차에 대한 태도를 측정하기 위한 척도가 해당 개념을 측정하기 위한 모든 측면을 반영하고 있지 않으므로 내용 타당성을 확보하고 있다고 할 수 없다. 척도에 대한 내용 타당성 평가는 해당 조사 영역에 대한 전문 지식을 가지고 있는 조사자의 주관적 판단에 의하여 평가되기 때문에, 척도 또는 측정 도구 개발 시 조사자는 해당 분야의 전문가에 의해 개발된 측정 문항들이 원하는 개념을 측정하는 데 적절한지를 평가하도록 하여 타당성이 높은 측정 항목만을 선별해야 한다. 내용 타당성 평가 과정은 측정 도구가 조사 과정에서 효과적으로 실행되기 위해서 필요한 측정 항목이나 방법에 대한 내용적 측면에서 조사자와 응답자 사이의 합치 정도를 사전에 평가하는 과정으로 볼 수 있다.

기준 타당성은 측정 결과를 평가할 수 있는 외적 기준을 선정하여 타당성을 평가하는 방법으로, 예측 타당성(Predictive Validity)과 동시 타당성(Concurrent Validity)의 방법이 있다. 예측 타당성은 측정하고자 하는 개념과 그 개념과의 높은 상관관계가 예상되는 다른 개념이 실제로 얼마나 높은 상관관계를 갖는가를 확인함으로써 측정 개념이 예측 개념을 예측하는 정도로 타당성을 평가하는 방법이다. 예를 들어, 한 브랜드의 구매 의도를 측정하는 척도를 개발한 후, 실제 구매 이력을 파악할 수 있는 패널 데이터를 통해 해당 브랜드의 실제 구매 이력과 비교하여 이 둘 간의 상관관계를 확인함으로써 예측 타당성을 확보할 수 있다. 동시 타당성은 측정하고자 하는 개념의 척도로 측정한 결과와 동시에 유사한 개념을 측정한 다른 척도로 측정한 결과의 상관관계를 비교함으로써 타당성을 평가하는 방법이다. 예를 들어, 배우에 대한 선호도 척도와 해당 배우가 출연한 영화에 대한 선호도 척도의 상관관계를 비교함으로써 배우에 대한 선호도 척도와 영화에 대한 선호도 척도의 동시 타당성을 평가할 수 있다.

현실적으로 마케팅 조사의 대상이 되는 측정 대상은 대부분 직접적 관찰이 불가능한 선호, 태도, 이미지, 인지도 등 추상적 개념들이 대부분이다. 이들 추상적 개념들은 제한적으로 관찰 가능한 구체적 개념으로 재정의하고, 이들을 측정하기 위해 개발된 척도를 통해 측정한 후, 이를 활용하여 추상적 개념을 추론하여 측정한다. 예를 들어, 고객의

'브랜드 충성도'를 측정하기 위해 '친근감, 신뢰감, 사용 경험, 반복 구매' 등 다양한 항목을 이용하여 측정하는데, 이 경우 추상적 개념인 '브랜드 충성도'를 측정하기 위한 항목들이 과연 브랜드 충성도를 적절히 추론할 수 있는지에 대한 평가가 필요하다. 특히 추상적 개념을 측정 가능한 수준의 항목으로 변환시키는 것을 조작적 정의라고 하는데, 구성 개념 타당성은 이 조작적 정의가 적절히 이루어졌는지에 대한 평가를 의미한다. 따라서 앞의 내용 타당성과 기준 타당성이 추상적 개념 수준에서 개념 자체에 대한 주관적 평가에 초점을 맞추어 타당성 평가를 했다면, 구성 개념 타당성은 추상적 개념 수준에서 측정 가능한 구체적 수준(조작적 정의 수준)에서의 개념 타당성을 구조적으로 검증한다. 구성 개념 타당성 평가를 위해 수렴 타당성(Convergent Validity), 판별 타당성(Discriminant Validity), 법칙 타당성(Nomological Validity)의 방법이 있다.

수렴 타당성은 이론적으로 관계가 높은 개념들을 측정하기 위한 척도를 이용하여 측정한 두 개의 측정값이 실제 관계된 정도로 정의한다. 즉, 측정값의 상관관계가 높을수록 수렴 타당성이 높다. 예를 들어, '브랜드 충성도'를 측정하기 위해 개발한 척도로 측정한 '브랜드 충성도' 측정값이 이론적으로 '브랜드 충성도'와 높은 상관관계를 보이는 '재구매 의도'를 측정하기 위해 개발한 척도로 측정한 '재구매 의도' 측정값과 높은 상관관계를 보인다면, '브랜드 충성도'는 수렴 타당성을 가졌다고 판단할 수 있다. 또는 하나의 개념 이상으로 구성된 다차원 개념의 경우, 이들 구성 개념 간의 높은 상관관계를 확인하는 것을 통해 수렴 타당성을 평가할 수 있다. 예를 들어, 앞서 자동차에 대한 태도는 안정성, 경제성, 성능, 디자인의 네 가지 개념으로 구성된 다차원 개념이다. 이 다차원 측정 개념들이 이론적으로 자동차의 태도와 함께 높은 상관관계를 가질 것으로 예상된다. 따라서 이들 네 가지 개념의 척도 측정값 간에 높은 상관관계를 가진다면, 다차원 개념인 자동차에 대한 태도는 수렴 타당성을 가진다고 볼 수 있다.

판별 타당성은 수렴 타당성과는 반대로 이론적으로 관계가 낮은 개념들을 측정하기 위한 척도를 이용하여 두 개의 측정값이 실제 관계된 정도로 정의한다. 판별 타당성은 수렴 타당성과 반대로 측정값의 상관관계가 낮을수록 높게 나타난다. 수렴 타당성이 관련된 개념 간 구체적 추정치의 높은 상관관계를 확인하는 것을 목적으로 한다면, 판별 타당성은 구별되는 개념 간 구체적 추정치의 낮은 상관관계를 확인하는 것을 목적으로 한다. 예를 들어, '브랜드 충성도'와 별개의 개념인 '소비자 개성'은 측정값들 각각의 상관관계 역시 낮게 나와야 '브랜드 충성도'와 '소비자 개성'의 판별 타당성이 확보될 수 있을 것이다.

✦ 2. 마케팅 애널리틱스를 위한 통계적 검정의 개념

통계적 검정의 개념을 알아보기 전에 먼저 다음의 두 가지 마케팅 조사에 대한 분석 사례를 검토해 보고 분석 결과에 대한 합리성 또는 타당성에 대해 생각해 보자.

[사례 1]

브랜드 A의 고객 인지도 조사를 실시하고 한 달 뒤에 동일한 조사를 새로운 표본에 실시한 결과, 다음과 같은 결론을 얻었다.

"브랜드 A의 고객 인지도 조사 결과, 브랜드 A의 고객 인지도는 지난달 4.7점에 비해 5.0점으로 0.3점 증가하였다."

브랜드 A의 고객 인지도 변화에 대한 합리적 결론인가? 아니라면 그 이유는 무엇인가?

[사례 2]

기업 A와 기업 B의 고객 만족도를 조사한 결과 다음의 결론을 얻었다.

"기업 A의 고객 만족도는 75점, 경쟁사인 기업 B의 고객 만족도는 73점으로 나와 오차범위 내에서 A 기업의 고객 만족도가 B 기업의 고객 만족도가 높았다."

기업 A와 기업 B의 고객 만족도 비교를 과학적으로 수행하였는가? 아니라면 그 이유는 무엇이고 과학적으로 수행하기 위해 필요한 조건은 무엇인가?

두 개의 분석 사례에 대한 타당성 검토는 이 장에서 알아볼 통계적 접근의 필요성과 동기와 관련되어 있다. 그럼 통계적 검정은 왜 필요한 것일까?

대상 전체를 대상으로 조사를 하거나 또는 할 수 있는 경우는 극히 드물다. 따라서 전체 조사 대상 중 일부를 선택하여 하는데, 이때 선택된 일부를 표본이라고 한다. 일반적으로 표본을 대상으로 한 조사는 태생적으로 표본오차(Sampling Error)가 존재한다. 표본오차란 전체 조사 대상인 모집단과 조사를 위해 선택된 일부인 표본 사이의 통계량 차이 중 순수하게 표본 선택에 의해 발생한 차이를 의미한다. 이론적으로는 엄밀한 확률적 추론(Probabilistic Inference)의 과정을 통해 표본오차의 추정이 가능하다. 이때 통계적 검정이란 표본의 통계량에서 모집단의 통계량을 추정하는 과학적 과정을 의미한다. 측정 역시 전체 조사 대상인 모집단을 대상으로 측정을 하는 것이 비용이나 시간으로 인해 어렵거나 불가능하여 측정 과정에서 발생하는 오차 외에 표본오차가 발생할 수 있다.

처음 소개한 사례로 다시 돌아가 보자. 브랜드 A의 고객 인지도 조사를 실시하고, 한 달 뒤에 동일한 조사를 새로운 표본에 실시한 결과 다음과 같은 결론을 얻었었다.

> "브랜드 A의 고객 인지도 조사 결과, 브랜드 A의 고객 인지도는 지난달 4.7점에 비해 5.0점으로 0.3점 증가하였다."

이 조사 결과의 타당성을 검토하기 위해서는 반드시 표본 추출에 따른 표본오차를 확인하여야 한다. 표본오차를 고려한 통계적 검정의 과정을 거쳐 추론된 모집단에 대한 설명이 아닌 표본 조사 자체에 대한 결론은 해당 표본에 관한 의견 이외에는 모집단으로 일반화할 수 없다.

통계적 검정 과정의 필요성은 다음의 그림을 통해 좀 더 명확해진다. [그림 부록-2]에서 왼쪽 분포의 평균 a는 4.7점, 오른쪽 분포의 평균 b는 5.0점이라고 하자. 산술적으로 명백히 a가 b보다 크기 때문에 고객 집단 B의 고객들이 이 브랜드를 더 선호한다고 할 수 있다. 그러나 통계적으로는 4.7과 5.0이 다르지 않은 상황이 존재할 수 있다.

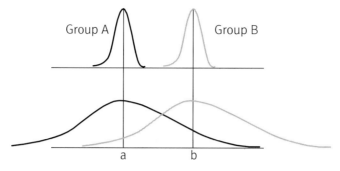

[그림 부록-2] 평균의 산술적 차이와 통계적 차이 비교

　　두 가지 형태의 분포 비교는 분포에 따라 집단 간 응답 차이에 대한 판단을 어떻게 할 수 있는지를 선명하게 비교해 준다. [그림 부록-2]의 윗부분과 아랫부분 모두 두 개의 전체 응답의 분포를 보여 주고 있다. 비록 두 경우에서 집단 A와 집단 B의 평균이 각각 a와 b로 같지만, 평균을 만드는 응답의 분포는 다름을 알 수 있다. 윗부분의 두 분포는 각 집단의 응답이 거의 비슷해서 각 평균을 근처로 편차가 아주 작지만, 아랫부분의 두 분포는 각 집단 응답의 편차가 아주 커서 비록 집단 B의 평균적 선호가 집단 A의 평균적 선호보다 크지만 집단 B의 일부 응답자는 집단 A의 일부 응답자보다 브랜드 선호가 더 낮다. 즉, 집단 B의 브랜드 선호도 평균이 집단 A의 선호도 평균보다 더 높음에도 불구하고 집단 B의 고객 중 상당수가 집단 A의 고객보다 브랜드를 더 선호하지 않는 경우가 발생하는 선호 역이 상당한 범위에서 발생하고 있다. 따라서 아랫부분의 경우 윗부분의 경우에 비해 두 집단 간 브랜드 선호도의 차이가 상대적으로 적거나 또는 확률적으로 적다고 할 수 있다. 통계적 검정의 과정에서는 바로 이 확률적 가능성을 고려하기 위해 분포 또는 분산을 함께 검토한다. 이때 확률적 가능성을 오차범위,

신뢰 구간(Confidence Interval), 유의 확률(Significant Probability, P-Value) 등으로 표현한다.

유사하게 두 번째 사례를 살펴보자.

> "기업 A와 기업 B의 고객 만족도를 조사한 결과, 기업 A의 고객 만족도는
> 75점, 경쟁사인 기업 B의 고객 만족도는 73점으로 나와 오차범위 내에서
> A 기업의 고객 만족도가 B 기업의 고객 만족도가 높았다."

명확하게 '오차범위 내'라는 의미는 두 통계량(두 기업의 고객 만족도인 75점과 73점)이 통계적으로 차이가 없다는 것을 의미하지만, 이 의미가 무색하게 두 기업의 고객 만족도 우위를 확정 지었다. 하지만 이 결론은 통계적으로 타당한 결론이라 할 수 없으며, 두 기업의 고객 만족도 차이는 없다는 것이 합리적 결론이라 할 수 있다.

통계적 검정의 최종 목적은 표본의 통계량을 활용하여 모집단의 특정 값을 과학적으로 이론적으로 추정한다는 것을 의미한다. 이때 추정은 보통 특정 값이 아닌 범위의 형태와 그 가능성을 모두 표기한 다음과 같은 형태로 제시한다.

> "브랜드 A의 고객 인지도의 평균은 4.3점에서 5.1점일 가능성이 95%이다."

여기서 중요한 점은 모집단의 특정 값을 간접적으로 또는 그 범위를 추정한다는 것은 추정된 모집단 브랜드 A의 고객 인지도 평균을 정확하게 하나의 숫자 형태가 아닌 범위 형태(신뢰 구간)로 나타내고 이 범위조차 절대적이 아닌 '95%'와 같이 확률적으로 표현한다는 것이다.

즉, 통계적 검정에 의한 추정 결과는 적당한 범위와 함께 그 가능성(확률)을 제시함으로써 표본오차 또는 오류의 가능성을 항상 고려한다.

다음 [그림 부록-3]은 모집단과 표본 간의 관계를 설명하고 있다. 일반적으로 조사자의 관심 대상은 주로 모집단의 모수이다. 모집단의 모수는 모평균, 모표준편차, 모분산 등이 되지만, 현실 상황에서 모집단의 모수를 측정할 수 있는 경우는 많지 않다. 따라서 표본을 추출하여 표본으로부터의 측정 결과인 통계량을 활용하여 모집단의 모수를 통계적으로 추정한다. 결국 통계적 검정 과정이란 표본의 통계량에서 모집단의 모수를 추정하는 과정으로 이해할 수 있다.

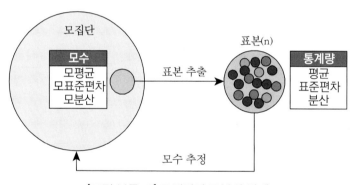

[그림 부록-3] 모집단과 표본의 관계

통계적 검정 과정에서 중요한 개념의 하나로 표본 분포(Sampling Distribution)가 있다. 표본 분포는 모집단으로부터 같은 크기의 표본을 반복적으로 추출하여 얻게 되는 통계량이 갖는 분포를 의미한다. 예를 들어, 모집단으로부터 첫 번째 표본을 추출하여 얻게 되는 통계량, 두 번째 표본을 추출하여 얻게 되는 통계량, 이를 반복하여 n번째 얻게 되는 통계량을 포함한 n개 통계량들의 분포가 표본 분포이다. 예를 들어, 대한민국 전체 남성들의 실제 평균 키를 조사하기 위해 200명의 남성 표본을 대상으로 한 조사를 약 30회 이상 반복할 경우 얻게 되는 30개 이상 표본들의 평균 키(통계량) 분포를 만들 수 있을 것이다. 이 표본들의 평균 키 분포가 표본 분포가 된다. 통계적 검정 과정은 이 표본 분포에 기반한 이론을 바탕으로 이루어진다.

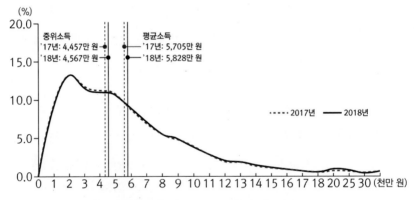

[그림 부록-4] 가구 소득 구간별 가구 분포
(2019년 가계금융복지조사 보고서, 통계청)

통계적 검정 과정에서 정규 분포(Normal Distribution)의 역할은 상당히 중요하다. 일반적으로 세상의 많은 일이 정규 분포를 따르고 있다고 믿고 있지만, 이 믿음은 그다지 과학적이지 않다. 정규 분포를 따르지 않는 현상은 다양하며, 대표적으로 정규 분포를 따르지 않는 분포로 [그림 부록-4]의 가구 소득 분포가 있으며, 소득 분포는 대표적인 롱테일(Long Tail) 분포로 분류된다(다만, 비정규 분포의 여러 변환을 통해 정규 분포화는 가능함).

정규 분포는 사회 현상에 대한 대표성보다는 중심극한정리(Central

Limit Theorem)라는 중요한 통계 이론의 요소로서 부각된 측면이 있다. 중심극한정리란 모집단으로부터 무작위로 추출된 확률 변수(X)의 표본 평균 분포는 표본의 크기가 충분히 큰 경우 근사적으로 모집단의 평균(μ)과 분산(σ)에 의한 정규 분포를 따르게 된다는 것이다.

[중심극한정리]

$$\frac{\overline{X} - \mu}{\sigma / \sqrt{n}} \to N(0,1), \; n \to \infty$$

다소 복잡한 표현들이 있지만 간단히 설명하자면, 어떤 종류의 분포를 가지는 모집단이라 할지라도 그 모집단으로부터 여러 번 추출한 표본들의 각 평균 분포, 즉 표본 분포는 그 표본의 크기가 충분히 크다면 (보통 $n \geq 30$) 정규 분포를 따르게 된다. 즉, 모집단의 분포 자체가 정규 분포를 따르는 것이 아니라, 표본들의 평균 분포가 정규 분포를 따르게 된다는 이론이다. 특히 표본의 크기가 커질수록 표본 분포는 (모집단의 분포에 상관없이) 정규 분포에 더 가까워진다.

그럼 중심극한정리 이론을 구체적 예시를 통해 좀 더 명확히 이해해 보도록 하자. 다음의 [그림 부록-5]는 모집단과 표본 크기에 따른 표본 분포의 관계를 비교하여 보여 주고 있다. 다양한 분포를 따르는 모집단(정규 분포, 균일 분포, 비대칭 분포, 불균형 분포)으로부터 추출된 표본들의 표본 분포 중 표본 크기가 작은 조건(N=2)에서는 모집단이 정규 분포인 경우를 제외하고는 그 표본들이 일정하지 않을 뿐만 아니라 정규 분포의 형태라고 할 수 있는 가능성이 낮은 반면, 표본 크기가 충분한 조건(N=30)에서는 모든 모집단의 표본 분포가 일관되게 정규 분포 형태가 되는 것을 확인할 수 있다. 따라서 중심극한정리를 바탕으로 정규 분포 또는 특정 조건 아래에서 정규 분포와 유사한 분포를 활용한 통계적 검정 과정을 통해 합리적이고 과학적인 결론을 도출한다.

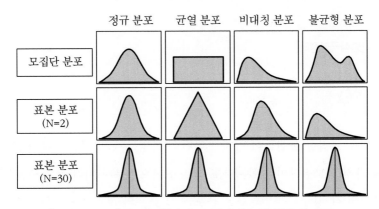

[그림 부록-5] 중심극한정리: 모집단과 표본 분포의 비교

만약 R이나 Python 프로그래밍을 할 수 있다면, 다음의 모의 실험 (시뮬레이션, Simulation)을 통해 중심극한정리의 개념을 좀 더 구체적이고 명확하게 알아보길 권장한다.

[R을 활용한 중심극한정리 모의 실험 과정]

1. 모집단 분포가 될 임의의 분포(예: 지수 분포)를 정한다.
2. 모집단 분포로부터 표본의 크기(예: N=30)만큼 표본을 임의(Random)로 추출한다.
3. 추출된 표본의 평균을 구하고 이를 모집단의 평균과 분산으로 표준화 ($\frac{\overline{X} - \mu}{\sigma/\sqrt{n}}$)한다.
4. 2와 3의 과정을 충분히 많이(100회 이상) 하면서 표본 평균의 표준화

값을 저장한다.

5. 저장된 표본 평균의 표준화 값으로 히스토그램을 그려 정규 분포의 형
   태를 따르는지 확인한다.

[모집단이 지수 분포인 경우 중심극한정리 모의 실험 R 코드]

```
n=30 # sample size

lamda=1 # Parameter for distribution

smean = numeric(0)

for (i in 1:10000) { # number of sampling

        # Draw n random numbers
        # from exponential distribution with lamda
        S = rexp(n,lamda)

        # Normalization of Sample Mean
        smean[i]=(mean(S)- (1/lamda))/sqrt(1/lamda)/sqrt(n)
}

hist(smean,prob=T) # Graph 10000 sample means

hist(S,prob=T)
```

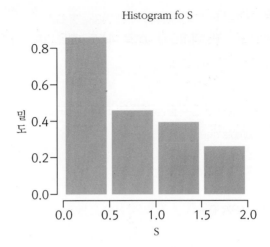

[그림 부록-6] 모집단인 지수 분포로부터 추출된 표본 분포

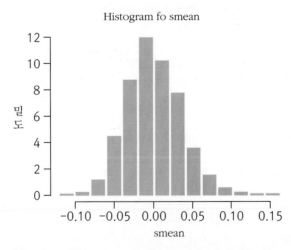

[그림 부록-7] 모집단인 지수 분포로부터 추출된 표본들의 표본 분포

앞의 두 개 그림은 모집단이 지수 분포인 경우 중심극한정리의 모의 실험 결과를 보여 준다. 표본 크기가 30인 10,000번의 표본 추출 모의 실험 결과, 지수 분포로부터 추출된 표본의 순수 분포는 모집단인 지

수 분포에 근접한 형태([그림 부록-6] 참조)로 표본이 추출된 것을 확인할 수 있다. 이들 10,000개 표본들의 평균 분포인 표본 분포([그림 부록-7] 참조)는 중심극한정리와 동일하게 정규 분포에 거의 근사함을 확인할 수 있다.

중심극한정리를 이해하였다면, 다음으로 중심극한정리를 통계적 검정 과정에 적용하는 과정을 이해할 필요가 있다. 일반적인 통계적 검정 과정은 이론적 근거에 따라 예측된 가설, 즉 특정 예측값의 '채택(Accept)' 또는 '기각(Reject)'을 결정하는 과정이다. 중심극한정리를 바탕으로 다음의 논리적 사고 실험을 통해 통계적 검정 과정이 이루어진다.

1. 이론적·논리적 근거에 따라 모집단의 평균과 분산을 특정 값(예: 평균-μ, 분산-σ^2)으로 가정(예측)한다.
2. 적절한 1회의 표본 추출을 통해 표본의 평균을 계산한다.
3. 가정(예측)한 모집단의 평균(μ)과 분산(σ^2)이 옳다면 중심극한정리에 의해 현재 표본의 평균은 가정(예측)한 모집단의 평균(μ)과 분산(σ^2)에 의한 정규 분포의 확률(p-value)에 따라 발생한다.
4. 만약 이 확률이 어느 정도 있다면(예: 0.2 또는 20%), 가정(예측)한 모집단 평균에 따라 현재의 표본 평균이 나올 가능성이 상당히 있다고 볼 수 있다. 비록 모집단의 평균은 정확히 알 수 없지만, 현재의 가정(예측)인 모집단 평균(μ)이 잘못되었다고 볼 수 없다.
5. 하지만 만약 이 확률이 낮다면(예: 0.05 또는 5%), 가정(예측)한 모집단 평균에 따라 현재의 표본 평균이 나올 가능성이 낮거나 거의 없기 때문에 현재의 가정(예측)인 모집단 평균(μ)이 잘못되었다고 주장할 수 있다.

이와 같이 통계적 검정 과정은 모집단의 평균을 직접적으로 추정하는 것이 아니라, 간접적으로 그 가능성을 검증하는 것으로 이해해야 한다.

이때 가능성을 판단하기 위한 확률 기준을 보통 유의 수준(Significant level)으로 표시한다.

측정에 있어서 통계적 과정은 [그림 부록–8]과 같이 논리적·경험적 추론을 통해 모수를 예상(가설)하고, 이를 검증할 통계 방법을 선택하여 통계량을 계산한 후, 계산된 통계량과 예상된 모수(가설)를 비교하여 모수의 참/거짓을 결정하는 것이다. 이 과정 안에 앞서 이해한 중심극한정리의 개념이 암묵적으로 활용된다.

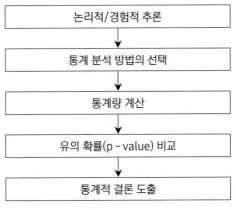

[그림 부록-8] 통계적 검정의 과정

현존하는 각종 통계 분석 방법은 분석의 목적과 분석 대상이 되는 척도의 종류에 따라 다양하게 분류되어 사용된다. 특히 변수의 종류는 통계 분석 방법 선정에서 중요한 역할을 한다. 먼저, 종속 변수의 형태가 연속형(비율/등간 척도), 범주형(명목 척도)인지, 독립 변수의 개수와 유형(연속형/범주형)에 따라 사용할 수 있는 통계 분석 방법이 [그림 부록–9]와 같이 제시된다.

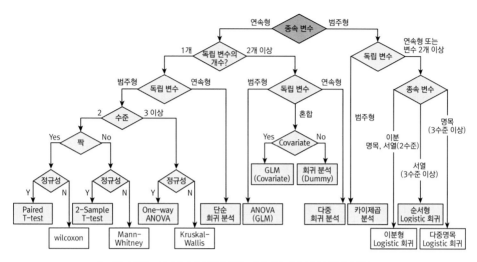

[그림 부록-9] 변수의 종류에 따른 통계 분석 방법 분류

　다양한 통계 분석 방법 활용을 간략히 요약하면, 종속 변수가 연속형이고 독립 변수는 범주형인 경우에는 t-test, 분산 분석(ANOVA), 종속 변수와 독립 변수가 모두 연속형인 경우 회귀 분석, 종속 변수와 독립 변수가 모두 범주형인 경우 교차 분석 또는 카이제곱 검정, 마지막으로 종속 변수는 범주형이지만 독립 변수가 연속형인 경우 로지스틱 회귀 분석과 같은 통계 분석 방법을 일반적으로 사용한다.

　이 장에서는 측정의 통계적 접근 방법에 대해 알아보았다. 통계적 검정의 개념과 그 필요성, 표본(실제)과 모집단(이상)의 관계, 산술적 차이와 통계적 차이(대푯값, 분포 고려)를 구분하였다. 또한 통계적 검정의 이론적 근거인 표본 분포, 정규 분포, 중심극한정리의 개념을 이론과 모의 실험을 통해 이해하였고, 통계적 검정 과정의 추론과 통계 모형 활용을 살펴봤다. 직접적인 통계 분석 방법을 변수 형태에 따라 분류하여 효과적인 분석 방법의 선택 가이드라인을 알아보았다.

3. 마케팅 애널리틱스를 위한 통계 분석 유형

통계적 추론에 의한 분석 결과는 마케팅 및 고객 애널리틱스 실무에서 최종 결론과 마케팅 의사결정을 위한 중요한 과학적 근거 자료로 활용된다. 마케팅 애널리틱스에서 활용 가능한 가장 기본적인 통계적 분석 기법으로는 모집단의 특성 또는 모수를 추정하는 기법, 두 개 이상 집단의 특성을 비교하는 기법, 두 개 이상의 특성 간 관계를 확인하는 방법, 마지막으로 자료를 두 개 이상의 집단으로 분류하는 방법이 있다. 이 장에서는 각 방법의 기본 원리를 간략히 알아보고, 일부 방법에 대해서는 [생각해 볼 문제]를 통해 구체적 실습도 할 예정이다. 이 장에서 설명하는 통계 분석에 대한 자세한 설명은 전문 서적을 참고하기 바란다.

1) 모집단의 특성(모수) 추정

모집단의 특성 또는 모수를 확인하기 위한 가설 검정은 크게 단일 모집단의 평균을 검증하는 것과 단일 모집단의 비율을 검증하는 것으로 나눌 수 있다. 단일 모집단의 평균에 대한 검증은 평균이 계산 가능한 비율 척도나 등간 척도인 경우에 적용하며, 단일 모집단의 비율에 대한 검증은 측정 척도가 빈도 형태로 평균이 계산 불가능한 서열 척도나 명목 척도인 경우에 적용이 가능하다.

(1) 모집단의 특성: 평균 추정

모집단의 평균에 대한 통계적 추론을 위해 일반적으로 Z-test 또는 t-test 두 가지 분석 방법이 활용된다. Z-test는 표본의 크기가 30보다 클 경우 중심극한정리에 따라 표본 분포를 정규 분포로 가정하고, 표본 크기가 충분히 크기 때문에 모집단의 표준편차 근사치로 표본 표준편차를 사용하여 Z값을 검정 통계량으로 사용한다. 하지만 표본의 크기가 상대적으로 작고 모집단의 분산(표준편차)을 모를 경우에는 표본 표준편차를 모집단의 표준편차로 근사할 수 없어 정확한 정규 분포를 구할 수 없다. 따라서 자유도가 n-1인 t 분포로 근사하여 Z값 대신 t값을 검정 통계량으로 사용한다.

[생각해 볼 문제]

특정 브랜드의 '고객 충성도'가 이전 달에 7점 척도 기준 5점이었는데, 이번 달에 다양한 마케팅 활동을 통해 증가했는지를 확인하는 조사를 시행하였다고 가정하자. 100명을 표본으로 추출하여 7점 척도의 다문항으로 조사하였다. 조사 과정에서 '고객 충성도'의 측정 척도에 대해 신뢰성과 타당성이 검증되었고 단일 변수화(다문항의 평균값)가 이루어졌다. '고객 충성도'의 기술 통계 분석 결과, 표본의 '고객 충성도' 평균은 5.5점이고 표본 표준편차는 0.50이었다. 이때 모집단의 이달의 고객 충성도는 이전 달의 5보다 증가했다고 할 수 있는가?

(2) 모집단 특성: 비율 추정

모집단 비율에 대한 통계적 추론은 앞서 모집단 평균에 대한 통계적 추론과 유사하고, 다만 사용하는 검정 통계량의 식이 변한다. 즉, 검정 통계량은 변화가 없이 모집단 분포의 가정이 변하여 분산의 추정 방식이 변한다. 일반적으로 비율이라면 n번의 시도 중 k번 성공 횟수를 의미하기 때문에, 이산 분포를 활용하여 모집단의 비율에 대한 통계적 검정을 수행할 수 있다.

[생각해 볼 문제]

특정 브랜드에 대한 재구매 비율을 높이기 위한 프로모션 집행 후의 재구매 비율이 증가했는지를 조사하고자 한다. 일반적으로 재구매율이 20%보다 커야 프로모션에 의해 재구매율이 향상되었다고 평가할 수 있다. 100명을 표본으로 추출하여 이들의 재구매 여부를 확인하였을 때 25% 정도가 재구매를 하였다고 응답하였다. 모집단의 평균 재구매율은 20%보다 크다고 할 수 있는가?

2) 집단 간 특성 비교

(1) 집단 간 특성 비교: 독립된 집단의 평균 차이(Independent two-sample t-test)

전략적으로 두 개 이상의 고객 집단 특성을 비교하여 두 집단의 차별화된 특성을 파악하기 위한 조사도 많이 실시한다. 이렇게 두 개 이상의 집단을 비교 분석하는 방법을 독립 집단 차이 검정이라고 하고, 일반적으로 사용하는 검정 통계량은 자유도가 d.f 인 t 분포를 따르는 t 통계량이다.

[생각해 볼 문제]

특정 브랜드의 '고객 충성도'가 남성 고객과 여성 고객 사이에 차이가 있는지 조사하려고 한다. 남성 60명, 여성 50명을 표본으로 추출하여 7점 척도

다문항으로 조사하였다. 조사 과정에서 '고객 충성도'의 측정 척도에 대한 신뢰성과 타당성이 검증되었고 단일 변수화(다문항의 평균값)가 이루어졌다. '고객 충성도'의 기술 통계 분석 결과 남성 표본의 '고객 충성도' 평균은 5.5점, 표준편차는 0.90이고 여성 표본의 '고객 충성도' 평균은 5.2, 표준편차는 0.9였다. 남성 고객의 고객 충성도가 여성 고객의 고객 충성도보다 더 크다고 할 수 있는가?

(2) 집단 간 특성 비교: 집단 내 두 변수 간의 평균 차이(Paired-samples t-test)

앞에서 두 독립 집단 간 평균 차이에 대한 통계적 추론은 두 집단이 상호 독립적인 별개의 집단이라고 가정하였다. 상호 독립적이라는 의미는 두 집단 간 영향이 전혀 존재하지 않는 상황으로, 두 집단 간의 공통 요소가 전혀 존재하지 않는다는 것을 의미한다. 그러나 한 집단 내에서 두 개의 서로 다른 변수 또는 동일 변수에 대해 시간적 차이를 두고 측정한 값의 차이를 조사하고 싶은 경우에도 평균 차이에 대한 통계적 추론을 적용해 볼 수 있다. 이것을 독립하지 않은 두 변수 간의 평균 차이 검정 또는 짝을 이룬 집단(Paired-samples)의 평균 차이 검정이라고 한다.

예를 들어, 새로운 광고를 방영하기 전과 후의 '브랜드 선호도' 차이를 검증하고자 할 경우, 방영 전과 후의 고객의 '브랜드 선호도'를 각각 측정한 측정값의 차이를 통계적으로 추론하여 새로운 광고의 효과를 조사할 수 있다. 이 경우, 두 독립 집단의 동일 변수에 대한 평균 차이를 검증하기보다 하나의 동일 집단 내에서 동일 변수의 시점에 따른 다른 측정치 또는 시점이 다른 변수의 평균 차이를 통계적으로 추론하는 것으로 짝을 이룬 집단의 평균 차이 검정이 적당하다.

일반적으로 독립하지 않은 두 변수 또는 짝을 이룬 집단의 두 측정 값은 동일 응답자로부터 측정되었기 때문에 서로 독립적이지 않다. 결국 독립 집단 평균 차이 검정은 독립된 두 변수의 평균 차이 검정이고, 짝을 이룬 집단의 평균 차이 검정은 독립되지 않은 두 변수의 평균 차이 검정이라고 볼 수 있다. 독립하지 않은 두 변수 간의 평균 차이 검정은 일반적으로 n−1의 자유도를 가지는 t 분포를 따르는 t 통계량을 사용하여 검정한다. 개념상으로는 독립하지 않은 두 변수 간의 차이를 하나의 변수로 보고 모집단의 차이 변수 평균이 0(두 변수 간의 차이=0)이라는 귀무가설을 검증하는 방식이기 때문에, 앞에서 언급한 모집단 평균에 대한 통계적 추론 방법을 그대로 적용할 수 있다.

[생각해 볼 문제]

신규 광고가 발표되기 전후의 특정 브랜드에 대한 '브랜드 인지도'를 조사하기 위해 고객 60명을 표본으로 추출하여 7점 척도의 다문항으로 조사하였다. 조사 과정에서 '브랜드 인지도'의 측정 척도에 대해 신뢰성과 타당성이 검증되었고, 단일 변수화(다문항의 평균값)가 이루어졌다. 기술 통계 분석 결과, 광고 후의 '브랜드 인지도' 평균은 광고 전의 '브랜드 인지도' 평균보다 0.15점 크고 표준편차는 0.5였다. 신규 광고 발표 후 브랜드 인지도는 증가하였다고 할 수 있는가?

(3) 집단 간 특성 비교: 두 집단 간 빈도/비율 차이

서열 척도 또는 명목 척도로 측정된 변수에 대해 차이를 검정할 수 있는 비율 차이 검정에 대해 살펴보고자 한다. 본질적으로 서열 척도 또는 명목 척도의 기술 통계 기법은 빈도를 기반으로 한다. 따라서 서열 척도 또는 명목 척도로 측정된 변수의 차이는 빈도 또는 비율의 차이를 의미한다. 예를 들어, 고객들이 좋아하는 브랜드를 조사하고자 하는 경우, 특정 브랜드를 좋아하는 횟수 또는 그 비율로 조사할 수 있다. 이 비율 또는 빈도의 차이에 대한 통계적 추론은 두 가지 형태의 분석 방법을 사용할 수 있다. 먼저, 집단 간의 빈도 차이를 나타내 주는 교차표를 바탕으로 집단 간의 비율을 비교하여 통계적 추론을 하는 교차 분석 방법이 있다. 다른 하나로는 집단 간의 비율 차를 Z 분포를 바탕으로 검정하는 Z 검정이 있다. 두 집단 간의 비율 차이를 검증하는 경우, 독립적으로 추출된 두 독립 표본들 간의 측정 비율에 차이가 있는지를 통계적으로 추론하기 위해 정규 분포를 따르는 z 통계량을 사용하여 검정한다. 개념적으로는 두 집단의 비율이 같다(두 집단의 비율 차이=0)는 귀무가설을 검정하는 방식이기 때문에, 앞에서 언급한 단일 모집단의 비율 검정 방법을 그대로 적용할 수 있다.

[생각해 볼 문제]

두 개의 고객 집단(A, B)에서 특정 브랜드의 재구매 비율을 비교하는 조사를 하고자 한다. 각각의 집단에서 100명의 고객을 표본으로 추출하여 브랜드 재구매 여부를 조사하였더니, 집단 A의 표본에서 25%의 고객이 특정 브랜드를 재구매한 반면, 집단 B의 표본에서는 29%의 고객이 특정 브랜드를 재구매하였다. 이때 두 집단 A, B 재구매 비율에 차이가 있다고 볼 수 있는가?

(4) 집단 간 특성 비교: 세 개 이상 집단 평균 차이(ANOVA)

지금까지는 주로 두 개 집단의 특성 차이를 통계적으로 추론하는 방법으로 t-test에 대해 살펴보았다. 여러 번의 t-test를 통해 여러 쌍의 두 집단을 비교 분석한다면 세 개 이상의 집단 간 차이도 검정이 가능하다. 하지만 그러한 방법은 효율적이지 않을 뿐만 아니라, 세 개 이상의 집단 간 특성을 제대로 반영할 수 없다. 이 장에서는 세 개 이상 집단의 특성 차이를 통계적으로 추론하기 위해 주로 사용되는 분석 기법인 분산 분석(ANalyis Of VAriance: ANOVA)에 대해 살펴본다.

사실, t-test는 검정 가능한 집단의 수가 제한된다는 점 외에도 단하나의 집단 특성을 반영할 수밖에 없다는 또 다른 제한점이 있다. 예를 들어, 특정 브랜드에 대한 '브랜드 선호도'가 성별(남/여)에 따라 차이 나는지를 조사하는 경우와 지역별(수도권/비수도권)에 따라 차이 나는지를 조사하는 경우, 각각의 분석은 t-test를 활용하여 분석이 가능하다. 하지만 이 두 요인(성별, 지역별)을 고려하는 분석은 t-test를 통해 할 수 없다. 즉, 수도권의 여성 고객과 비수도권의 남성 고객 비교는 사실상 분석하는 것이 불가능하다. 두 요인 이상 또는 두 가지 이상의 집단 분류를 동시에 고려하는 통계적 추론도 분산 분석으로 수행이 가능하다.

분산 분석의 경우, 명목 척도로 측정된 집단 구분 변수가 독립 변수(Independent Variable) 또는 처치 변수(Treatment Variable)가 되고, 등간 척도 또는 비율 척도로 측정된 연속 변수가 종속 변수(Dependent Variable) 또는 반응 변수(Response Variable)가 된다. 분산 분석은 하나의 독립 변수 또는 요인(Factor)이 있는 일원(배치) 분산 분석(One-way ANOVA)부터 여러 개의 독립 변수 또는 요인을 가지는 다원 또는 다중 분산 분석(Multi-way ANOVA)이 가능하다. 마케팅 조사에서는 일원(하나의 집단 구분 변수 대상, 예: 성별), 이원(두 개의 집단 구분 변수 대상, 예: 성별과 지역), 삼원(세 개의 집단 구분 변수 대상, 예: 성별, 지역, 학력) 분산 분석을 주로 많이 사용한다.

분산 분석은 세 개 이상 집단 간의 차이를 검정하기 위해 활용한다. 하지만 세 개 이상 집단 간의 차이가 있다고 결론이 난다 할지라도, 모든 집단이 모두 다 다르다는 것을 의미하지 않는다. 예를 들어, A, B, C 세 개 집단의 차이를 조사하고자 할 경우, 분산 분석은 이 세 집단 전체에서 차이가 있는지를 검정하지만 구체적으로 어떤 집단 간에 차이가 있는지를 검정하지는 않는다. 즉, A, B, C 세 개 집단에서 유의한 차이가 있다고 결론이 난 경우, 분산 분석은 그중 A, B 두 집단은 유의한 차이가 있고 집단 C는 유의한 차이가 없는지, 아니면 A, B, C 세 집단 모두 유의한 차이가 있는지 명확히 알려 주지 않는다. 따라서 분산 분석을 통해 집단 간의 유의한 차이를 확인한 후 구체적으로 어떤 집단 간의 유의한 차이가 있는지를 확인하기 위해 집단 간의 쌍 비교를 할 필요가 있다.

　분산 분석은 두 집단 간의 종속 변수 차이를 검정하는 것을 목적으로 하지만 통제 가능한 독립 변수, 처치 또는 요인에서만 두 집단의 차이가 발생한다는 것을 전제로 한다. 즉, 독립 변수가 종속 변수에 미치는 효과를 정확히 조사하기 위해서는 독립 변수 이외의 다른 요인들(외생 변수, 환경 변수 등)이 종속 변수에 영향을 주지 않도록 하여야 한다. 이러한 외생 변수들을 통제하기 위해 조사자는 실험 방법과 같이 직접적으로 조사 또는 측정 전에 이를 강제로 통제할 수도 있지만, 현실적으로 이러한 강제적 통제 방법을 직접적으로 사용할 수 없는 경우가 많이 존재한다. 이렇게 강제로 외생 변수를 통제하지 못하는 경우, 분산 분석에서는 이 외생 변수를 공변량으로 간주하여 외생 변수의 별도 효과를 통계적 방법을 활용하여 간접적으로 통제하는데, 이를 공분산 분석이라고 한다. 예를 들어, 연령대별로 특정 브랜드의 '브랜드 충성도'를 비교하는 조사의 경우, 연령대별로 교육 수준의 차이가 발생할 수 있는 가능성이 있다. 조사자의 목적은 연령대별로 '브랜드 충성도'의 차이를 조사하는 것이지만, 교육 수준 역시 '브랜드 충성도'에 영향을 줄 수 있다면, 조사 결과 '브랜드 충성도'에 유의한 차이가 있다 할 지라도 그 차이가 '연령'이라는 요인에 의해서만 기인했다고 하기 어렵게 된다. '교육 수준'이라는 요인을 통제할 필요가 있지만, 고객들이 이미 만들어진 교육 수준을 강제적으로 통제하는 것은 불가능하다. 따라서 교육 수준을 공변량으로 간주하고 분산 분석에 포함시켜 동시에 분석하고, 간접적으로 공변량(교육 수준)의 효과를 제거하여 주 요인(연령)의 순수 효과만으로 집단 간의 유의한 차이를 통계적으로 추론한다.

(5) 집단 간 특성 비교: 세 개 이상 집단 간의 빈도/비율 차이(교차 분석)

교차 분석은 앞서 설명한 바와 같이 명목이나 서열 척도와 같은 범주형 변수들에 대한 빈도 또는 비율의 차이를 검정하기 위해 사용하는 통계적 추론 방법이다. 앞 두 집단의 비율 차이 검정이 두 개의 집단 간 비교와 단일 변수에 대한 비율 차이 검정으로 제한되어 있지만, 교차 분석은 2개 이상의 집단을 비교할 수 있을 뿐만 아니라 여러 개의 변수에 대한 비율 차이를 동시에 검정할 수 있다. 예를 들어, 한국, 미국, 중국의 고객들이 좋아하는 K-POP 가수의 비율 차이는 앞서의 두 집단 간 비율 차이 검정이 불가능하고 교차 분석으로 통계적 추론을 해야 한다. 일반적으로 교차 분석은 카이제곱 분포(Chi-squared Distribution)를 따르는 카이제곱 통계량을 활용하여 검정을 실시한다. 교차 분석을 위해서는 먼저 교차표(Cross Tabulation) 또는 분할표(Contingency Table)

라고 하는, 각 변수들의 출현 빈도를 표시하는 표가 필요하다. 교차표에는 실제 관측 빈도(Observed Frequency)와 각 셀에서 통계적으로 기대할 수 있는 기대 빈도(Expected Frequency)가 표시되고, 이들의 차이를 카이제곱 분포를 참조해 통계적으로 검정한다.

[생각해 볼 문제]
세 명의 K-POP 가수(가수 A, 가수 B, 가수 C)에 대해 한국, 미국, 중국 고객들의 선호도를 조사하는 교차표가 다음과 같다고 하자. 한국 고객들은 가수 C를 가장 좋아하고 가수 B를 가장 덜 좋아하는 반면, 미국 고객들은 가수 B를 가장 선호하고 가수 A를 가장 덜 선호한다. 반면, 중국 고객들은 가수 A를 가장 선호하고 가수 C를 가장 덜 선호한다. 이와 같은 조사 결과를 바탕으로 한국, 미국, 중국 고객들의 K-POP 가수 선호에 차이가 있다고 할 수 있는가?

〈표 부록-1〉 국가별 가수 선호 비율

	가수 A	가수 B	가수 C
한국	30	20	50
미국	20	50	30
중국	50	30	20

3) 특성 간 관계 분석

(1) 두 개 특성 간 관계 분석: 상관 분석

상관관계 분석은 등간 척도나 비율 척도로 측정된 하나의 독립 변수와 종수 변수 간의 선형적 관계를 단편적으로 조사할 수 있는 통계적 추론 방법이다. 상관 분석은 등간 척도나 비율 척도로 측정된 두 변수 간 선형적 연관 정도의 형태와 강도를 조사하기 위한 통계적 추론 방법으로, 상관 계수(r)를 계산하여 두 변수 간의 선형적 관계를 통계적 수치로 표현한다. 즉, 상관 계수는 한 변수의 변화에 따라 다른 변수가 어떻게 변화하는지를 비율로서 보여 주는 지표라고 하겠다. 예를 들어, 기업들을 대상으로 광고액과 매출액의 관계를 조사하고자 할 경우, 각 기업의 광고액과 매출액을 산포도(scattergram) 형태로 그릴 수 있다.

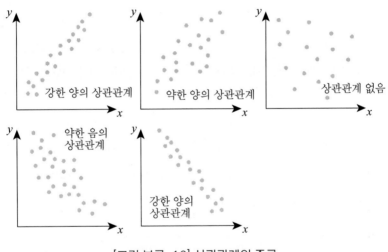

[그림 부록-10] 상관관계의 종류

피어슨 상관 계수는 개념적으로 두 변수 사이의 공분산(Covariance)의 크기를 각 변수의 독립적 분산과 비교하는 것이다. 공분산은 두 변수 사이의 공통 분산을 의미하는 것으로 두 변수가 관계가 높을수록 공통 분산은 크게 나타나며, 이 크기가 각 변수의 독립적 분산보다 클 경우 상관관계가 높다는 것을 의미한다.

스피어만 상관 계수는 두 변수가 연속적인 양적 변수가 아니라 서열 척도에 의한 비연속적인 양적 변수일때 두 변수 간의 상관 정도를 측정하기 위해 사용한다. 이 방법은 분포의 정상성을 가정하지 않은 비모수적 통계 방법으로서, 피어스만 상관계수와 동일하게 −1.0에서 +1.0 사이의 값을 가진다. 이 상관 계수는 비교적 간편하게 산출할 수 있고 서열 척도로 측정된 경우 사용될 수 있는 장점이 있지만, 피어슨 상관 계수에 비해 다양한 수리적 특성을 갖고 있지 못하다. 스피어만 상관 계수는 개념적으로 피어슨 상관 계수를 다소 간편화한 것으로서, 스피어만 상관 계수에 대한 해석은 피어슨 상관 계수와 사실상 동일하다.

캔달의 타우는 스피어만 상관 계수보다 가설 검증의 타당성에 있어서 보다 많은 장점을 가지고 있다. 켄달의 등위 상관 계수는 한 순위를 다른 순위와 비교할 때 반전의 개수에 기초를 둔 순위 상관 계수이다. 대상물에 대해 순위를 부여한 변수 사이 연관성의 측도로서, 두 변수 사이에 연관성이 어느 정도 존재하는지를 알아보고자 할 때 사용하는 비모수적 방법이다. 즉, 켄달의 등위 상관 계수 타우는 일련의 등위들 순서가 얼마나 일관성을 있는가를 보여 주는 지표이다.

(2) 세 개 이상 특성 간 관계 분석: 회귀 분석

회귀 분석은 개념적으로 여러 개의 상관관계 분석을 동시에 수행하는 방법으로서, 일반적으로 등간 척도나 비율 척도로 측정된 여러 개의 독립 변수들과 종속 변수 간의 선형적 관계들을 동시에 분석하기 위한 방법이다. 비록 회귀 분석이 일반적으로 등간 척도나 비율 척도로 측정된 독립 변수들을 대상으로 하는 분석 방법이지만, 앞서 설명하였듯이 비연속적 척도인 명목 척도나 서열 척도로 측정된 독립 변수들을 대상으로 적용하는 것도 가능하고, 결국 집단 간 차이에 대한 조사에도 이론적인 적용이 가능하다. 비록 회귀 분석이 독립 변수들과 종속 변수 사이의 관계, 특히 상관관계를 통계적으로 추정하지만 회귀 분석으로 추정된 상관관계가 인과 관계를 의미하지 않는다. 회귀 분석의 통계적 모형에서 종속 변수와 독립 변수는 변수 간의 성격을 사전에 검증하지 않고 단지 이들 간의 통계적 또는 수학적인 관련성만을 검정한다. 즉, 회귀 분석의 통계적 추정 결과는 종속 변수와 독립 변수 간의 관계 정도와 방향에 대한 추론을 뒷받침해 줄 수는 있지만, 반드시 종속 변수와 독립 변수 간 순서 관계나 종속 관계 또는 의존 관계까지 검정하거나 추론하지는 않는다. 따라서 이들 변수 간의 인과 관계를 확정 짓기 위해서는 이들 변수들의 성격이나 인과성, 즉 원인과 결과의 관계를 명확히 할 이론적 검증 또는 실험적 절차 등 사전 검증 절차를 통계적 분석 이전에 조사자가 진행하여야 한다.

회귀 분석에는 '단순 회귀 분석' '다중 회귀 분석' '더미가 포함된 회귀 분석' '로지스틱 회귀 분석' 등 다양한 종류가 있다. 먼저, 독립 변수의 수에 따라 독립 변수가 하나인 경우 단순 회귀 분석(Simple Regression), 두 개 이상인 경우 다중 회귀 분석(Multiple Regression)으로 구분할 수 있다. 독립 변수의 척도가 등간이 아닌 명목/서열인 경우 더미(Dummy) 변수를 이용하여 회귀 분석을 할 수 있다. 또 종속 변수의 척도가 명목/서열인 경우에는 일반 회귀 분석이 아닌 로지스틱 회귀 분석을 활용하여 분석할 수 있다. 독립 변수와 종속 변수의 관계를 선형으로 가정할 수 없는 경우, 다양한 형태의 비선형적 관계를 가정할 수 있는 비선형 회귀 분석의 활용도 가정하다.

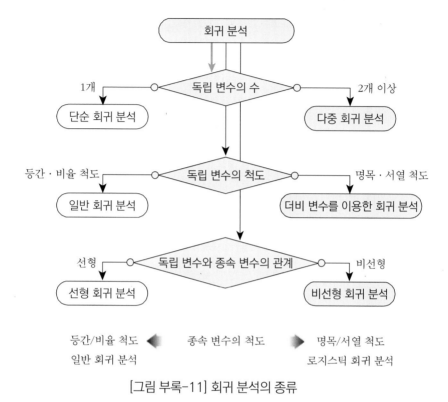

[그림 부록-11] 회귀 분석의 종류

4) 분류 분석

(1) 집단 분류: 군집 분석

군집 분석(Cluster Analysis)은 고객 또는 그 외 개별 측정 대상(또는 개체) 중에서 유사한 속성을 지닌 대상을 몇 개의 군집(집단, Cluster)으로 구분하는 탐색적인 분석 방법으로, 분석 결과를 바탕으로 각 집단의 성격과 특성 등을 파악할 수 있고 데이터 전체의 구조에 대해 간략하고 쉽게 이해할 수 있는 기법이다. 최근에는 빅데이터와 같은 대용량인 이종의 다양한 데이터 분석 시 사전 정보가 거의 없어도 데이터의 중요한 특성과 요인 등을 쉽게 탐색할 수 있는 다양한 방법이 있다. 예를 들어, 데이터의 전반적 구조를 간략히 요약하여 쉽게 현황을 파악할 수 있는 비지도(Unsupervised) 기법으로서, 전통적 통계 분석 방법을 넘어 데이터마이닝(Data Mining), 기계학습(Machine Learning), 패턴 인식(Pattern Recognition), 사회/의미망 분석(Social/Semantic Network Analysis: SNA) 등 군집 분석을 위한 최신 분석 기법에서 활용되고 있다. 마케팅 분야에서는 인구 통계학적 변수(성별, 연령, 직업, 수입, 교육 수준 등) 또는 고객 행동 변수(선호 효익, 구매량, 구매 빈도, 최근 구매 일시, 추천 성향 등)를 바탕으로 군집 분석을 실행하여, 유사성이 높은 고객들을 하나의 군집으로, 유사성이 높지 않은 고객들을 다른 군집으로 구분하고 각 군집(세분 시장)의 특성을 파악함으로써 시장 세분화 전략 수립에 활용할 수 있다. 예를 들어, 가전제품 제조업체는 고객들로부터 고객 특성 정보와 가전제품 사용 정보에 대한 자료를 조사하여 해당 가전제품의 세분 시장을 파악하고, 해당 세분 시장의 특성을 파악하여 가장 매력적인 세분 시장을 선정하고 각 세분 시장에 최적화된 마케팅 계획을 수립할 수 있다. 다음은 군집 분석의 실행 과정을 간략히 보여 준다.

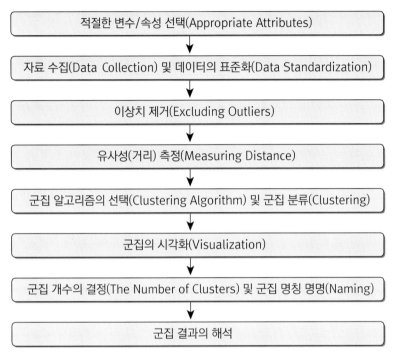

[그림 부록-12] 군집 분석의 실행 과정

참고문헌

송태호, 김상용, 이장혁(2009). 고객 자산과 기업 수익성 간의 관계. 마케팅연구, 24(4), 35–65.

송태호, 김지윤(2020). 경쟁 시장 환경에서 고객 관계 관리 전략의 차별적 효과에 관한 연구: 통신 산업 사례. 경영학연구, 49(2), 305–330.

Abe, M. (2009). Counting your customers one by one: A hierarchical Bayes extension to the Pareto/NBD model. *Marketing Science, 28*(3), 541–553.

Anderson, E. W. & Mittal, V. (2000). Strengthening the satisfaction–profitchain. *Journal of Service research, 3*(2), 107–120.

Berger, P. D. & Nasr, N. I. (1998). Customer lifetime value: Marketing models and applications. Journal of Interactive Marketing, 12(1), 17–30.

Blattberg, R. C. & Deighton, J. (1996). Manage marketing by the customer equity test. *Harvard Business Review, 74*(4), 136.

Dwyer, R. F. (1989). Customer lifetime valuation to support marketing decision making. *Journal of Interactive Marketing, 3*(4), 8–15.

Fader, P. S. & Schmittlein, D. C. (1993). Excess behavioral loyalty for high–share brands: Deviations from the Dirichlet model for repeat purchasing. *Journal of Marketing research, 30*(4), 478–493.

Fader, P. S., Hardie, B. G. S., & Lee, Ka Lok. (2005). Counting your customers the easy way: An alternative to the Pareto/NBD model. *Marketing Science, 42*(4), 415–430.

Fiedler, Lars, Till Großmaß, Marcus, Roth, & Ole Jørgen Vetvik(2016). Why customer analytics matter. Retrieved from https://www.mckinsey.

com/business—functions/marketing—and—sales/ourinsights/why—
customer—analytics—matter

Reichheld, F. F. (2003). The one number you need to gro. *Harvard business
review, 81*(12), 46—55.

Fruchter, G. E. & Zhang, Z. J. (2004). Dynamic targeted promotions: A
customer retention and acquisition perspective. *Journal of Service
Research, 7*(1), 3—19.

Guadagni, P. M. & Little, J. D. (1983). A logit model of brand choice
calibrated on scanner data. *Marketing science, 2*(3), 203—238.

Gupta, S. (2009). Customer—vased Valuation. *Journal of Interactive Marketing,
23*(2), 169—178.

Gupta, S., Lehmann, D. R., & Stuart, J. A. (2004). Valuing customers. *Journal
of Marketing Research, 41*(1), 7—18.

Jackson, D. R. (1989). *151 Secrets of Insurance Direct Marketing Practices
Revealed.* Nopoly Press.

Jones, T. O., & Sasser Jr, W. E. (1995). Why Satisfied Customers. *Harvard
Business Review.*

Joshi, A., & Hanssens, D. M. (2010). The direct and indirect effects of
advertising spending on firm value. *Journal of marketing, 74*(1),
20—33.

Kumar, V., & Shah, D. (2009). Expanding the role of marketing: from
customer equity to market capitalization. *Journal of Marketing, 73*(6),
119—136.

Mahajan, V., Bretschneider, S. I., & Bradford, J. W. (1980). Feedback
approaches to modeling structural shifts in market response. *Journal
of Marketing, 44*(1), 71—80.

Wildt, A. R. (1976), The empirical investigation of time dependent parameter
variation in marketing models. In *Educators' proceedings* (pp. 466—
472). Chicago: American Marketing Association.

McGahan, A. M., & Ghemawat, P. (1994). Competition to retain customers. *Marketing Science, 13*(2), 165–176.

Musalem, A., & Joshi, Y. V. (2009). Research note ─ How much should you invest in each customer relationship? A competitive strategic approach, *Marketing Science, 28*(3), 555–565.

Narver, J. C., & Slater, S. F. (1990). The effect of a market orientation on business profitability. *Journal of marketing, 54*(4), 20–35.

Reichheld, F. F., & Sasser, W. E. (1990). *Zero defections: quality comes to services, 68*(5), 105–111.

Reinartz, W., & Kumar, V. (2002). The mismanagement of customer loyalty. *Harvard business review, 80*(7), 86–94.

Reinartz, W., Thomas, J. S., & Kumar, V. (2005). Balancing acquisition and retention resources to maximize customer profitability. *Journal of marketing, 69*(1), 63–79.

Rust, R. T., Lemon, K. N., & Zeithaml, V. A. (2004). Return on marketing: Using customer equity to focus marketing strategy. *Journal of Marketing, 68*(1), 109–127.

Rust, R. T., Lemon, K. N., & Zeithaml, V. A. (2001). Where should the next marketing dollar go? *Marketing Management, 10*(3), 24.

Schmittlein, D. C., Morrison, D. G., & Colombo, R. (1987). Counting your customers: Who-are they and what will they do next? *Management Science, 33*(1), 1–24.

Schulze, Christian, Skiera, B., & Wiesel, T. (2012). Linking customer and financial metrics to shareholder value: The leverage effect in customer-based valuation. *Journal of Marketing , 76*(2), 17–32.

Shaffer, G., & Zhang, Z. J. (1995). Competitive coupon targeting. *Marketing Science, 14*(4), 395–416.

Skiera, B., Bermes, M., & Horn, L. (2011). Customer equity sustainability ratio: A new metric for assessing a firm's futureorientation. *Journal of*

Marketing, 75(3), 118–131.

Song, Tae Ho(2018). A Comparison of Customer Equity to Financial Performance Using Corporate Disclosure Data: The Relationship between the Core Components of Customer Equity and the Customer Retention Strategies. *Korean Journal of Marketing, 33*(3), 39–71.

Venkatesan, R., & Kumar, V. (2004). A customer lifetime value framework for customer selection and resource allocation strategy. *Journal of Marketing, 68*(4), 106–125.

Villanueva, J., Bhardwaj, P., Balasubramanian, S., & Chen, Y. (2007). Customer relationship management in competitive environments: The positive implications of a short–term focus. *Quantitative Marketing and Economics, 5*, 99–129.

찾아보기

인명

Abe, M. 137

Berger, P. D. 134
Blattberg, R. C. 134

Colombo, R. 137

Deighton, J. 134
Dwyer, R. F. 134

Fader, P. S. 137

Hardie, B. G. S. 137

Lee, Ka Lok. 137
Lemon, K. N. 210

Morrison, D. G. 137

Nasr, N. I. 134

Rust, R. T. 210

Schmittlein, D. C. 137

Zeithaml, V. A. 210

내용

AARRR(Acquisition, Activation,
    Retention, Revenue,
    Referral) 모델 287

BG/NBD 모형 146

Pareto/NBD 모형 146

RFM 모형 59

t-test 319

저자 소개

송태호(Tae Ho Song)

현 부산대학교 경영대학 교수

KAIST(한국과학기술원) 전산학과를 졸업한 후 소프트웨어 벤처 기업을 잘 운영하기 위해 경영학과 마케팅에 많은 관심을 가져 왔다. 기업에서 계속 활동하는 대신 고려대학교 경영대학에서 경영학 석사(MS)와 박사학위(Ph.D)를 받고 미국 UCLA Anderson School of Management에서 박사후과정(Post Doc.)을 거쳐 2012년부터 부산대학교 경영대학에서 교수로 재직하고 있다. 부산대학교에서는 경영연구원장, BNK디지털금융학과장, 연구부처장, 경영대학원 부원장, 중국연구소 소장 등을 역임하였고 한국상품학회 최우수논문상, 한국경영학회 경영학연구 우수논문상, 우수심사자상, 부산대학교 젊은교육자상, 미국마케팅학회 학술대회 최우수논문상, CRM연구대상, 한국마케팅학회 우수논문상 등을 수상하였다.

마케팅관리연구, 서비스마케팅저널, Journal of China Studies, Journal of East Asia Management의 편집위원장과 마케팅연구, 경영학연구, Asia Marketing Journal, 소비자문화연구 등의 권위 있는 마케팅 및 경영 학술지의 편집위원과 심사위원으로 참여하였고 Journal of Business Research, International Journal of Advertising, International Journal of Hospitality Management, 경영학연구, 마케팅연구, 광고학연구, 한국경영과학회지 등 국내외 유수 학술지에 마케팅, 고객 관련 논문을 게재하고 있다. 주요 저서로는 『마케팅원론 ABC: 인공지능, 빅데이터, 고객가치』, 『비즈니스 애널리틱스를 위한 마케팅조사: R과 Python을 활용한 빅데이터 분석 기초』, 『광고의 예상을 빗나간 마케팅효과』 등이 있다.

서해진(Hae Jin Seo)

현 국립부경대학교 경영학부 교수

부산대학교 경영학과를 졸업하고 동 대학원에서 마케팅 전공으로 경영학 석사와 박사학위를 취득하였다. 현재 국립부경대학교 경영학부 조교수로 재직하고 있다. 10% 이내 SSCI 논문 게재를 포함해 국내외 주요 학술지에 다수의 논문을 발표하였다. 또한 다양한 전문 학술지(한국마케팅관리학회, 서비스마케팅학회, Journal of China Studies 등)의 이사 및 편집위원, 심사위원으로 참여하고 있다. 지속가능경영, 마케팅 리서치, 고객 관계 관리, 비즈니스 애널리틱스 등의 연구 주제에 관심을 두고 왕성한 학술활동을 하고 있다.

인공지능, 빅데이터, 고객 가치를 위한

마케팅 애널리틱스:
고객 관계 관리 편

Marketing Analytics:
Customer Relationship Management Edition

2025년 2월 15일 1판 1쇄 인쇄
2025년 2월 20일 1판 1쇄 발행

지은이 • 송태호 · 서해진
펴낸이 • 김진환
펴낸곳 • ㈜ **학지사비즈**

          04031 서울특별시 마포구 양화로 15길 20 마인드월드빌딩
대 표 전 화 • 02)330-5114   팩스 • 02)324-2345
등 록 번 호 • 제313-2006-000265호

홈 페 이 지 • http://www.hakjisa.co.kr
인스타그램 • https://www.instagram.com/hakjisabook/

ISBN 979-11-93667-16-3   03320

정가 17,000원

출판미디어기업 **학지사**

간호보건의학출판 **학지사메디컬** www.hakjisamd.co.kr
심리검사연구소 **인싸이트** www.inpsyt.co.kr
학술논문서비스 **뉴논문** www.newnonmun.com
교육연수원 **카운피아** www.counpia.com
대학교재전자책플랫폼 **캠퍼스북** www.campusbook.co.kr